# RELAÇÕES PÚBLICAS COMUNITÁRIAS

Dados Internacionais de Catalogação na Publicação (CIP)
(Câmara Brasileira do Livro, SP, Brasil)

Relações públicas comunitárias : a comunicação em uma perspectiva dialógica e transformadora / Margarida M. Krohling Kunsch, Waldemar Luiz Kunsch (organizadores). – São Paulo : Summus, 2007.

Vários autores.
Bibliografia.
ISBN 978-85-323-0361-5

1. Cidadania 2. Comunicação 3. Comunidade 4. Relações públicas I. Kunsch, Margarida M. Krohling. II. Kunsch, Waldemar Luiz.

07-0122                                                         CDD-659.29307

Índice para catálogo sistemático:

1. Relações públicas comunitárias    659.29307

Compre em lugar de fotocopiar.
Cada real que você dá por um livro recompensa seus autores
e os convida a produzir mais sobre o tema;
incentiva seus editores a encomendar, traduzir e publicar
outras obras sobre o assunto;
e paga aos livreiros por estocar e levar até você livros
para sua informação e seu entretenimento.
Cada real que você dá pela fotocópia não autorizada de um livro
financia o crime
e ajuda a matar a produção intelectual de seu país.

# RELAÇÕES PÚBLICAS COMUNITÁRIAS

A comunicação em uma perspectiva dialógica e transformadora

Margarida M. Krohling Kunsch
Waldemar Luiz Kunsch
(organizadores)

summus
editorial

*RELAÇÕES PÚBLICAS COMUNITÁRIAS*
*A comunicação em uma perspectiva dialógica e transformadora*
Copyright © 2007 by autores
Direitos desta edição reservados por Summus Editorial

Editora executiva: **Soraia Bini Cury**
Assistentes editoriais: **Bibiana Leme e Martha Lopes**
Capa: **Alberto Mateus**
Projeto gráfico e diagramação: **Sivanir Batista - Settor Estúdio Gráfico**
Impressão: **Formacerta**

*1ª reimpressão*

**Summus Editorial**
Departamento editorial:
Rua Itapicuru, 613 – 7º andar
05006-000 – São Paulo – SP
Fone: (11) 3872-3322
Fax: (11) 3872-7476
http://www.summus.com.br
e-mail: summus@summus.com.br

Atendimento ao consumidor:
Summus Editorial
Fone: (11) 3865-9890

Vendas por atacado:
Fone: (11) 3873-8638
Fax: (11) 3872-7476
e-mail: vendas@summus.com.br

Impresso no Brasil

# SUMÁRIO

APRESENTAÇÃO ..................................................................9

INTRODUÇÃO ................................................................ 11
As relações públicas em uma perspectiva dialógica
e transformadora
*Waldemar Luiz Kunsch* ........................................................ 11

I – SOCIEDADE, CIDADANIA E COMUNICAÇÃO ................27

**1. As formas digitais do social e os novos dinamismos
da sociabilidade contemporânea**
*Massimo Di Felice* ..............................................................29

**2. Cidadania, comunicação e desenvolvimento social**
*Cicilia Maria Krohling Peruzzo* ...............................................45

**3. Sociedade civil, multicidadania e comunicação social**
*Margarida Maria Krohling Kunsch* ...........................................59

**4. Movimentos sociais, comunidade e cidadania**
*Regina Escudero César* .........................................................78

**5. Ativismo, movimentos sociais
e relações públicas**
*Márcio Simeone Henriques* .....................................................92

II – CONCEITOS E FUNDAMENTOS TEÓRICOS
DAS RELAÇÕES PÚBLICAS COMUNITÁRIAS .....................105

**1. Resgate histórico das relações públicas comunitárias
no Brasil**
*Waldemar Luiz Kunsch* .......................................................107

**2. A relação entre o sistêmico e o vivido na
comunicação institucional**
*Antonio Teixeira de Barros* ...................................................124

**3. Comunicação comunitária e gestão participativa**
*Cicilia Maria Krohling Peruzzo* ..............................................137

4. Relações públicas na construção da cidadania dos grupos populares
*José Felício Goussain Murade* ................................................................ 150

5. Dimensões e perspectivas das relações públicas comunitárias
*Margarida Maria Krohling Kunsch* ....................................................... 165

6. Relações públicas e as questões sociais nos três setores da sociedade
*Maria José da Costa Oliveira* ................................................................ 181

7. Pressupostos teóricos e aplicados da responsabilidade social corporativa
*Fernanda Gabriela Borger* ...................................................................... 194

III – FRENTES DE ATUAÇÃO E DIMENSÕES PRÁTICAS DAS RELAÇÕES PÚBLICAS COMUNITÁRIAS ...................... 207

1. Comunicação pública e as novas dimensões para as relações públicas
*Mariângela Haswani* ............................................................................... 209

2. Relações públicas e as novas fronteiras entre o público e o privado
*Ana Lucia Romero Novelli* ..................................................................... 224

3. Relações públicas no terceiro setor
*Mauren Leni de Roque* ........................................................................... 237

4. Relações públicas das organizações com as comunidades locais
*Gislaine Rossetti* .................................................................................... 249

5. Relações públicas em cenários folkcomunicacionais
*Severino Alves de Lucena Filho* ............................................................. 261

6. Relações públicas na difusão da produção cultural
*Manoel Marcondes Machado Neto* ......................................................... 273

IV – ESTRATÉGIAS, TÉCNICAS E INSTRUMENTOS DAS RELAÇÕES PÚBLICAS COMUNITÁRIAS ............................ 291

1. Planejamento e gestão estratégica das relações públicas comunitárias
*Margarida Maria Krohling Kunsch* ....................................................... 293

2. Relações públicas na gestão da comunicação institucional no terceiro setor
*Fred Izumi Utsunomiya* .......................................................................... 310

**3. A geração de diagnóstico na gestão dos processos comunicacionais de ONGs**

*Henrique Wendhausen* .................................................. 325

**4. Relações públicas e comunicação institucional nas causas sociais**

*Luisa Helena Alves da Silva* .............................................. 337

**5. Relações públicas nos programas de responsabilidade social**

*Carmella Batista de Carvalho* ............................................. 352

# APRESENTAÇÃO

A produção e publicação desta obra constituem motivo de satisfação para seus coordenadores e autores. Com ela, viabiliza-se uma coletânea de estudos sobre uma temática que tem sido abordada há quase três décadas. Já existia um bom número de textos sobre as relações públicas comunitárias, sob a forma de dissertações, teses, artigos em revistas ou capítulos de livros. Porém, esse material nem sempre chegava às salas de aula dos cursos de relações públicas das faculdades de comunicação espalhadas pelo território nacional, tampouco chegava ao mercado profissional e à sociedade em geral. A maioria desses produtos encontra-se dispersa ou então fica restrita aos espaços das bibliotecas das universidades onde foi gerada.

Por isso, há muito tempo, vínhamos pensando na idéia de coligir trabalhos científicos em torno dessa temática, pois percebíamos que havia certa lacuna nas bibliografias dos programas de disciplinas como comunicação comunitária, relações públicas comunitárias e no terceiro setor, planejamento da comunicação etc. Esse fato motivou-nos a tomar a iniciativa de convidar os colegas da academia e do mercado que estivessem, direta ou indiretamente, ligados aos diversos tópicos aqui abordados. Isso para cobrir assuntos que vão desde a reflexão sobre a sociedade contemporânea e os esforços para construir a cidadania, passando pelas dimensões conceituais da atividade, até as frentes e os instrumentos de atuação concreta no âmbito das relações públicas comunitárias.

Juntar um grupo de estudiosos e produzir uma obra compacta e abrangente, assinalada por uma estrutura e um roteiro devidamente pensados em termos de organicidade e lógica, constituiu um desafio cujos resultados queremos compartilhar com vocês, leitor e leitora. Este livro, por seu conteúdo e sua apresentação, pretende ser uma espécie de "manual" sobre as relações públicas comunitárias, vistas na perspectiva de uma comunicação dialógica e transformadora.

Os autores aqui reunidos são nomes de comprovada competência, que, em sua atividade acadêmica e/ou prática profissional, envolvem-se com a temática das relações públicas comunitárias e, mais diretamente, com os tópicos desenvolvidos por eles. Suas contribuições certamente possibilitarão ver a área de relações públicas sob um ângulo diferente e com reais possibilidades de colaborar, por meio de suas teorias, sua metodologia e seus instrumentos, com a criação de uma sociedade mais justa e igualitária.

Que esta obra represente um valioso subsídio tanto para a academia quanto para o mercado e a sociedade como um todo, neste momento histórico em que as relações públicas completam oficialmente seus primeiros cem anos de existência e entram cada vez mais revigoradas em seu segundo centenário.

*Os organizadores*

# INTRODUÇÃO

# As relações públicas em uma perspectiva dialógica e transformadora

*Waldemar Luiz Kunsch*

A evolução das relações públicas comunitárias no Brasil e sua crescente presença nos currículos dos cursos da área indicavam que era mais do que chegado o momento de pensar na produção de uma obra específica sobre elas. Margarida Krohling Kunsch e este autor assumiram o desafio de desenvolvê-la em parceria com acadêmicos e/ou profissionais cujas atividades de pesquisa e militância se destacam de alguma forma nos diferentes âmbitos vinculados com a temática. Surgiu, assim, este livro, como fruto da colaboração abnegada dos dezenove autores que se encarregaram de elaborar os vinte e quatro textos nele reproduzidos.

A obra se acha dividida em quatro partes, cujos títulos revelam a preocupação com uma estrutura caracterizada por unidade, organicidade e lógica. A construção da cidadania é a base das relações públicas comunitárias (primeira parte), cujos conceitos e fundamentos (segunda parte) aplicam-se em diferentes frentes de atuação (terceira parte), por meio de estratégias específicas (quarta parte), tendo sempre em mente o novo paradigma preconizado para a área.

Na seqüência, fazemos uma abordagem do conteúdo do livro, na qual, propositadamente, não nos norteamos simplesmente pelos resumos dos artigos, arquitetando uma linha de reflexão própria. Os textos aqui publicados propiciam, em seu conjunto, muitas leituras, sendo a nossa apenas uma das possíveis. Deixamos para o leitor captar a multifacetada riqueza das diversas contribuições.

## Sociedade, cidadania e comunicação

A construção da cidadania, razão primeira e última de qualquer política e de qualquer ação no campo das relações públicas comunitárias, perpassa toda a obra, constituindo a tônica dominante nos cinco artigos que compõem a primeira parte.

Esta começa com um texto de Massimo Di Felice, muito elucidativo para todo um contexto que se criou nesse campo na contemporaneidade. Para o autor,

> a teoria social que ainda explicita a estrutura social exclusivamente em termos analógicos e funcionalistas, isto é, como resultado de interações entre estruturas e entidades identitariamente distinguíveis e separadas por interesses e papéis – públicos, instituições, empresas e consumidores –, não permite outra atuação possível a não ser a hierárquico-piramidal do assistencialismo.

Isto posto, ele dirá que "além da constituição de um novo imaginário social interativo, nos contextos digitais, é possível colher um novo tipo de ação social que se desenvolve na integração e na negociação entre social e informações, entre sujeitos e tecnologias informativas". O autor concluirá, de alguma forma, que,

> uma vez que o social não é mais dado, mas é o resultado da combinação das *infoarquiteturas* com as situações sociais, abre-se a possibilidade de reconfigurar, junto à ação social, o papel do profissional de relações públicas. Um dos conceitos que pode ser considerado fértil para pensar tal transformação é o de interface, que exprime a ação de um elemento mediador e de contato entre duas naturezas distintas, proporcionando uma interação.

Trata-se de assumir um modelo de comunicação que, ao incluir mecanismos de relacionamento entre pessoas, públicos e instituições, visa a um desenvolvimento sustentável que exige "alteração do capital humano e do capital social", como mostrará Cicilia Maria Krohling Peruzzo, no segundo texto. Capital humano diz respeito, principalmente, à

> capacidade das pessoas de fazer coisas novas, exercitando a sua imaginação criadora – o seu desejo, sonho e visão – e se mobilizando para desenvolver as atitudes e adquirir os conhecimentos necessários capazes de permitir a materialização do desejo, a realização do sonho e a viabilização da visão,

afirma Cicilia, citando Augusto de Franco, que chama isso de "empreendedorismo". Já capital social, ainda segundo esse autor, refere-se à "capacidade de cooperar, formar redes, regular seus conflitos democraticamente e, enfim, constituir comunidade". Tal modelo de comunicação "desempenha um papel central na construção da cidadania", acentua Cicilia Peruzzo.

A cidadania, nas muitas formas que assume hoje, nos processos de participação de uma sociedade civil cada vez mais "dinâmica e operante" e na defesa da democracia e dos direitos humanos, é objeto do terceiro artigo, de Margarida Maria Krohling Kunsch. Ao perpassar os conceitos de cidadania e as dimensões reveladas por suas novas manifestações em um mundo globalizado, a autora cita Anthony Giddens, para quem "a promoção da sociedade civil ativa" passa, entre outros fatores, pela "renovação comunitária através do aproveitamento da iniciativa local". Margarida analisa, ainda, as possibilidades que se oferecem para a comunicação social ante as novas demandas delineadas nos cenários político, econômico e social contemporâneos. Também destaca que o ensino, a pesquisa e a extensão universitária devem valorizar a democracia, a diversidade, o pluralismo e a justiça, em sintonia com a sociedade civil, contribuindo para a geração de uma consciência social que tenha como ponto de partida os princípios da cidadania.

Se a cidadania é histórica, expressando-se em várias dimensões, como deixaram claro Cicilia Peruzzo e Margarida Kunsch, o quarto texto, de Regina Escudero César, será exatamente sobre um novo paradigma de relações públicas, organizado com base em uma metodologia dialética. Em lugar das teorias de cunho positivista, que marcaram a história dessa atividade, é preciso que esta assuma novo posicionamento diante das demandas no atual contexto social. O profissional usa estratégias comunicativas para problematizar a realidade dos movimentos sociais e da comunidade, a fim de torná-los partícipes de sua transformação. A comunidade não é vista aqui no sentido estático atribuído pelos sociólogos funcionais e positivistas, mas como algo que se encontra em constante movimento, com diversidade cultural e de valores. Ela pressupõe a existência de uma proximidade e de elos profundos entre os membros, como o sentimento de pertença, identidade e comunhão de interesses.

O fato é que, no cenário contemporâneo, surgem novos sujeitos sociais coletivos, que se integram cada vez mais em "redes de solidariedade", o que implica mudanças também no *modus operandi* dos projetos mobilizadores, como dirá Márcio Simeone Henriques, no quinto texto. Diante dessa nova realidade, é preciso adotar modelos democráticos mais participativos, seja na promoção da visibilidade midiática dessas novas formas organizacionais, seja na composição de estratégias de relacionamento em torno de suas causas. Essas duas dimensões impõem o desafio de estabelecer um discurso comunicacional por meio do qual "se veiculam os projetos políticos e as visões de futuro capazes de amalgamar uma pluralidade de indivíduos em uma vontade coletiva", diz Henriques, citando Luís Felipe. Nesse sentido, a comunicação dos movimentos é um problema de relações públicas. "Reconhecer a importância das relações públicas na composição de uma comunicação estratégica dos movimentos contemporâneos não implica, porém, uma aplicação de técnicas tais como definidas e codificadas no mundo empresarial", alerta o autor. É necessário que se atente para os "desenhos institucionais distintos" e a "dinâmica diferente de atuação dos movimentos sociais".

Introdução                                                                    15

## Conceitos e fundamentos teóricos das relações públicas comunitárias

Se os fundamentos básicos das relações públicas comunitárias já se acham implícitos ou até mesmo explícitos nos textos da primeira parte deste livro, os capítulos da segunda parte, de alguma forma, tratam mais especificamente deles.

Abrindo essa parte, Waldemar Luiz Kunsch mostra que hoje já é possível falar, teórica e praticamente, de "relações públicas comunitárias", ou seja, de um trabalho comprometido com os interesses dos segmentos sociais organizados ou com o interesse público. Há um consenso entre os estudiosos de que essa temática teve início com as transformações pelas quais passaria a área a partir da década de 1980, no contexto de articulação crescente dos movimentos sociais e de desenvolvimento da comunicação comunitária. Os indivíduos tornavam-se mais conscientes de seus direitos e deveres no processo de edificação de uma sociedade mais justa. E as organizações, por sua vez, começavam a sentir-se incentivadas a exercer novos papéis na construção da cidadania, passando a preocupar-se de forma crescente com programas ligados a projetos sociais e a parcerias com o terceiro setor. Na contemporaneidade, pesquisadores e profissionais da área, rompendo as fronteiras do mundo puramente sistêmico, adotam um discurso que, de forma consciente, dá cada vez mais atenção ao mundo vivido pelo ser humano em sua realidade concreta, no processo de construção da cidadania.

No segundo texto, Antonio Teixeira de Barros aplica a teoria da ação comunicativa de Jürgen Habermas e reflete precisamente sobre as relações públicas no mundo sistêmico e no mundo vivido, associando ao primeiro o agir estratégico (planejamento, pesquisa, auditoria e avaliação), e ao segundo, o agir comunicativo (práticas que estimulam a promoção da cultura, da cidadania e da responsabilidade social). Usando a terminologia de Bernardo Toro, o autor diz que o profissional da área atua como "editor social", ao intermediar as relações entre um "produtor social" (pessoa ou organização) e determinada comunidade. Nesse processo, ele pode ser um editor social estacionado no mundo sistêmico-normativo ou, então, "reeditar" instrumentos, técnicas, linguagens e símbolos da profissão, atuando em sintonia com o mundo vivido por toda a comunidade. Seu propósito maior, nessa perspectiva, ainda com base em Toro, é um "horizonte ético", onde o cidadão se torna um sujeito participativo, que fortalece "o tecido social e comunitário".

Nesse tipo de comunicação, a participação é uma das dimensões essenciais, dirá Cicilia Maria Krohling Peruzzo, no terceiro texto dessa parte. Ela pode dar-se em diferentes níveis, do mais elementar, o da recepção, até aqueles em que os membros da comunidade atuam como sujeitos ativos, como protagonistas no planejamento, na produção, na elaboração e mesmo na gestão da comunicação. "A comunicação comunitária diz respeito a um processo comunicativo que requer o envolvimento das pessoas de uma 'comunidade', não apenas como receptoras de mensagens, mas como protagonistas dos conteúdos e da gestão dos meios de comunicação", dissera Cicilia Peruzzo em outra obra (2003)*. A autora salienta que as áreas de comunicação devem *integrar-se* nas experiências populares de gestão coletiva, e não servir apenas como órgãos externos de consultoria ou de mediação. "Especialmente as relações públicas têm o papel fundamental de facilitar o processo de ação coletiva, no que diz respeito tanto ao relacionamento interno, quanto às relações com os públicos de interesse externos, visando conquistar aliados e dar visibilidade pública às novas formas de realização."

O quarto texto, de José Felício Goussain Murade, será exatamente sobre as relações públicas no processo de construção da cidadania em grupos populares. Ele as avalia em função do discurso público, que permite a esses grupos o dissenso em relação ao consenso visado, tradicionalmente, pelo discurso de práticas meramente persuasivas. A preocupação deve ser com a "educação dialógica", proposta por Paulo Freire. Só ela seria capaz de promover "a consciência reflexiva, o discurso crítico e, dessa forma, a construção e a reconstrução da realidade". Para o

---

\* Peruzzo, Cicilia M. Krohling; Almeida, Fernando Ferreira de. *Comunicação para a cidadania.* São Paulo: Intercom; Salvador: Uneb, 2003.

autor, ainda citando Freire, "a educação é comunicação, é diálogo, na medida em que não é a transferência de saber, mas um encontro de sujeitos interlocutores que buscam a significação dos significados". O objetivo deve ser a busca da solidariedade pelo diálogo, que "implica a colaboração discursiva entre sujeitos". Nesse processo, cabe às relações públicas o importante papel de contribuir para "a geração de capital social e de consciência crítica", incentivando a capacidade de cooperar, formar redes, regular conflitos, enfim, constituir comunidade, como dissera Peruzzo em seu artigo, na primeira parte do livro.

O papel do profissional de relações públicas como incentivador dessa atuação interativa das comunidades, mais do que simples transmissor de saberes apreendidos na universidade (a "educação bancária" de Paulo Freire), será um ponto forte também no quinto artigo, de Margarida Maria Krohling Kunsch. A autora mostra como o conceito de comunidade se transformou na dinâmica das revoluções industrial, pós-industrial, moderna, pós-moderna, tecnológica, digital etc., ultrapassando o entorno de vizinhança e projetando-se até mesmo para o ciberespaço. Mas "comunidade" continua significando uma relação social que "se baseia em um sentido de solidariedade" (Max Weber), encerrando como característica essencial "uma forte coesão, baseada no consenso espontâneo de seus integrantes e traduzida por atitudes de cooperação, em face de interesses e aspirações comuns" (Teobaldo de Sousa Andrade). É em função dessa realidade que se deve posicionar hoje o profissional da área, valorizando a cidadania e a solidariedade humana e, sobretudo, tendo a educação libertadora como norteadora das ações. Só assim, segundo Margarida Krohling Kunsch, terão sentido conceitos como cidadania corporativa e responsabilidade social, presentes no discurso empresarial de hoje.

A idéia de uma "educação libertadora" se fará presente também no sexto capítulo, de Maria José da Costa Oliveira, que analisa as relações públicas como "práxis voltada para a transformação social", envolvendo necessariamente a interlocução entre os três setores da sociedade. "Definições da área reforçam uma noção clara do papel social que ela deve desempenhar", diz Oliveira, acrescentando que, com o novo cenário socioeconômico e político da contemporaneidade, que passou a valorizar a cidadania, "estamos em um momento propício para fixar as relações públicas como atividade comprometida com as questões sociais". A autora destaca a importância que tem, nesse sentido, a conquista da *accountability*, acreditando que, como sinônimo de responsabilidade objetiva, esse conceito "está muito próximo da noção de comprometimento social, envolvendo todos os aspectos que dele decorrem".

O conceito de *accountability* tem estreita correspondência com o de responsabilidade social, que Fernanda Gabriela Borger aborda, no sétimo e último capítulo da segunda parte, como mais um dos fundamentos das relações públicas comunitárias. Sublinha, a autora, que a responsabilidade social deve integrar a missão, a visão e os valores das organizações, envolvendo as dimensões econômica, política, jurídica, ética, ambiental, social e cultural da comunidade. Só assim as organizações estarão realmente investidas de uma *corporate responsiveness*, ou seja, da capacidade de responder aos desafios postos pelo engajamento com seus *stakeholders*, entre os quais a comunidade, em termos de estabelecimento de objetivos comuns, de compartilhamento de informações e recursos, de busca de soluções conjuntas para os problemas sociais, no processo de construção da cidadania.

## Frentes de atuação e dimensões práticas das relações públicas comunitárias

Na terceira parte desta obra, os textos se voltam mais especificamente para dimensões práticas das relações públicas comunitárias, aplicadas a algumas frentes de atuação concretas. Note-se, entretanto, que, em uma obra coletiva, é praticamente impossível delimitar fronteiras precisas entre as dimensões teóricas e práticas de um assunto ou entre fundamentos e instrumentos. Isso só seria viável se houvesse a adoção de um *briefing* minuciosamente debatido com os co-autores, ou uma troca de idéias entre eles, objetivando contornar sobreposições de enfoque ou de idéias.

No primeiro capítulo, Mariângela Haswani avalia as perspectivas que se abrem para as relações públicas no campo da comunicação pública, que está a exigir "a inserção de novas competências em uma nova dimensão estratégica". A autora, perpassando a evolução dessa área no Brasil, vai buscar as primeiras discussões sobre ela em Platão, para quem o bem, como um dos componentes dos "universos da alma e do saber", só poderia se realizar "na *pólis* verdadeira e justa, comandada por governantes capazes de escolher sempre o que julgassem mais vantajoso para a comunidade". São atores dessa comunicação, primeiramente, o Estado e suas administrações, que devem sensibilizar os cidadãos para o envolvimento nos problemas de maior significado para a sociedade civil. Mas, hoje, também os sujeitos privados e o terceiro setor ativam processos de comunicação com os cidadãos, suplementando as deficiências das estruturas públicas. Entre as grandes linhas de ação dessa área, Mariângela Haswani analisa o que o italiano Stefano Rolando chama de "comunicação de solidariedade social". Esta pode constituir um passo importante "para que a comunicação pública, em geral, e as relações públicas, em particular, iniciem uma trajetória inovadora na construção de um Estado emissor de informações responsável, parceiro e de olhos voltados estrategicamente para o interesse público".

No cenário assim sinalizado, em que são cada vez mais tênues as fronteiras entre o público e o privado, uma das características é a incessante busca de interação entre os diversos atores sociais, como mostrará Ana Lucia Novelli, no segundo texto. Para a autora, na "sociedade pós-tradicional" da contemporaneidade, as relações públicas se vêem, mais do que nunca, credenciadas e legitimadas para exercer um papel ativo na esfera pública, podendo elas, dessa forma, contribuir decisivamente para estimular o diálogo entre Estado, mercado e sociedade civil. Cabe-lhes utilizar todo o potencial transformador na construção de redes de relacionamento sustentáveis e positivas para todos os atores envolvidos. Com base em uma proposta de atuação inovadora, em que tenham consciência de seu papel como agentes de comunicação na esfera pública, são muitas as possibilidades de as relações públicas mediarem parcerias diversificadas, sólidas e confiáveis entre os diferentes setores sociais e as organizações que os integram.

Nesse contexto, evidencia-se hoje a atuação do chamado terceiro setor, esse "novo ator social" que Mauren Leni de Roque aborda no terceiro texto. A autora apresenta algumas contribuições para a constituição de princípios e estratégias que vêm auxiliando a consolidá-lo, com destaque para as iniciativas desenvolvidas nesse sentido na área acadêmica. Citando J. S. Ferreira, Roque reconhece que a aproximação entre a universidade e o terceiro setor vem "produzindo os exemplos mais exitosos de produção de conhecimento acadêmico voltado à redução das desigualdades sociais". Com base em M. C. Santos, a autora entende que "o papel da universidade é o da construção de uma sociedade mais igualitária, solidária e justa". Mas como a universidade pode produzir conhecimento e formar cidadãos que cooperem com a vontade coletiva, lutem por igualdade de direitos e compartilhem oportunidades? Entre outras formas, "produzindo conhecimentos com aplicabilidade prática na redução das desigualdades sociais", responde, referenciando novamente Ferreira. Para Roque, as relações públicas, que têm passado por profundas transformações graças a "aportes que questionam a competição e priorizam a cooperação e a solidariedade, representam o campo de conhecimentos privilegiado para promover, por processos comunicativos, a correção de assimetrias sociais".

A comunidade vizinha ou o entorno social das empresas é, como não poderia deixar de ser, uma frente de atuação, por excelência, das relações públicas comunitárias. Esse é o tema do quarto texto, de Gislaine Rossetti, para quem,

> dentro dessa nova realidade em que o mundo empresarial tem sido
> chamado a compartilhar a responsabilidade de construção de uma
> sociedade mais justa, as empresas mais ágeis intuíram rapidamente

Introdução                                                                    21

que suas ações deveriam deixar o campo da mera filantropia e se voltar para a colaboração efetiva com a transformação social.

As empresas precisam dialogar com a comunidade, discutindo com ela todos os aspectos que possam levar a um relacionamento produtivo, por meio de planos formulados, executados e avaliados dentro de uma estratégia claramente definida, em conjunto com a comunidade e suas lideranças. O diálogo não pode ser apenas uma estratégia de marketing. Ele deve ser visto como um dos valores da cultura das empresas. Só assim elas se tornarão agentes catalisadores, impulsionando o desenvolvimento da comunidade local.

Se as organizações devem construir um bom relacionamento com as comunidades onde atuam, isso implica levar em conta também seus saberes, como argumenta Severino Lucena Filho, no quinto capítulo. Assim, também as manifestações populares se constituem em objetos merecedores de especial atenção por parte das relações públicas comunitárias, em uma integração fecunda entre comunicação organizacional e folkcomunicação. Eventos como o carnaval e as festas juninas, explorados pelo autor em seu texto, podem ser assumidos nas estratégias de folkmarketing e de "relações públicas folkcomunicacionais" das empresas. "A interatividade e a dialética presentes nesses eventos geram sentidos e formações discursivas mercadológicas e institucionais que são os motes usados para promover maior proximidade e identificação das organizações com seus públicos de interesse."

Tratar da difusão cultural é uma obrigação da área de relações públicas, dirá Manoel Marcondes Machado Neto, no sexto e último capítulo dessa terceira parte, ao mostrar como o processo cultural, no século XXI, deve ser eminentemente dialógico e não imposto de cima para baixo pelas organizações estatais e privadas de promoção e proteção da cultura. A base de tudo está no art. 27 da Declaração Universal dos Direitos Humanos, em que se estabelece que "toda pessoa tem o direito de participar livremente da vida cultural da comunidade", princípio que se faz presente também, por exemplo, no art. 215 (do acesso aos bens culturais) da Constituição Brasileira e no projeto da Política Nacional de Cultura, ainda em definição. Citando a antropóloga Dinah Guimaraens, o autor defende a necessidade de preservar a identidade cultural e a cidadania de nações e grupos sociais, vendo a identidade como a capacidade de alguém de "reconhecer a si próprio ou de construção de sua própria realidade autônoma e única", e a cidadania, como "o direito individual à liberdade de expressão e também o direito da coletividade de partilhar de distintas opiniões e posturas culturais". Tudo isso constitui uma atividade eminentemente de relações públicas comunitárias, a ser assumida por elas com responsabilidade e espírito de cidadania.

## Estratégias, técnicas e instrumentos das relações públicas comunitárias

Os textos da quarta parte voltam-se mais à prática concreta das relações públicas comunitárias, embora eles sempre acabem permeados por aspectos que já foram tocados antes, não sendo às vezes tão evidentes as razões que levaram os organizadores a colocar determinado texto nesta e não em outras partes. De qualquer forma, os capítulos nela apresentados abordam aspectos mais estratégicos, sempre apoiados nos fundamentos teóricos da atividade e tendo em mente o novo paradigma hoje preconizado para ela.

O primeiro texto, de Margarida Maria Krohling Kunsch, é um estudo reflexivo e propositivo sobre as implicações do planejamento de relações públicas em um sentido mais amplo do que técnico, discorrendo sobre aspectos políticos e participativos. A autora preconiza a necessidade de o terceiro setor, os movimentos sociais, as organizações populares e as comunidades adotarem um planejamento interativo na gestão dos processos comunicacionais com os públicos envolvidos e na produção dos instrumentos midiáticos. Para tanto, ela apresenta uma metodologia alternativa do processo do planejamento da comunicação voltado para esses segmentos, com ênfase na participação, interação e valorização das pessoas e no trabalho integrado e em equipe.

Introdução

No segundo capítulo, Fred Izumi Utsunomiya mostra como hoje se exige das organizações um desempenho cada vez mais eficiente na atuação de seu papel social. Seu texto constrói-se em torno de um grande cenário, onde se desenrola um enredo social, com diferentes atores, que seguem um roteiro (planejamento) e realizam uma performance (gestão), preocupados com sua identidade, sua mensagem e seus diálogos, tudo em função do sucesso, do reconhecimento. É o esquema básico do processo de relações públicas, válido para todas as organizações. Mas o autor foca nas organizações não-governamentais. Para ele, o grande desafio que se coloca diante do terceiro setor é a volta do protagonismo da comunidade, representada, em sentido mais amplo, por um grupo social unido em torno de interesses e objetivos comuns. "As ONGs, com suas estruturas mais horizontalizadas e priorizando propostas de intervenção social, habilitam-se como usuárias potenciais e beneficiárias do uso de técnicas de relações públicas na gestão de sua comunicação institucional", em um contexto em que "a progressiva e veloz mudança da humanidade, marcada pela adoção de um paradigma neoliberal de desenvolvimentismo tecnológico, exige das organizações maior sofisticação em termos de planejamento e gestão".

Para um bom planejamento e uma boa gestão dos processos comunicacionais das organizações não-governamentais, dentro de uma perspectiva dialógica e transformadora, no contexto de sua evolução histórica, é imprescindível fazer um diagnóstico bem fundamentado, como mostrará Henrique Wendhausen, no terceiro capítulo. Ele faz algumas propostas teóricas e práticas, indicando alguns passos e questionamentos que podem contribuir para uma metodologia de relações públicas mais apropriada para a aplicação em organizações não-governamentais e/ou comunitárias, com enfoque em parâmetros e aspectos mais congruentes para a *geração de diagnóstico*. Antes de mais nada, é importante que se respeitem as especificidades e idiossincrasias dessas organizações. O autor se concentra na metodologia de Eduardo Vizer, que propõe um dispositivo analítico para intervenção social, considerado como um instrumento que permite uma descrição ao mesmo tempo objetiva e subjetiva do processo de construção social, para grupos institucionalizados ou não, por meio de uma metodologia de investigação participativa capaz de levar à realização de autodiagnósticos construídos em comum entre o investigador-coordenador e os atores sociais.

Essa metodologia se assenta em seis eixos que permitem dar sentido e valor à geração de redes e tramas sociais, levando em conta: as práticas e ações instrumentais do grupo; sua organização política; seu contexto normativo-valorativo; sua dimensão espaciotemporal; os vínculos de associação interpessoal e afetiva; e sua dimensão cultural, imaginária e mítica.

Ainda dentro dessa perspectiva, Luisa Helena Alves da Silva abordará, no quarto texto, o planejamento de relações públicas comunitárias como instrumento de legitimação do discurso de cidadania corporativa das empresas, na busca da compreensão e da solução dos problemas sociais que atingem a comunidade. A autora sugere estratégias e técnicas a serem adotadas pelas organizações, na elaboração, na execução, no controle e na avaliação de projetos sociais. Acentua ela, em determinada altura de seu texto, que,

> embora a lógica do mercado seja diferente da lógica social e [até] pareçam incompatíveis, cabe ao profissional de relações públicas comunitárias modificar esse paradigma, promovendo o equilíbrio entre essas duas lógicas, transformando a *conveniência* da lógica de mercado em *convivência* com a comunidade, onde o diálogo e o discurso da comunicação empresarial se façam refletir em mudanças sociais obtidas pelas ações sociais que a organização realiza junto aos diferentes públicos.

A tônica desses artigos é, como se pode perceber, a responsabilidade social, que deve perpassar todas as fases de um planejamento de relações públicas comunitárias. Carmella Batista de Carvalho, no quinto e último artigo dessa quarta parte do livro, concentrar-se-á na necessidade da adoção de indicadores de eficácia da gestão do relacionamento com a comunidade. A autora analisa o "gráfico dos processos de controle e avaliação de resultados em administração", destacando como pontos fortes desse processo a preocupação com as variáveis do ambiente e a contínua retroalimentação do sistema. Uma avaliação permanente e bem-feita dos programas de responsabilidade social corrobora e fortalece o caráter estratégico das relações públicas. A eficácia destas pode ser medida pela busca constante de resultados e pela possibilidade de gerar reais mudanças para a comunidade e os demais públicos da organização.

\* \* \*

Do exposto, percebe-se como os vinte e quatro textos desta obra deixam clara, cristalina e imperativa a necessidade de aperfeiçoar sempre mais o conteúdo teórico e prático das relações públicas, que devem assumir um paradigma ideológico e metodológico capaz de colaborar com o desenvolvimento comunitário. Se o destino do ser humano é criar e transformar o mundo sendo o sujeito de sua ação, é nessa concepção transformadora que há de se engajar o profissional da área, pautando sua formação e sua atuação por princípios educadores-libertadores. Desatreladas, o mais possível, do mundo puramente sistêmico-instrumental, as tradicionais "funções" e "técnicas" de relações públicas servirão, de forma consciente e responsável, ao mundo vivido-político, instituindo-se a participação como princípio-chave do processo de construção da cidadania.

# I

# SOCIEDADE, CIDADANIA E COMUNICAÇÃO

*Fala-se muito em globalização e parece mesmo que este é hoje o grande avanço da comunicação. Mas acreditamos que um dos maiores méritos de nossa história recente seja o de que, nesses últimos anos, aprendemos a participar do processo de construção de nossa realidade, sendo agentes/sujeitos dentro dela.*
*O que se alinhava é uma cultura da participação.*
*Segundo Cicilia Peruzzo, essa participação deve ser dimensionada em uma perspectiva baseada no desenvolvimento sustentável e integral, que pressupõe a co-responsabilidade do cidadão e de suas organizações, do mercado e do Estado.*

REGINA ESCUDERO CÉSAR

# 1. As formas digitais do social e os novos dinamismos da sociabilidade contemporânea

*Massimo Di Felice*

A relação entre sistemas comunicativos e formas de produção do social marca, há tempos, os estudos da sociologia da comunicação. De M. McLuhan a J. Meyrowitz e A. Appadurai, foram muitos os autores que passaram a refletir sobre a importância da tecnologia comunicativa, não somente para o repasse das significações e dos conteúdos sociais, mas, sobretudo, para a construção e a reprodução da mesma arquitetura do social. Na época contemporânea, as redes digitais redesenham uma nova forma de sociabilidades fluidas e interativas, onde as instituições, as empresas e a sociedade civil são chamadas à interação e à contínua reinvenção de suas fronteiras e de seus significados.

> *As sociedades sempre foram influenciadas mais pela natureza da mídia pela qual os homens se comunicavam, que pelo conteúdo da comunicação.*
>
> McLuhan

Em sua célebre obra *A sociedade em rede*, M. Castells (1999, p. 43), ao analisar a relação entre tecnologia, sociedade e transformação histórica, aponta que "o dilema do determinismo tecnológico é, provavelmente, um problema infundado, dado que a tecnologia é a sociedade, e a sociedade não pode ser entendida e representada sem suas ferramentas tecnológicas".

Assim sendo, as transformações que ocorreram, ao longo da história, nas formas de armazenar, organizar e transmitir as informações, devem ser compreendidas também em seus significados sociais e

# 30 Massimo Di Felice

filosóficos de contribuir com o surgimento de novos modos de ver, de perceber e de entender o mundo.

Historicamente, a humanidade passou por três momentos importantes, três grandes revoluções comunicativas[1], que assinalaram não somente o aparecimento de uma nova forma de comunicar e de novos meios, mas também a introdução de novas possibilidades de comunicação e, conseqüentemente, de novas práticas de socialização e de interação com o meio ambiente. A primeira revolução, surgida com a escrita, no século V a.C., no Oriente Médio, configura a passagem da cultura e da sociedade oral para a cultura e a sociedade da escrita. A segunda, ocorrida na metade do século XV de nossa era, na Europa, provocada pela invenção dos caracteres móveis e pela invenção da impressão por Gutenberg, causa a difusão da cultura do livro e da leitura, até então restritos a grupos privilegiados. A terceira, desenvolvida no Ocidente na época da Revolução Industrial, entre os séculos XIX e XX, relaciona-se ao começo da cultura de massa, caracterizada pela difusão de mensagens veiculadas pelos meios de comunicação eletrônicos. Em cada uma dessas revoluções, como sublinhado por McLuhan, a introdução de novos meios determinou a possibilidade de alcançar um público cada vez maior em um tempo e com custos cada vez menores.

Na época contemporânea, a humanidade vive uma ulterior revolução comunicativa, implementada pelas tecnologias digitais, constituindo, em uma concepção histórica, a quarta revolução, que, como as outras, instituiria importantes transformações no interior dos distintos aspectos do convívio humano. Nela, além da expansão do elemento comunicativo, que possibilita o alcance de um público ilimitado e a transmissão em tempo real de uma quantidade infinita de mensagens, vêem-se o mesmo processo e o mesmo significado do comunicar a serem radicalmente transformados.

Na frente dos nossos computadores, ligados em redes, podemos nos comunicar somente se passamos a interagir com as nossas interfaces

---

1 Remete-se o autor ao texto de M. Baldini (1989).

(*mouse*, teclado e redes em geral), em um diálogo constante, em que se excluem, de fato, qualquer tipo de passividade e qualquer forma de nítida distinção entre o emissor e o receptor.

A construção de um social em rede, caracterizado por circuitos informativos interativos, obriga-nos a repensar as formas e as práticas das interações sociais fora da concepção funcional-estruturalista, baseada em relações comunicativas analógicas. O mesmo papel da tecnologia comunicativa no interior das relações sociais deve ser completamente repensado. As fórmulas da sociedade de massa, baseadas na distinção identitária entre o emissor e o receptor, entre empresa e consumidor, instituições e cidadãos, não conseguem mais explicar a complexidade das interações sociais contemporâneas.

## As formas tecnológicas do social

O que acontece no âmbito do social com a introdução e a difusão de uma nova tecnologia comunicativa é de fato algo que não somente nos remete à criação de um novo território ou de uma nova esfera pública, mas que transforma as práticas e o próprio significado do social. É suficiente lembrar a importância representada pela escrita e pelo alfabeto para a criação das leis e da democracia, ou pela imprensa para a constituição dos Estados nacionais, como também aquela aportada pelo rádio e pela televisão pelas suas uniformizações lingüísticas.

Se na sociedade oral a forma comunicativa fazia coincidir a esfera do público com a dos grupos de pessoas que era possível alcançar diretamente, por meio da fala (clã, aldeia etc.), na sociedade industrial, o público surge como o resultado de uma produção tecnológica, isto é, enquanto veiculada e revelada pelos jornais, pelos livros e pela mídia, formando-se como uma esfera destacada, claramente distinta do universo particular do sujeito.

É neste período que se configura um social tecnológico, isto é, um social que pode ser tal e se tornar público, conhecido e ter participado somente enquanto mediado por meios, veiculado por artefatos mecânicos e tecnologias comunicativas. Trata-se de uma importante transformação, nem sempre reconhecida pela sociologia e pelas ciências sociais, mas impossível de excluir da análise do social moderno sem perder, ao mesmo tempo, o significado profundo dessa etapa.

A Revolução Industrial e a conseqüente revolução eletrônica, mais que sistemas produtivos e socioeconômicos, devem ser olhadas a partir do presente e pensadas como o começo de uma nova fase da civilização humana, marcada por uma relação entre tecnologia e pensamento, e como o resultado da inédita junção de dois tipos de saberes, até então separados: a teoria e a técnica.

A transformação ontológica da natureza e de sua percepção, como decorrência da Revolução Industrial e do advento da técnica, foi analisada por M. Heidegger, que, para descrever tal fenômeno, define a era industrial como "a época das imagens de mundo", isto é, como o período produzido pelas imagens da ciência e pela visão científica do mundo. É essa visão técnica que define a realidade moderna, a qual, para o filósofo alemão, caracteriza-se pelo advento de uma nova tecnologia, que não pode jamais ser entendida no interior da concepção instrumental e antropológica da técnica.

Para Heidegger, a *techné*, na sua origem grega, pertencia ao âmbito do "produzir", isto é, à *poiésis*, que incluía, ao mesmo tempo, tanto o significado técnico como o artístico, envolvendo o sentido de "tornar presente o que estava oculto" e, portanto, de "descobrir". Distinguindo a técnica da sua essência, o autor define esta como algo que não pode ser considerado um puro fazer do homem, nem um acontecimento produzido pela atividade humana. Emancipando a técnica do homem, ele inverte a concepção aristotélica e ocidental ligada à sua percepção instrumental e antropológica, problematizando o seu papel na história e abrindo um debate fértil.

Outro autor que consegue colher esse aspecto socialmente transformador da técnica é W. Benjamin. Ao mostrar como os adventos da fotografia e do cinema determinam a passagem "da mão para o olho" e a perda do *hic et nunc*, ele explica como o resultado de tais processos não deveria ser percebido somente na esfera da alteração da visão ou da mudança do olho artístico do observador, mas em um nível bem superior, isto é, no interior da qualidade intrínseca da natureza:

> Os nossos botecos, as ruas das nossas metrópoles, os nossos escritórios, os nossos quartos decorados, as nossas estações, as nossas fábricas pareciam nos fechar irremediavelmente. Depois chegou o cinema e com a dinamite dos décimos de segundo fez explodir este mundo parecido a uma prisão; assim nós podemos tranqüilamente iniciar aventurosas viagens no meio das suas ruínas. [...] Com o primeiro plano dilata-se o espaço, com a tomada lenta dilata-se o movimento. [...] Entende-se, assim, como a natureza que fala para a câmara seja distinta daquela que fala para o olho. (Benjamin, 1984, p. 112)

Do ponto de vista social, portanto, restringir a análise do papel social dos meios de comunicação aos seus conteúdos e às suas funções persuasivas e instrumentais oculta a questão da técnica e nos condena a ter uma visão limitada, que se contenta apenas com a interpretação dos efeitos da mídia para a construção dos conteúdos dos significados sociais, no interior da dialética da disputa pelo poder.

Vai totalmente em outra direção a contribuição de J. Meyrowitz[2], que, baseando-se na necessidade de repensar o desenvolvimento da sociabilidade na época eletrônica, revê o conceito de situação social, que não está mais ligado estritamente a uma interação humana, mas à forma de interações eletrônicas. Na sua interpretação, tanto a análise de E. Goffman como a de McLuhan não conseguem explicar de forma satisfatória o dinamismo social contemporâneo, resultado de uma hibridação entre mídias, espaços e sociabilidade.

Meyrowitz observa como o dinamismo social em Goffman se aproxima da cena teatral, onde cada um, em vários palcos, encena

---

2 Docente de comunicação na Universidade de New Hampshire, autor de um dos textos mais importantes da década de 1990, *No sense of place: the impacts of eletronic media on social behavior*.

distintos papéis conforme o tipo de situação. O dinamismo, portanto, limitar-se-ia a uma projeção de formas em cima de uma superfície estática, onde a interação aconteceria exclusivamente na sua forma originária, cara a cara, ignorando-se os influxos e os efeitos da mídia. De forma distinta, a obra de McLuhan fornecia outra explicação do dinamismo social, pensado como estritamente ligado às transformações dos meios de comunicação. Observando as mudanças provocadas pela mídia de massa, McLuhan falava de macromudanças, de um declínio dos sentimentos tradicionais e das identidades nacionais, assim como do surgimento de um novo tipo de tribalização, mas, no entender de Meyrowitz, sem explicar claramente o mecanismo por meio do qual as mídias realizariam tais transformações sociais.

Ante tais deficiências, Meyrowitz propõe-se a estudar a relação entre a mídia e as interações sociais, chegando a descrever o impacto da mídia como causa da modificação da tradicional relação entre ambiente físico e situação social. Com base na observação de como as novas mídias produzem relações entre espaços e pessoas, ele supera a concepção de Goffman, segundo a qual os comportamentos seriam vistos somente no interior de espaços físicos, delimitados pelas barreiras perceptivas. Para Meyrowitz (1984, p. 60), mais que os lugares a determinar o comportamento, seriam as barreiras que se sobrepõem à percepção:

> De fato, um exame mais aprofundado das dinâmicas de situações de comportamentos indica que o lugar enquanto tal é na realidade uma subcategoria da noção mais inclusiva de campo perceptivo. A natureza da interação não é determinada pelo ambiente físico enquanto tal, mas pelos modelos de fluxos informativos. A análise da definição da situação social pode ser totalmente separada de problema da presença física direta, possibilitando, assim, a concentração do nosso interesse unicamente sobre o acesso às informações[3].

Tomando como referência o exemplo de Goffman dos garçons que, indo da cozinha para a sala, modificam radicalmente a própria postura e

---

3 Tradução do autor.

As formas digitais do social e os novos...                    35

o próprio comportamento ao passarem pela porta que separa os dois espaços, Meyrowitz (1984, p. 61) observa como a presença de um microfone ligado, que permitiria ouvir na sala as conversas da cozinha, alteraria substancialmente a interação dos garçons naquele lugar:

> A situação social e os comportamentos no interior da sociedade podem ser modificados pela introdução de novos meios de comunicação. [...] A situação social pode ser considerada também como um sistema informativo, isto é, como um determinado modelo de acesso às informações sociais e como um determinado modelo de acesso ao comportamento das outras pessoas.

Tal definição empurra a análise para além das situações sociais que se produzem nos espaços física e arquitetonicamente delimitados, quebrando a tradicional distinção que se produziu entre os estudos de interação e os estudos midiáticos. O conceito de sistemas informativos desenvolvido por Meyrowitz indica que os ambientes físicos e os "ambientes" das mídias pertencem a um *continuum*, e não a uma dicotomia, fazendo que a difusão das mídias eletrônicas crie muitas situações sociais novas.

Um dos motivos pelos quais os teóricos da situação e dos papéis optaram por considerar estáveis as situações sociais talvez seja a raríssima eventualidade de uma improvisada mudança de posição de portas e paredes, na configuração de uma cidade ou de outra estrutura arquitetônica e geográfica. Mas as mudanças que acontecem nas situações e nos comportamentos, quando se abrem e se fecham as portas, ou quando se constroem e se deslocam paredes, hoje correspondem ao leve golpe de um microfone que se liga, a um televisor que se põe em funcionamento, ou ao átimo de tempo no qual se levanta o receptor do telefone para atender a uma chamada. (Meyrowitz, 1984, p. 65)[4]

---

4 Tradução do autor.

As formas sociais da modernidade passam a deslocar as relações para metageografias e para metaespaços midiáticos, mudando o significado e as práticas de atuação dos atores sociais, sejam estes indivíduos, grupos, classes, instituições ou empresas.

## A sociabilidade em rede e a crise do estrutural-funcionalismo

O advento de um social tecnológico, resultado de uma mediação entre sujeitos, grupos, empresas, instituições e meios de comunicação, configuraria uma evidência qualitativa quando do surgimento das redes interativas e das comunicações digitais. Nesse novo contexto, o desenvolvimento de formas comunicativas, com a introdução de tecnologias de transmissão por cabo de fibras óticas, iria permitir a divulgação em tempo real de uma quantidade infinita de informações, acessíveis a todos.

A rede planetária da internet passa a possibilitar a circulação instantânea de informações mediante formas de comunicação que, pela primeira vez na história, eliminam a separação entre emissor e receptor, pressuposto fundador de todas as principais práticas comunicativas, segundo Lévy (1993, p. 127):

> Junto ao crescimento das taxas de transmissão, a tendência à interconexão provoca uma mutação na física da comunicação: passamos das noções de canal e rede a uma sensação de espaço envolvente. Os veículos de informação não estariam mais no espaço, mas, por meio de uma espécie de reviravolta topológica, todo o espaço se tornaria um canal interativo. A cibercultura aponta para uma civilização da telepresença generalizada. Para além de uma física da comunicação, a interconexão constitui a humanidade em um contínuo sem fronteiras, cava um meio informacional oceânico, mergulha os seres e as coisas no mesmo banho de comunicação interativa. A interconexão tece um universal por contato.

Nas últimas duas décadas, as redes digitais passaram a espalhar, ao lado da tradicional comunicação de massa, novas formas de interação entre indivíduos e novos tipos de sociabilidades.

Para M. Castells, o conceito de sociedade da informação destaca-se como paradigma de análise da sociedade contemporânea, capaz de identificar a tecnologia e a informação como agentes constituintes tanto do processo de produção quanto das relações sociais. Assim sendo, a sociedade informacional seria uma forma específica de organização social em que a geração, o processamento e a transformação das informações se tornam fonte fundamental da sociabilidade.

Nessa concepção, a idéia moderna de esfera pública, como emanação dos meios impressos e dos audiovisuais, deve ser repensada e sujeita, na época das redes digitais, às transformações qualitativas. A tecnologia, como interface e interatividade, deixa de ser "extensão dos sentidos" para se tornar interna e socialmente habitável:

> A cibercultura é a expressão da aspiração de construção de um laço social, que não seria fundado nem sobre links territoriais, nem sobre relações institucionais, nem sobre relações de poder, mas sobre a reunião em torno de centros de interesses comuns, sobre o jogo, sobre o compartilhamento do saber, sobre a aprendizagem cooperativa, sobre processos abertos de colaboração. O apetite para as comunidades virtuais encontra um ideal de relação humana desterritorializada, transversal, livre. As comunidades virtuais são os motores, os atores, a vida diversa e surpreendente do universal por contato. (Lévy, 1993, p. 130)

O resultado do surgimento deste novo social interativo e ilimitado questiona as ciências sociais, não somente no nível de técnicas de pesquisa que busquem alcançar, ao lado do social tradicional, suas novas expressões virtuais, mas, sobretudo, no nível de categorias, paradigmas e conceitos. Como definir e, portanto, delimitar um social em rede? De que forma distinguir as territorialidades e os atores das suas sociabilidades mutantes na rede?

Do ponto de vista teórico, a sociedade em rede é responsável pela superação da concepção estrutural-funcionalista da sociedade, que por tanto tempo marcou explícita e/ou implicitamente a nossa forma de pensar o social e as relações entre os públicos e as instituições. Embora atribuída à obra de T. Parsons, a concepção estrutural-funcionalista da sociedade tem seu primeiro indício na obra de H. Spencer, que, sobrepondo arbitrariamente os conceitos evolutivo e sistêmico das ciências biológicas às categorias sociais, passaria a utilizá-los para a análise da sociedade. A vocação sistêmica dos primeiros pensadores adquire em Spencer um elemento importante, evidente na concepção organicista herdada da ciência biológica, que levará ao surgimento da analogia entre o sistema social e um organismo qualquer, ambos caracterizados na própria constituição de aparatos distintos em contínua relação entre si.

Desenvolvendo-se na obra de autores como E. Durkheim e os antropólogos A. Radcliffe-Brown e B. Malinowsky, o estrutural-funcionalismo construiu a própria narrativa com base em três principais pressupostos: em primeiro lugar, o que descreve a sociedade como caracterizada pela composição de distintos setores interdependentes; em segundo, o que aponta para a existência de um estado de equilíbrio do organismo-sociedade; e, em terceiro, o fato de cada sistema (organismo) tender sempre em direção ao nível de equilíbrio, tendência esta tida como algo natural. Esses três postulados constituem os fundamentos da abordagem funcionalista, que, evidentemente, dá ênfase às estruturas que constituem o esqueleto da sociedade e aos valores que orientam as ações dos indivíduos no interior da estrutura dada. Mas será, sem dúvida, a contribuição de T. Parsons que aprofundará a concepção da sociedade funcionalista moderna.

O ponto de partida de T. Parsons, expresso na obra *The social system*, de 1951, é a descrição de um sistema social como uma estrutura que tende a cumprir uma função particular: a integrativa, quer dizer, a relativa à coordenação e à união orgânica das unidades que a compõem, evitando que estas se dispersem em atividades caóticas e sem sentido. Para cumprir tal função, o sistema social utilizaria alguns instrumentos de controle social, entre os quais, sem dúvida, o direito e a ética. Este aspecto da função de legitimação não é obviamente aprofundado por Parsons (1973, p. 56), que busca resolver o problema com uma observação superficial:

> No contexto da legitimação cultural, uma sociedade é então auto-suficiente na medida em que as suas instituições são legitimadas por valores que os seus membros vivenciam conjuntamente, embora dentro de alguns limites que, por sua vez, são legitimados por suas coerências com as outras componentes do sistema cultural e de modo especial com o seu simbolismo constitutivo[5].

A exigência de aperfeiçoar tal modelo levou Parsons à teorização de um construto que conseguisse explicar as características das ações sociais. Surgiu daí o sistema Adaptation, Goal attainment, Integration, Latency (Agil), que descreve as quatro necessidades com as quais cada ator, cada instituição, cada empresa e cada grupo devem se confrontar: adaptação, alcance dos fins, integração e manutenção da estrutura. A cada uma dessas necessidades corresponderia um sistema, isto é, uma estrutura maior que permitiria o cumprimento da adaptação (sistemas econômicos), do alcance dos fins (sistema político), da integração (sistema legislativo) e da manutenção da estrutura (sistema educativo e religioso).

A sociedade na versão funcionalista seria, portanto, uma estrutura dividida em funções, sistemas e subsistemas, cujo pressuposto para a própria existência estaria na forma de interação entre as distintas partes, isto é, um sistema comunicativo analógico, que efetua um repasse de informações de uma estrutura para outra, de um sistema "emissor" para um "receptor", separados por funções e identidades.

É importante observar como, nesse sistema, o conflito não só é contemplado, mas se torna o elemento principal para fazer que, por meio de ações específicas, o sistema volte ao seu nível de

---

5 Tradução do autor.

equilíbrio. Como no capitalismo "demiúrgico" de J. A. Schumpeter, o conflito, longe de ser uma ameaça, passa a ser funcional para o sistema e seu desenvolvimento.

A tradição estadunidense da ação social tem no estrutural-funcionalismo e no modelo comunicativo analógico os seus pressupostos vitais, cuja discussão ou eliminação acabariam inviabilizando sua teorização. O advento da sociedade em rede, baseada em formas de comunicações interativas e, portanto, pós-analógicas, obriga-nos a pensar em um social pós-estruturalista, onde os distintos setores, os diversos grupos, as instituições e as empresas passam a se sobrepor e a reinventar-se por meio da contínua interação e do incessante acesso aos fluxos informativos. Um social dinâmico e em contínuo devir, algo diferente de um organismo fechado e delimitado feito de um conjunto de órgãos separados e interagentes, um social híbrido, perante o qual é necessário repensar o significado da estrutura e da ação social:

> As formas experimentais das deslocações tecnocomunicativas, que criam e multiplicam espaços e materialidades eletrônicas socialmente ativas, tornam oportuno o surgimento de um novo léxico capaz de relatar as experiências sociais que se criam a partir das novas formas de superação de fronteiras entre o orgânico e o inorgânico. [...] Daí a necessidade, para alcançar as profundidades e as complexidades das transformações em ato, de ir além das antigas contraposições entre receptor/emissor, corpo/máquina, inteligências/sistemas informativos. (Di Felice, 2005, p. 17)

## O social como interface

Se, analisando a época moderna e a mídia de massa, G. Vattimo (1989) as põe em relação com o fim do sentido unitário da história, com o processo de multiplicação de vozes e com o advento de uma tomada de palavras coletivas, é preciso observar como as novas redes informativas, embora continuem expandindo esse processo, o fazem de forma distinta.

As formas digitais do social e os novos...

O social digital, diferentemente do analógico, mais que uma polifonia de vozes, se mostra mais próximo de uma realidade "protéica"[6]. Incrementando ao extremo a possibilidade de ligações, o social contemporâneo deixa de ser um conjunto de estruturas comunicantes para se tornar o espaço de atuações múltiplas, por meio da união simbiótica de setores e da criação de relações híbridas.

A tecnologia digital estimula esse processo manifestando uma enorme potencialidade não somente de conexão, mas, sobretudo, de experimentação, juntando realidades e entidades distantes e possibilitando assim formas inéditas de social, de mercados e de produções. No social digital, são os sistemas informativos e a circulação de informações em tempo real a modificar incessantemente os cenários sociais, passando a ressignificar continuamente práticas e atuações.

Portanto, um primeiro dado importante é o que se relaciona, como observado hoje, à mudança dos contextos da sociabilidade, que, se antes eram baseados na divisão clara de setores, instituições, públicos etc., agora se manifestam como conjuntos de ambientes metamórficos e híbridos no interior dos quais se torna difícil distinguir as identidades e a função de cada setor:

> Os grupos, antes separados, não somente são mais informados sobre a sociedade em geral, como dispõem de um número maior de informações recíprocas – informações que, em outros tempos, distinguiam os grupos internos dos externos. Conseqüentemente, enfraqueceram-se os laços tradicionais e as tradicionais distinções entre os grupos se tornaram hoje confusas. (Meyrowitz, 1984, p. 214)[7]

O resultado das hibridações das relações e da circulação das informações sociais em rede é um social expandido em mil direções que, na linha do pensamento de Deleuze e Guattari, podemos definir como "rizomático". Esse novo social seria a expressão de uma sociedade

---

6 Estamo-nos referindo à identidade de Proteus, personagem mítico do mundo grego que modificava continuamente a própria identidade e a própria forma para desorientar os seus interlocutores.
7 Tradução do autor.

interativa, que tem no aspecto dinâmico, nas simbioses tecnológicas e na hibridação alguns dos seus elementos principais. O rizoma, segundo esses autores, possui a forma de uma raiz, mas, na verdade, é um tipo de caule, geralmente subterrâneo e sem forma definida, que gera diversos nós, de onde brotam folhas e ramos. Assim, a raiz da sociedade em rede não seria central, mas alimentada por uma rede descentralizada de microrraízes que se reproduzem continuamente. "Os rizomas se ramificam e se articulam, em um intenso processo de desterritorialização e reterritorialização das relações sociais" (Deleuze e Guattari, 2001, p. 17).

Trata-se de uma estrutura híbrida, uma raiz que se multiplica; e não de uma árvore, com ramos e folhas, uma realidade protéica que toma forma continuamente com base nas interações e nos fluxos de práticas e informações. Os exemplos nessa direção são muitos e próximos do cotidiano de cada um de nós, dos bancos considerados éticos às ONGs/empresas, aos públicos organizados, às empresas-cooperativas e às redes de mercados solidários internacionais.

A teoria social que ainda explicita a estrutura social exclusivamente em termos analógicos e funcionalistas, isto é, como resultado de interações entre estruturas e entidades identitariamente distinguíveis e separadas por interesses e papéis – públicos, instituições, empresas e consumidores –, não permite outra atuação possível a não ser a hierárquico-piramidal do assistencialismo. Inspirada em uma concepção positivista, tal teoria passa a encorajar a intervenção no centro econômico desenvolvido nas periferias subalternas por meio da extensão de recursos. Nesse contexto, as atividades de relações sociais, inevitavelmente, reproduzem, ao mesmo tempo, o papel ativo e socialmente responsável das instituições públicas, dos governos ou das empresas particulares, incrementando concomitantemente a passividade das periferias, objetos da intervenção. No âmbito funcionalista, o papel social do profissional de relações públicas seria o de facilitar tal processo, respondendo, de um lado, ao imperativo de melhorar a imagem das instituições pelas quais trabalha e, de outro, aos seus anseios de cidadania e justiça social.

Além da constituição de um novo imaginário social interativo nos contextos digitais, é possível colher um novo tipo de ação social que se desenvolve na integração e na negociação entre social e informações, entre

As formas digitais do social e os novos... 43

sujeitos e tecnologias informativas. Uma vez que o social representa o resultado da conexão entre arquiteturas sociais e circuitos informativos, a ação social, mais que um deslocamento de recursos, idéias, atividades do centro para a periferia, configura, mediante o manuseio das informações, a criação de novos cenários sociais. A substituição da categoria de centro e de sua análoga contrária, a de periferia, pela de rede implica não somente a superação de uma concepção hierárquica, mas um saudável repensar da paisagem social por meio da introdução de tipos de sociabilidade para além do sentido de lugar.

Uma vez que o social não é mais dado, mas é o resultado da combinação das *infoarquiteturas* com as situações sociais, abre-se a possibilidade de reconfigurar, ante a ação social, o papel do profissional de relações públicas. Um dos conceitos que pode ser considerado fértil para pensar tal transformação é o de interface, que exprime a ação de um elemento mediador e de contato entre duas naturezas distintas, proporcionando uma interação.

Utilizada, sobretudo, nas relações entre homem e máquina, a interface é também considerada uma membrana ou uma pele que, mais que separar dois universos, junta-os em um novo organismo e em uma nova identidade simbiótica, às vezes de forma temporária. Na esfera social, o conceito de interface pode contribuir para repensar tanto o significado da ação social como o papel do profissional de relações públicas, que adquire a função de membrana que junta o mundo e realidades distintas, permitindo a interação ativa destas, determinando, assim, novos tipos de relação e de significado social.

O conceito de interface se transforma, assim, em um trampolim para pensar um social em rede, sem centro nem periferia, sem beneficiários nem assistidos, mas feito de setores que, manejando informações e juntando idéias e projetos, constroem novos significados-mundos. Trata-se de um papel potencialmente constitutivo de uma ponte entre o funcionalismo e a rede, a realidade desigual e a de transformação, entre um social estruturado e uma interface que possibilita a criação de significados inéditos, entre o aço da era industrial e o quartzo da época digital.

# Referências

BALDINI, M. *Storia della comunicazione*. Milão: Newton, 1989.

BENJAMIN, Walter. *A obra de arte na época da sua reprodutibilidade técnica*. São Paulo: Brasiliense, 1984.

CASTELLS, Manuel. *A sociedade em rede – A era da informação: economia, sociedade e cultura*. v. 01. São Paulo: Paz e Terra, 1999.

DELEUZE, Gilles; GUATTARI, Félix. *Mil platôs*. v. I. São Paulo: 34, 2001.

DI FELICE, Massimo. Sociabilidades transorgânicas e sentires além do humano. [Prefácio]. In: PERNIOLA, M. *O sex appeal do inorgânico*. São Paulo: Studio Nobel, 2005, p. 11-19.

FERRAROTI, Franco. *Trattato di sociologia*. Turim: Utet, 1977.

GALIMBERTI, Umberto. *Psiche e techne: l'uomo nell'età della tecnica*. Milão: Feltrinelli, 2003.

HEIDEGGER, Martin. *Saggi e discorsi*. Milão: Meltemi, 1976.

LÉVY, Pierre. *As tecnologias da inteligência: o futuro do pensamento na era da informática*. São Paulo: 34, 1993.

_____. *O que é o virtual*. São Paulo: 34, 1996.

_____. *Cibercultura*. São Paulo: 34, 1999.

MCLUHAN, Marshall. *Os meios de comunicação como extensões do homem*. Rio de Janeiro: Cultrix, 1971.

_____. *The global village*. Nova York: Oxford University Press, 1989.

MEYROWITZ, Joshua. *No sense of place: the impacts of eletronic media on social behavior*. Nova York: Oxford University Press, 1984.

_____. *Oltre il senso del luogo: como i media elettronici influenzano il comportamento sociale*. Bolonha: Baskerville, 1993.\

PARSONS, Talcoth. *The social system*. Londres: Routledge & Kegan Paul Ltd., 1951.

_____. *Sistemi di societá*. Bolonha: Il Mulino, 1973.

REMOTTI, Francesco. *Contro l'identitá*. Roma: Laterza, 1996.

SANTAELLA, Lucia. *Culturas e artes do pós-humano: da cultura das mídias à cibercultura*. São Paulo: Paulus, 2003.

VATTIMO, Gianni. *A sociedade transparente*. Lisboa: Edições 70, 1989.

# 2. Cidadania, comunicação e desenvolvimento social*

*Cicilia Maria Krohling Peruzzo*

Este texto discute as relações entre comunicação e desenvolvimento social. Baseado em pesquisa bibliográfica, parte dos conceitos de cidadania para, em seguida, resgatar brevemente as abordagens teóricas sobre desenvolvimento. Este vai além de progresso econômico e se baseia na participação ativa das pessoas na sociedade, do fazer político à fruição dos bens. Nesse processo, o acesso aos canais de comunicação torna-se questão fundamental para o exercício da cidadania e pressupõe a negação de valores e práticas de cunho autoritário. Requer também a definição de políticas e estratégias condizentes com o desenvolvimento sustentável e centrado no ser humano.

Comunicação para o desenvolvimento. Este é um tema que corre o mundo há mais de meio século, mas que em países da América Latina, a exemplo do Brasil, tem sido praticamente substituído por expressões como "comunicação e mudança social" ou "comunicação para a cidadania".

Foi uma opção de fundo político, uma forma de marcar a discordância das antigas propostas de desenvolvimento identificadas com as teorias da modernização e da dependência, que, sob o discurso de estender os benefícios do desenvolvimento às nações empobrecidas, mais serviu para incrementar os interesses do capital transnacional, acirrar a exploração e aumentar a desigualdade nas relações entre o Norte e o Sul.

Neste texto, objetiva-se resgatar brevemente as perspectivas desse tipo de comunicação e discutir como ele se insere na proposta de desenvolvimento integral e participativo.

---

* Parte das idéias aqui desenvolvidas foi originalmente tratada no texto "Mídia comunitária, liberdade de comunicação e desenvolvimento", publicado no livro *Comunicação para a cidadania* (Peruzzo e Almeida, 2003, p. 245-64).

## Comunicação para a cidadania ativa

A comunicação, por meio de seus variados processos, que incluem canais de expressão e o intercâmbio de informação e de saberes, bem como os mecanismos de relacionamento entre pessoas, públicos e instituições, desempenha papel central na construção da cidadania.

A cidadania é histórica e, portanto, seu *status*, ou seja, o grau de direitos alcançados, depende da capacidade de articulação civil e da correlação de forças no embate político. Ela se expressa nas dimensões civil, política e social (Marshall, 1967), cuja realização se concretiza na liberdade de opinião e expressão, de participação política e no acesso aos bens necessários à vida e ao desenvolvimento intelectual.

Os princípios básicos da cidadania são a liberdade e a igualdade, e o desenvolvimento de uma sociedade pode ser medido pelo grau com que estes princípios são expressos e exercitados na forma de direitos e deveres.

Cidadania é desenvolvimento social com igualdade. Assim sendo, a riqueza socialmente produzida, as descobertas científicas e tecnológicas, as artes, a educação, o lazer e todas as demais benesses geradas no processo histórico deveriam ser desfrutadas com igualdade e liberdade para a realização plena da cidadania. No entanto, na prática, o que há é extrema desigualdade dentro dos países e entre nações. Enfim, uns são mais cidadãos que outros, sendo estes a maioria. A situação desigual e de injustiça social é conseqüência do modelo de desenvolvimento adotado e das estratégias implementadas para concretizá-lo.

Comumente, desenvolvimento significa progresso, este visto como um alto grau de crescimento econômico, social, político e tecnológico alcançado por uma sociedade ou um conjunto de nações. O seu lado antagônico é representado pelas sociedades tidas como subdesenvolvidas ou em via de desenvolvimento, e como induzir as últimas ao desenvolvimento tem sido um desafio para os povos e governos.

A origem dos programas de assistência oficial para o desenvolvimento data da Segunda Guerra Mundial, quando são criados o Fundo Monetário Internacional (FMI), o Banco Mundial e a Organização das

Nações Unidas (ONU), assim como suas agências especializadas (Flores Bedregal, 2002, p. 67).

De 1945 até os dias atuais, as concepções de desenvolvimento[1] vêm sendo revistas. Inicialmente, na década de 1950, a idéia era estimular o desenvolvimento das nações pobres e com dificuldades de toda espécie mediante a modernização, ou seja, promover a difusão de capital e inovações tecnológicas por meio da industrialização, dos países ricos do Ocidente aos países do Terceiro Mundo[2].

Diante do fracasso desse tipo de proposta de desenvolvimento e das graves conseqüências geradas para as nações pobres no percurso de mais de meio século, muitas críticas se inseriram no debate. Com as mudanças inerentes ao processo, a tendência mais aceitável para os países empobrecidos, que está na ordem do dia, é a que pressupõe a participação ativa da população local, a sustentabilidade, o respeito a condições e valores autóctones e o retorno dos benefícios aos envolvidos no processo.

Nessas condições, o desenvolvimento não é apenas uma questão econômica ou de aumento de renda, mas integral e sustentado em condições que lhe permitem ser duradouro e igualitário.

Diz Augusto de Franco (2002, p. 51) que,

> para haver desenvolvimento, é necessário que haja alteração do capital humano[3] e do capital social[4]. [...] Combater a pobreza e a exclusão social não é transformar pessoas e comunidades em beneficiárias passivas e permanentes de programas assistenciais, mas significa, isto sim, fortalecer as capacidades de pessoas e

---

1 Principais correntes: teoria da modernização, teoria da dependência e teoria do desenvolvimento participativo (Tufte, 1996).

2 Países pobres dos diferentes continentes.

3 Capital humano não diz respeito somente aos níveis de educação e saúde, mas tem como elemento principal "a capacidade das pessoas de fazer coisas novas, exercitando a sua imaginação criadora – o seu desejo, sonho e visão – e se mobilizando para desenvolver as atitudes e adquirir os conhecimentos necessários capazes de permitir a materialização do desejo, a realização do sonho e a viabilização da visão. Ora, isso tem nome: [...] chama-se 'empreendedorismo'" (Franco, 2002, p. 62-3).

4 Capacidade de cooperar, formar redes, regular seus conflitos democraticamente e, enfim, constituir comunidade (Franco, 2002, p. 67).

comunidades de satisfazer necessidades, resolver problemas e melhorar sua qualidade de vida.

Trata-se de um paradigma baseado no desenvolvimento sustentável (que parte das condições endógenas e do uso equilibrado e não-depilador dos recursos naturais) e integral (que induz ao crescimento da pessoa em todas as suas dimensões – da capacidade cognitiva à produtiva – e não apenas ao aumento de renda), que pressupõe a participação ativa das pessoas, a co-responsabilidade do cidadão e de suas organizações, do mercado, das empresas e do Estado.

Nos limites deste texto não é possível esgotar a literatura sobre a temática, pois interessa especialmente abordar a questão da comunicação nesse contexto, cujas propostas perpassam todo o movimento histórico em torno do desenvolvimento e acompanham o jogo de interesses na dinâmica de cada época.

Os meios de comunicação interpessoais e massivos sempre foram tomados como essenciais no processo de difusão de inovações com vista à "modernização" das sociedades tidas como atrasadas, visando à mudança de hábitos e à apreensão de novas idéias e tecnologias.

Durante as décadas de 1950 e 1960, os estudos de Daniel Lerner (1958) e Wilbur Schramm (1964[5]) deram ingredientes suficientes para a concepção favorável ao uso dos meios de comunicação de massa a serviço da difusão de inovações e da modernização.

Schramm (1976, p.192-3) mostra como os meios de comunicação de massa, especialmente a televisão, ao lado da comunicação interpessoal, podem ser eficazes na promoção do desenvolvimento[6], uma vez alinhados às três grandes tarefas a serem realizadas em um processo de transfor-

---

5 Ano de publicação do original, pela Unesco, da obra *Mass media and national development*, lançada no Brasil em 1976.

6 Ele elenca que os meios de comunicação de massa podem: "ser informantes", "ampliar horizontes", "orientar atenções", "elevar aspirações", "criar um clima para o desenvolvimento", "ajudar só indiretamente nas mudanças das concepções arraigadas ou práticas estabelecidas", "alimentar canais interpessoais", "conferir um *status* especial", "ampliar o diálogo político", "reforçar as normas nacionais", "ajudar a formar gostos", "afetar as concepções" etc. (Schramm, 1976, p. 195-221).

mações sociais, que são: disseminar informações sobre o desenvolvimento nacional; proporcionar oportunidades de participação aos líderes e às pessoas comuns; e ensinar as técnicas necessárias (desde saber ler até o treinamento de professores, médicos, engenheiros).

Críticas a esse modelo de comunicação não tardaram a surgir. Primeiro, porque, por seu caráter funcionalista, colocava-se acriticamente a serviço de um desenvolvimento baseado na extensão de uma pseudo-modernização, sem levar em conta as distorções que gerava (destruição dos bens naturais, favorecimento dos países centrais em detrimento dos que, em tese, deveriam ser os maiores beneficiados pelo processo de modernização) nem as reais necessidades, valores e interesses das populações pobres. Segundo, como cita Teresa Flores Bedregal (2002, p. 33), porque "os meios massivos são considerados como agentes e multiplicadores mágicos dos benefícios do desenvolvimento e indicadores da modernização". Terceiro, pela importação e aplicação nos países pobres de modelos comunicacionais gerados nos países ricos, principalmente nos Estados Unidos, sem levar em conta as condições locais e fazendo crer que o incremento da modernização levaria, no devido tempo, a uma distribuição justa da riqueza, o que se mostrou uma falácia (Beltrán, 1978, p. 131).

Esses são alguns dos aspectos que marcaram o debate sobre comunicação para o desenvolvimento – também denominada comunicação para a mudança social ou comunicação para a cidadania – e contribuíram para que fossem forjadas concepções alternativas, cujo expoente mais importante na América Latina está representado pela proposta de um desenvolvimento e uma comunicação participativos, orgânicos e comprometidos com os interesses das maiorias excluídas locais[7].

A essência dessas manifestações se coaduna com as reivindicações do Movimento dos Países Não-Alinhados, nos anos 1970, que contestam as relações desiguais entre o Norte e o Sul. Nesse contexto, sob os auspícios da Unesco, chega-se a preconizar uma Nova Ordem Mundial da Informação e da Comunicação (Nomic), que, além de

---

7 Entre os maiores precursores dessa proposta na América Latina estão: Paulo Freire, Mario Kaplún, Luis Ramiro Beltrán e Juan Díaz Bordenave.

propor a quebra da desigualdade no fluxo da informação internacional (então dominada pelos países ricos), forjaria o incremento de políticas nacionais de comunicação.

Essas políticas seriam baseadas nas comunicações autônomas e democráticas, e envolveriam desde a comunicação popular-alternativa e participativa até os meios massivos de abrangência nacional, os quais priorizariam conteúdos nacionais em vez dos importados de países ricos. A vinculação com a realidade de cada local e o entrelaçamento com os elementos da cultura e da identidade nacional passam a ser considerados elementos importantes nos processos de desenvolvimento[8].

A proposta de desenvolvimento em questão, baseada na sustentabilidade, propõe a divisão eqüitativa dos benefícios dele advindos e a participação ativa dos cidadãos. Nas palavras de Teresa Flores Bedregal (2002, p. 35),

> ante as falácias do conceito de distribuição automática dos benefícios do desenvolvimento, [...] se propõe um modelo de crescimento com eqüidade, que pretende reduzir as desigualdades sociais e melhorar as condições dos mais pobres entre os pobres. Propõe-se a participação ativa das pessoas da base, o apoio à autodeterminação e o fortalecimento das comunidades locais para liberá-las da dependência externa e o uso de baixa tecnologia que lhe sejam condizentes. [...] As pessoas devem ser artífices de seu desenvolvimento e do ecodesenvolvimento, que trata de incorporar a variável ambiental no processo de crescimento econômico.

A questão ambiental passa a ser parte integrante do desenvolvimento e de interesse crescente, bastando recordar a mobilização da Eco 92 – Conferência Mundial sobre Meio Ambiente e Desenvolvimento, e a formulação da Agenda 21.

---

8 Jan Servaes, no livro *Communication for development: one world, multiple cultures*, publicado em 1999, desenvolve esses aspectos, além de apresentar um modelo de comunicação participativa.

Na última década do século XX e no início do século XXI, agrega-se a luta pela universalização do acesso e uso das novas tecnologias de comunicação, como veremos adiante, porém sem deixar de lado as mobilizações para solucionar as carências básicas da maioria da população mundial. Na sociedade contemporânea, a evolução das tecnologias de informação e comunicação vem contribuindo para mudar os modos de vida, as culturas e as formas de intervenção social. Uma vez havendo a decisão de colocar essas tecnologias a serviço da população e, por meio delas, dar acesso às informações, às culturas, à educação etc., elas desempenham papel primordial no desenvolvimento social e da cidadania.

Um modelo de comunicação que pressupõe um desenvolvimento sustentável e participativo é o único aceitável na atual conjuntura brasileira, embora sob outras denominações – tais como comunicação e mudança social ou comunicação para a cidadania. A expressão "comunicação para o desenvolvimento" há muito tempo caiu em desuso no país, pois no auge dos anos 1980 e 1990 houve uma forte rejeição a tudo que lembrasse as antigas propostas de desenvolvimento, identificadas com as teorias da modernização e da dependência.

No âmago da questão, o que está colocado, falando de modo claro e sintético, é a premência do uso dos meios de comunicação em benefício da cidadania, sendo esta construída pelos próprios cidadãos, na sua interação com as outras forças constitutivas da sociedade. O desenvolvimento só faz sentido se promover a igualdade no acesso à riqueza e o crescimento integral da pessoa e de todos, ou seja, se tiver como mola mestra o ser humano.

Os modos de inserção dos meios de comunicação e de outras instituições nos programas de desenvolvimento[9] e no processo global de desenvolvimento são próprios de cada período histórico, dependendo sempre das decisões políticas dos governantes, das estratégias dos detentores dos meios de comunicação e do grau de consciência e organização de cada sociedade.

---

9 Ou de inserção de questões de desenvolvimento nos meios de comunicação social... Ver o texto de Thomas Tufte (2001) sobre a estratégia de entretenimento-educação (análise do *soul city* na televisão) na África do Sul.

# Novas configurações do participar cidadão nos meios de comunicação local

Havendo cidadania, haverá desenvolvimento social. Cidadania quer dizer participação, nos seus múltiplos sentidos e dimensões[10], incluindo a cidadania cultural, que garante o direito à liberdade de expressão e de acesso aos bens culturais.

A participação cidadã nos meios de comunicação vem aumentando, no Brasil, desde a metade da década de 1990. Ela não se restringe à mídia popular, alternativa e comunitária, apesar de encontrar ali um campo propício, tendo em vista a existência de jornais alternativos, a criação de um número crescente de rádios e de canais comunitários na tevê a cabo, *blogs* etc. Também a grande mídia oferece espaços de participação, que têm se avolumado por meio da diversificação de programas, de conteúdos e/ou de canais midiáticos de cunho educativo-cultural dirigidos a diferentes localidades ou regiões do país. Ao fazer isso, abre espaço para a participação local nas grades de programação de rádio e televisão ou nas páginas dos jornais. Contudo, a mídia tem sido usada, prioritariamente, com finalidades de entretenimento submetidas aos interesses econômicos e políticos dos detentores de sua propriedade e das classes dominantes, as quais representam.

Os movimentos sociais e as demais organizações sem fins lucrativos, uma vez percebendo-se ausentes da grande mídia na representação de seu modo de vida e de suas necessidades comunicacionais, passam a forjar uma comunicação própria, que em última instância participa de um processo de mobilização, visando à transformação social. Nesse contexto, característico das décadas de 1980 e 1990, no Brasil e na América Latina de maneira geral, emerge a comunicação popular, alternativa e comunitária. Esta se manifesta de diferentes modos e se insere nas dinâmicas sociais locais com vistas a melhorar as condições de existência e de consciência dos segmentos excluídos da população.

---

10 Poder de interferir, decidir, modificar, criar, construir e usufruir, em condições de igualdade, dos direitos e deveres inerentes à cidadania.

Trata-se de um fenômeno comunicacional que pressupõe o envolvimento das pessoas de uma "comunidade" ou dos movimentos sociais, não apenas como receptoras de mensagens, mas como protagonistas dos conteúdos e da gestão dos meios de comunicação. O que não quer dizer que as formas não tão democráticas de fazer comunicação (por exemplo, aquelas centralizadas em pessoas ou em pequenas equipes, conteúdos produzidos fora por produtores independentes e espaços para conteúdos de caráter público na programação de meios comerciais) não possam contribuir para o desenvolvimento social. Pelo contrário, toda mídia tem papel central no avanço da democratização da informação e no debate sobre as questões contemporâneas.

Juntamente com a comunicação comunitária, propriamente dita, cresceu também a demanda pela participação social nos demais meios de comunicação locais. O poder de comunicação, até há pouco tempo extremamente centralizado e controlado pelos setores dominantes da sociedade, passa a ser democratizado, embora não represente ruptura na estrutura da grande mídia. A inclusão de novos atores e novas mídias representa uma mudança relevante. Alguns tipos de mídia local canalizam essa demanda ao se configurar como espaço comunicacional dirigido por outros e novos atores (no sentido de serem diferentes dos da grande imprensa convencional).

Referimo-nos às rádios comunitárias; aos canais de televisão universitários, legislativos, educativo-culturais e ao canal da Justiça; aos canais de televisão formativos, como TV Futura e STV; e a alguns dos meios de comunicação em poder das igrejas, aos jornais comunitários, aos *blogs* e aos *sites* comunitários da internet.

Com os canais de televisão de uso gratuito ou de acesso público[11] na tevê a cabo, o espectro televisivo no país não se restringe mais às televisões privadas convencionais, como TV Globo, SBT, Record ou Bandeirantes, e às tevês educativas tradicionais (TV Cultura, TV

---

11 Acesso público, não no sentido de acesso aberto à população em geral, mas a instituições públicas e até privadas (como é o caso de algumas universidades) que desempenham funções de caráter público.

Educativa do Rio de Janeiro etc.). Foi ampliado o leque da emissão, não somente em número de emissores, mas também na sua natureza, o que significa uma oferta mais plural de conteúdos. Ali encontramos desde uma programação democratizadora do conhecimento gerado dentro das universidades, do debate sobre assuntos de âmbito comunitário, da cultura e de perspectivas para o desenvolvimento participativo e sustentável, até o acompanhamento, por parte da população, das atividades nas casas do Poder Legislativo e da Justiça Federal.

Os canais universitários, na tevê a cabo, estão organizados em várias cidades. Eles são constituídos em nível municipal e congregam as tevês universitárias sediadas em um mesmo município. Na capital paulista, nove tevês de universidades[12] constituem o Canal Universitário da Cidade de São Paulo. No Rio de Janeiro, a Sociedade de Televisão da Universidade do Rio de Janeiro tem dezoito instituições de ensino superior associadas[13], entre universidades públicas, particulares, institutos e centros universitários. As tevês universitárias aglutinam-se em torno da Associação Brasileira de Televisão Universitária (ABTU), que atualmente congrega dezenove unidades de diferentes cidades do Brasil.

Os canais legislativos estruturam-se em nível nacional (TV Câmara e TV Senado), nos estados (TV Assembléia de São Paulo e TV Legislativa de Goiânia, por exemplo), subordinados às assembléias legislativas de cada estado da federação, e nos municípios, ligados às câmaras de vereadores (como a TV Câmara de Bauru, em São Paulo, e a TV Legislativa de Uberlândia, em Minas Gerais). Há algumas dezenas de tevês legislativas municipais já constituídas.

---

12 TV Mackenzie, TV PUC, TV São Judas, TV Uniban, TV Unicsul, TV Unifesp, TV Unip, TV Unisa, TV USP. Fonte: www.cnu.org.br.

13 Centro Federal de Educação Tecnológica Celso S. da Fonseca, Centro Universitário da Cidade, Centro Universitário Moacir S. Bastos, Escola Superior de Guerra, Faculdades Integradas Hélio Alonso, Fundação Cesgranrio, Fundação Oswaldo Cruz, Fundação Universidade do Rio de Janeiro, Instituto Militar de Engenharia, Pontifícia Universidade Católica do Rio de Janeiro, Universidade Candido Mendes, Universidade Castelo Branco, Universidade do Estado do Rio de Janeiro, Universidade Estácio de Sá, Universidade Federal do Rio de Janeiro, Universidade Gama Filho, Universidade Santa Úrsula, Universidade Veiga de Almeida. Fonte: www.utv.org.br/utv/.

Cidadania, comunicação e desenvolvimento social

No âmbito da Justiça Federal, há a TV Justiça, que opera desde agosto de 2002. É administrada pelo Supremo Tribunal Federal. Mas já existem trinta e dois canais, em diferentes concessionárias de tevê a cabo, retransmissores da TV Justiça nos estados – por DTH ou antena parabólica. O Poder Executivo também já tem seu canal local, em Brasília, e outro pelo sistema de cabo de televisão, o NBR.

Os canais comunitários na tevê a cabo estão em processo constante de organização, somando, nos dias atuais, aproximadamente sete dezenas. Os primeiros a serem constituídos foram: Canal Comunitário de Porto Alegre, TV Comunitária do Rio de Janeiro, Canal Comunitário de São Paulo, TV Comunitária de Belo Horizonte e TV Comunitária de Brasília. Logo depois surgiram as tevês comunitárias em Campo Grande (MS), Uberlândia (MG), Ponta Grossa (PR), Mogi das Cruzes (SP), Guarujá (SP), Curitiba (PR), Sorocaba (SP), Piracicaba (SP), Santos (SP), Bauru (SP), Guarulhos (SP), Campinas (SP), Assis (SP), Araçatuba (SP), Pelotas (RS), Niterói (RJ), Anápolis (GO), Sabará (MG) e assim por diante. Esses canais estão articulados por meio de uma entidade nacional, denominada Associação Brasileira de Canais Comunitários (Abccom), criada em julho de 2001.

No caso das rádios comunitárias, a sua performance tem sido tão satisfatória que elas se caracterizam como um movimento, e não apenas como experiências isoladas. Não há uma estimativa precisa do número de emissoras comunitárias no Brasil. Chega-se a falar em 15 mil, entre as legalizadas e aquelas que funcionam sem autorização.

São espaços de teledifusão sob a gestão de novos emissores, o que contribui para ampliar a democratização da comunicação, procurando interferir na constituição de um desenvolvimento mais eqüitativo da sociedade. Ao lado ou em parceria com os meios de comunicação atuam milhares de associações comunitárias e outros tipos de organizações não-governamentais, institutos, fundações, setores de igrejas, programas sociais de empresas privadas e públicas, programas sociais do Poder Executivo federal e dos estados e municípios.

Ao mesmo tempo, a demanda da sociedade civil por mudanças se avoluma em nível mundial. A prova está na mobilização internacional em torno de um desenvolvimento que tenha como centro o ser humano[14], canalizada na realização do Fórum Social Mundial, que, nas duas últimas versões – 2005 (Porto Alegre, Brasil) e 2006 (Caracas, Venezuela; Bamako, Mali; e Karachi, Paquistão)[15] –, teve, respectivamente, cerca de 155 mil e 110 mil participantes, chegando a reunir pessoas de mais de 156 países em um único ano (2005)[16]. Essas atividades são em grande parte propostas e autogeridas por organizações da sociedade civil, que entre relatos de experiências e sugestões de mudanças procuram estabelecer a troca de conhecimento e a discussão de saídas para as graves contradições e violações aos direitos nacionais e universais de cidadania.

No que tange aos meios de comunicação, a participação social, como dissemos, significa o aumento e a diversificação de emissores e de mensagens. Nesse bojo, vem a oferta de conteúdos sintonizados com as mais diferentes questões da vida cotidiana do povo brasileiro, dos temas tratados por suas instituições legislativas representativas, dos princípios e das decisões do âmbito do Poder Judiciário nacional, da difusão das descobertas científicas e tecnológicas, da partilha das iniciativas educativas e culturais de auto-ajuda, de alternativas de geração de trabalho e renda desenvolvidas pela sociedade, de protagonismo juvenil, das mulheres, das "comunidades" etc. No conjunto, representam um avanço na busca do desenvolvimento integral da pessoa humana.

São canais que não substituem a grande mídia nem têm a pretensão de competir com ela, mesmo porque esta desempenha papel ímpar e indiscutivelmente importante na livre circulação da informação. Mas contribuem na oferta mais plural de conteúdos e inovam nos processos de ocupação das grades de programação e na gestão dos veículos, efetuada com base nas organizações da sociedade civil e por meio delas, sem fins

---

14 Lema do FSM: "Um outro mundo é possível".

15 Em 2006, o FSM foi policêntrico e aconteceu em diferentes partes do mundo.

16 Ver www.forumsocialmundial.org.br.

lucrativos e priorizando as finalidades educativas e culturais. Por outro lado, as organizações não propriamente de comunicação mencionadas anteriormente representam o movimento de cidadãos e o protagonismo da sociedade civil em prol da ampliação dos direitos de cidadania, enquanto exercem seus deveres também de cidadania, de participação ativa do processo de democratização da sociedade.

## Considerações finais

Várias forças sociais se manifestam em uma espécie de realização coletiva, embora não estejam unificadas do ponto de vista organizacional, voltada para o desenvolvimento social. Observa-se um entrelaçamento entre algumas das manifestações das mídias comunitária e local, ou mesmo da educativo-cultural veiculada em nível nacional e das demais organizações e movimentos populares, na atual conjuntura, visando à ampliação dos direitos de cidadania.

São sinais de uma realização, um tanto desconectada e repleta de contradições, de um processo de mudança social participativo, amplo e centrado nos anseios das maiorias excluídas dos benefícios proporcionados pelo desenvolvimento. A sociedade civil parece assumir seu papel histórico de não apenas esperar que o Estado a atenda em suas necessidades, mas de fazer a sua parte na luta para democratizar a cidadania.

## Referências

BELTRÁN, Luis Ramiro. Premisas, objetos y métodos foráneos en la investigación sobre comunicación en América Latina. *Órbita* 22, Caracas, p. 3-55, dez./jul. de 1978.

BORDENAVE, Juan Díaz. *Communication and rural development*. Paris: Unesco, 1977.

FLORES BEDREGAL, Teresa. *Comunicación para el desarrollo sostenible*. La Paz: Plural/Lidema, 2002.

FRANCO, Augusto de. *Pobreza e desenvolvimento local*. Brasília: AED, 2002.

FREIRE, Paulo. *Extensão ou comunicação?* 3. ed. Rio de Janeiro: Paz e Terra, 1987.

LERNER, Daniel. *The passing of traditional society: modernizing the Middle East.* Nova York: Free Press, 1958.

MARSHALL, Thomas Humphrey. *Cidadania, classe social e status.* Rio de Janeiro: Zahar, 1967.

MERINO UTRERAS, Jorge. *Comunicación popular alternativa y participatoria.* Manuales didácticos. Quito: Ciespal, 1988.

PERUZZO, Cicilia M. Krohling. Pistas para o estudo e a prática da comunicação comunitária participativa. In: PERUZZO, Cicilia M. Krohling (org.). *Comunicação e culturas populares.* São Paulo: Intercom, 1995, p. 143-62.

_____. *Comunicação nos movimentos populares: a participação na construção da cidadania.* Petrópolis: Vozes, 1998a.

_____. Mídia comunitária. *Comunicação & Sociedade*, São Bernardo do Campo, PósCom-Umesp, n. 30, p. 141-56, 1998b.

_____. Comunidade em tempo de redes. In: Encuentro de Docentes y Investigadores de la Comunicación del Mercosur, Montevidéu, 10 a 12 maio 2001. *CD-ROM de ponencias Endicom.* Montevidéu, Universidad Católica, 2001.

_____. Ética, liberdade de imprensa, democracia e cidadania. *Revista Brasileira de Ciências da Comunicação*, São Paulo, Intercom, v. XXV, n. 2, p. 71-88, 2002.

PERUZZO, Cicilia M. Krohling; ALMEIDA, Fernando Ferreira de (orgs.). *Comunicação para a cidadania.* São Paulo: Intercom; Salvador: Uneb, 2003.

SCHRAMM, Wilbur. *Mass media and national development.* Standford: Standford University Press, 1964.

_____. *Comunicação de massa e desenvolvimento: o papel da informação nos países em crescimento.* Tradução de Muniz Sodré e Robert Lent. 2. ed. Rio de Janeiro: Bloch, 1976.

SERVAES, Jan. Introduction: participatory communication and research in developments settings. In: SERVAES, JAN; JACOBSON, THOMAS L.; WHITE, Shirley A. *Participatory communication for social change.* Londres: Sage Publication, 1996, p. 13-25.

SERVAES, Jan. *Communication for development: one world, multiple cultures.* Nova Jersey: Hampton Press, 1999.

TUFTE, Thomas. Estudos de mídia na América Latina. *Comunicação & Sociedade*, São Bernardo do Campo, PósCom-Umesp, n. 25, p. 21-47, 1996.

_____. Entretenimento-educação e participação: avaliando a estratégia de comunicação de Soul City. *Revista Brasileira de Ciências da Comunicação*, São Paulo, Intercom, v. XXIV, n. 2, p. 11-45, 2001.

# 3. Sociedade civil, multicidadania e comunicação social*

*Margarida Maria Krohling Kunsch*

Este artigo apresenta conceitos fundamentais de sociedade civil e de cidadania, além de reflexões de estudiosos sobre sua evolução ao longo da história. Situa o papel do campo da comunicação social na valorização da cidadania, e questiona até que ponto as escolas ou faculdades desse campo de conhecimento têm se preocupado, por meio do ensino, da pesquisa e da extensão que oferecem aos seus alunos e futuros egressos, em formar profissionais e pesquisadores mais críticos e capazes de intervir socialmente e contribuir para o florescimento de novas formas cidadãs de luta pela inclusão social, econômica e cultural em um mundo dominado pela supremacia da globalização autoritária.

Não se pode falar sobre cidadania e as multiformas em que ela se configura hoje sem antes analisar o conceito de sociedade civil em uma perspectiva ampla e contemporânea. Por isso, o presente capítulo começa com esse tema, inserindo-se, depois, reflexões sobre as novas formas de cidadania e, finalmente, destacando-se o papel da comunicação social nesse contexto.

## Sociedade civil

A sociedade civil[1] assume hoje papel preponderante nos processos de participação social em defesa da democracia, dos direitos humanos e da

---

\* Partes deste trabalho foram adaptadas e atualizadas do artigo "Campos de estudos emergentes em comunicação nas novas formas de cidadania" (Kunsch, 2005), originalmente publicado no livro *Comunicação, política e sociedade* (Bezzon, 2005).

1 Como uma das instâncias das ciências sociais, políticas e econômicas, a sociedade civil mereceu destaque nos estudos de autores clássicos (Hegel, Marx, e Gramsci etc.) e contemporâneos (Keane, Wolfe, Cohen, Arato etc.). Sobre ela, pode-se consultar: Vieira (1997, 2001), Bobbio (1987), Giddens (1999), Fernandes (1994), entre outros.

cidadania, graças, sobretudo, à atuação dos movimentos sociais organizados, das ONGs e do terceiro setor como um todo, que extrapolam a relação de oposição ao Estado para fazer frente também ao mercado.

Para Adela Cortina (2005, p. 29), a sociedade civil constitui "a melhor escola de civilidade, a partir do que se denominou o *argumento da sociedade civil*": a afirmação de que "é nos grupos da sociedade civil, gerados livre e espontaneamente, que as pessoas aprendem a participar e a se interessar pelas questões públicas, já que o âmbito político na verdade lhes está vedado".

O papel preponderante da sociedade civil é influenciar a mudança do *status quo*, do poder do Estado e do mercado, para atender às demandas das necessidades emergentes locais, nacionais, regionais e globais. Em uma perspectiva conceitual mais clássica, é a luta pela conquista dos direitos à cidadania, da justiça e dos valores sociais. Nesse sentido, Norberto Bobbio (1987, p. 35) a define como "o lugar onde surgem e se desenvolvem os conflitos econômicos, sociais, ideológicos, religiosos, que as instituições estatais têm o dever de resolver ou através da mediação ou através da repressão". Para o autor,

> sujeitos desses conflitos e, portanto, da sociedade civil exatamente enquanto contraposta ao Estado são as classes sociais ou, mais amplamente, os grupos, os movimentos, as associações de vários gêneros com fins sociais e indiretamente políticos, os movimentos de emancipação de grupos étnicos, de defesa dos direitos civis, de libertação da mulher, os movimentos de jovens.

Para uma melhor compreensão dos movimentos sociais, interessa mencionar aqui a tipologia de Alain Touraine, que foi referência para a análise de Manuel Castells (1998, p. 91-269), especialmente do ecologismo e do feminismo, considerados proativos, e dos movimentos de resistência à nova ordem global, como os zapatistas de Chiapas (México), a milícia estadunidense e a seita japonesa Aum Shinrikyo, tidos como reativos. A tipologia está centrada em três princípios: *identidade* do movimento – o que ele é, em nome de quem fala; *adversário* do movimento – o seu maior inimigo, explicitamente identificado; e visão social do movimento, que Castells denominou *objetivo social* – tipo de organização social que ele deseja alcançar no horizonte histórico de sua ação coletiva (Castells, 1998, p. 93-4).

Os movimentos sociais constituem, para Piotr Sztompka (1998, p. 465), agrupamentos "coletivos francamente organizados que atuam juntos de maneira não-institucionalizada para produzir uma mudança na sociedade". Segundo Cicilia Peruzzo (1998, p. 44), eles podem ser classificados em: ligados aos bens de consumo coletivo, envolvidos na questão da terra, relacionados com as condições gerais de vida, motivados por desigualdades culturais, dedicados à questão trabalhista, voltados à defesa dos direitos humanos e vinculados a problemas específicos. Além disso, existem outros segmentos que promovem diversas formas de luta pela conquista da cidadania, como as organizações não-governamentais e os grupos organizados que surgem no chamado terceiro setor.

Liszt Vieira (2001, p. 36), refletindo sobre as teorias acerca da sociedade civil em uma perspectiva contemporânea, assinala a contribuição de Habermas (espaço público) e de Cohen e Arato (reconstrução da sociedade civil) para a integração do que ele chama de "quatro esferas da sociedade": privada, do mercado, pública e estatal. Essa interação é que permitiria "a conexão entre os conceitos de sociedade civil e cidadania". Nesse contexto, segundo João Pissarra Esteves (2003, p. 66-7), "o recrudescimento da sociedade civil que hoje se faz sentir, e a que diferentes fontes da teoria política contemporânea se vêm mostrando atentas, é um sinal auspicioso quanto às possibilidades que se abrem no espaço público". Esse autor português destaca, ainda, a força regeneradora que a sociedade civil pode incutir no espaço público e, dentro deste, em particular, na rede de comunicações públicas, isto é, das mídias.

Vieira (2001, p. 36) analisa a sociedade civil de três perspectivas: a da *teoria marxista*, em que ela seria constituída em uma esfera não-estatal de influência que emerge do capitalismo e da industrialização; a da *definição normativa*, que leva em conta o desenvolvimento de efetiva proteção dos cidadãos contra abusos de direitos; e a das *ciências sociais*, cuja ênfase está na interação entre grupos voluntários na esfera não-estatal. Nessa perspectiva das ciências sociais, Jamoski (*apud* Vieira, 2001, p. 36) afirma que a "sociedade civil representa uma esfera de discurso público dinâmica e participativa entre o Estado, a esfera pública composta de organizações voluntárias e a esfera do mercado referente a empresas privadas e sindicatos". Pode-se deduzir que, enquanto a cidadania se situa na esfera estatal, a sociedade civil atua na esfera pública, onde associações e organizações se engajam em debates e pressionam em direção a determinadas opções políticas, produzindo, como conseqüência, estruturas institucionais que favorecem a cidadania.

Uma nova forma de conceber a sociedade civil é a de Anthony Giddens (1999, p. 79-108), para quem "a promoção da sociedade civil ativa é uma parte básica da terceira via". O autor avalia que sua transformação passa pelo conjunto dos seguintes elementos constituintes: governo e sociedade; renovação comunitária mediante o aproveitamento da iniciativa local; envolvimento do terceiro setor; associações voluntárias; proteção da esfera pública local; prevenção do crime baseada na comunidade; e a família democrática. Nesse sentido, "Estado e sociedade civil deveriam agir em parceria, cada um para facilitar a ação do outro, mas também para controlá-la" (Giddens, 1999, p. 89).

A compreensão desses conceitos contemporâneos de sociedade civil nos permitirá abordar de maneira mais ampla as novas formas de cidadania, ou a multicidadania, sem nos restringirmos a uma visão mais tradicional, centrada apenas nos movimentos sociais de lutas e confrontos com o poder econômico e político.

## Conceitos e dimensões da cidadania

Os estudos sobre cidadania perpassam desde as suas origens[2], na *pólis* grega (tradição política) e na *civitas* romana (tradição jurídica), até os

---

2 Um dos estudos clássicos sobre a evolução do conceito de cidadania, da *pólis* grega ao pensamento liberal, é o da filósofa alemã Hannah Arendt (2005). Pode-se consultar também Cortina (2005).

Sociedade civil, multicidadania e comunicação social 63

dias de hoje, quando, segundo Cortina (2005, p. 17-50), multiplicam-se novas formas de cidadania. Essa autora espanhola chama a atenção para o fato de que, apesar de parecer antigo, o tema se faz presente na atualidade, com o acréscimo constante de novas "teorias da cidadania". Para ela, dentre as múltiplas razões que poderiam ser invocadas para tanto,

> uma parece constituir o alicerce sobre o qual se assentam as outras: a necessidade, nas sociedades pós-industriais, de gerar entre seus membros um tipo de *identidade* na qual se reconheçam e que os faça *se sentir pertencentes* a elas, porque é evidente que este tipo de sociedade sofre de uma falta de adesão por parte dos cidadãos ao conjunto da comunidade, e sem essa adesão é impossível responder conjuntamente aos desafios que se apresentam a todos. (Cortina, 2005, p. 18)

Em princípio, cidadania refere-se aos direitos e às obrigações nas relações entre o Estado e o cidadão. Falar em cidadania implica recorrer a aspectos ligados a justiça, direitos, inclusão social, vida digna para as pessoas, respeito aos outros, coletividade e causa pública no âmbito de um Estado-nação. Cidadania pressupõe, conforme um dos autores clássicos que primeiro realizaram estudos sobre o tema, Tomas H. Marshall (1967), conquistas e usos dos direitos civis ("liberdade pessoal, liberdade de expressão, pensamento e crença, o direito de propriedade e de firmar contratos válidos e o direito à justiça"), políticos ("como o do voto e do acesso ao cargo público") e sociais ("que vão desde o direito a um mínimo de segurança e bem-estar econômico, até o direito de participar plenamente da herança social e de viver a vida de um ser civilizado, de acordo com os padrões que prevalecem na sociedade").

Vieira (1997, p. 22-7), analisando os direitos de cidadania com base no pensamento de Marshall, classifica-os em direitos de primeira, segunda, terceira e quarta geração. Os direitos *de primeira geração* são os direitos civis (século XVIII), representados pelos direitos individuais de liberdade, igualdade, propriedade, ir e vir, vida, segurança etc., pelos quais é responsável o sistema judiciário; e também os direitos políticos (século XIX), representados pelos direitos individuais exercidos coletivamente, de liberdade de associação e reunião, organização política e sindical, participação política e eleitoral, cuja salvaguarda cabe às organizações parlamentares. Os direitos *de segunda geração* (século XX) são os direitos sociais, representados pelos direitos individuais de trabalho, saúde, educação, aposentadoria, seguro-desemprego – ou seja, a garantia de acesso aos meios de vida e bem-estar social. Exigem uma presença maior do Estado, e são os direitos que se relacionam com o nível de vida e o patrimônio social, cuja promoção compete aos serviços para isso existentes e à estrutura educacional. Os direitos *de terceira geração* (segunda metade do século XX) são os direitos que têm como titular não o indivíduo, mas grupos humanos como o povo, a nação, coletividades étnicas ou a própria humanidade: autodeterminação dos povos, desenvolvimento, paz, meio ambiente; por eles são responsáveis organismos internacionais como a ONU. Os direitos *de quarta geração* (atualmente) são os direitos relativos à bioética: impedir a destruição da vida, regular a criação de novas formas de vida em laboratório pela engenharia genética etc. São, assim, muitas as dimensões que poderão ser trabalhadas quando nos referirmos à cidadania.

Segundo J. M. Barbalet (*apud* Peruzzo, 1998), a cidadania encerra manifestamente uma dimensão política, mas isso não é suficiente para que ela seja compreendida. O problema está em *quem* pode exercê-la e *em que termos*. A questão está, de um lado, na cidadania como direito e, de outro, na incapacitação política dos cidadãos, em razão do grau de domínio dos recursos sociais e de acesso a eles. Por exemplo, na *ágora* grega (praça onde se reuniam os cidadãos para debater os assuntos da cidade) não participavam escravos, mulheres e *metekes* (estrangeiros). No Brasil, a mulher e os analfabetos só adquiriram o direito de votar em 1934 e 1988, respectivamente. Assim, dependendo do período histórico e do país ou lugar, só uma parcela da população pode exercer plenamente a cidadania. A propósito disso, Ralf Dahrendorf (1992, p. 45-6) diz que a cidadania, como expressão de direitos e obrigações associados à participação em uma unidade social e, notadamente, à nacionalidade, é

Sociedade civil, multicidadania e comunicação social 65

comum a todos os membros, embora a questão de quem pode ser membro e quem não pode faça parte da história turbulenta da cidadania. Esta turbulência ainda está bastante em evidência. Tem a ver com a questão da inclusão ou exclusão lateral ou nacional (em contraste com vertical ou social). Afeta a identidade das pessoas, porque define a qual unidade pertencem. Na maioria das vezes, envolve traçar fronteiras que sejam visíveis nos mapas ou pela cor da pele ou por algum outro meio.

Essas considerações de Dahrendorf fazem-nos refletir sobre o enorme contingente de pessoas que, na contemporaneidade, ainda se vêem excluídas do que se poderia chamar de um "território" da cidadania, em razão das precárias condições de saúde, educação etc. Outra observação do autor é a que diz respeito à relação entre cidadania e trabalho: "A cidadania é um contrato social, geralmente válido para todos os membros; o trabalho é um contrato privado. Nas sociedades em que o contrato privado de trabalho não existe, também não existe cidadania" (Dahrendorf, 1992, p. 47). A inexistência de contratos sociais de trabalho e o desemprego são algumas das mais cruéis constatações da atualidade. A globalização econômica assimétrica tem provocado sérias conseqüências em termos de aumento das desigualdades sociais e de diminuição das possibilidades de construir uma verdadeira cidadania no âmbito das nações.

Na sociedade moderna, os cidadãos são membros de uma sociedade política baseada no sufrágio universal e na qual todos são iguais perante a lei. No entanto, isso nem sempre se dá na prática. No Brasil e em outros países da América Latina, por exemplo, ter direito à educação, à propriedade privada e aos bens de consumo coletivo é uma coisa, mas ter acesso real e efetivo a tudo isso é outra história. Nossa cidadania é garantida nos papéis, mas não existe de verdade, como afirma Gilberto Dimenstein no livro *O cidadão de papel* (1997).

## Novas manifestações de cidadania

Para Adela Cortina (2005, p. 29), a noção de cidadania restrita ao âmbito político "parece ignorar a dimensão pública da economia, como se as atividades econômicas não precisassem de uma legitimação social, procedente de cidadãos econômicos". Mais adiante, a autora descreve conceitualmente outras formas de cidadania, muito presentes na atualidade, tais como a cidadania multicultural, intercultural, cosmopolita, social, econômica e a cidadania de empresa.

A dimensão da cidadania cosmopolita e planetária é uma das mais reconhecidas, por ser liderada por grandes ONGs multinacionais. Mas muitas outras formas têm se manifestado na contemporaneidade, quando "a temática da cidadania [...] e a consolidação de identidades coletivas ganham novas abordagens", com o surgimento de "novas agendas sociais e políticas" (Ruscheinsky, 1999, p. 73-4). Maria Cristina Mata (2002, p. 66) assinala que, de fato, têm surgido, a partir da última década, novas formas de os indivíduos "se constituírem como sujeitos de demanda e proposição em diversos âmbitos vinculados com sua experiência, desde a nacionalidade e o gênero até as categorias trabalhistas e as afinidades culturais". Mas ela ressalta que

> essa ampliação que leva alguns pensadores a falar em "novas cidadanias" definidas no marco da sociedade civil não chega a ocultar [...] que o enfraquecimento da clássica figura da cidadania – marcado por um evidente ceticismo quanto à vida política – implica sérios desafios no que se refere a pensar na transformação dos ordenamentos coletivos injustos vigentes em nossas realidades[3].

Recuperar os elementos constitutivos da cidadania "clássica", relativos aos direitos que já mencionamos, é uma das funções básicas da sociedade civil ativa, que, pelo exercício das novas formas de cidadania, deve contribuir para superar o ceticismo reinante.

Os limites de espaço não nos permitem discorrer sobre todas as formas multicidadãs de hoje. Por isso, nos ateremos à abordagem de duas que julgamos ilustrativas para pensar essa temática em um contexto mais amplo: a cidadania planetária e a cidadania corporativa.

---

3 Tradução do espanhol feita pelos organizadores.

## Cidadania planetária

No mundo contemporâneo, em face das grandes transformações no cenário político, econômico e social, assim como das incontáveis conseqüências geradas pelos fenômenos da globalização e da revolução tecnológica da informação que atingem o Estado-nação e a sociedade sobretudo a partir dos anos 1990, formas emergentes de luta pela cidadania surgem em ritmo acelerado. De um lado, convivemos com os benefícios dos avanços da sociedade em rede e, de outro, deparamo-nos com uma imensa parcela da população mundial sem acesso à tecnologia digital e de redes e mesmo à educação básica. Tais fatos têm impulsionado reações e novas formas de luta da sociedade civil organizada em nível local, nacional, regional e global.

A organização desses agentes que integram a sociedade civil organizada, como movimentos sociais, ONGs, associações, ativistas, grupos de interesses e de pressão, redes sociais, comunidades virtuais etc., possibilita uma mobilização social em torno de objetivos comuns e em defesa dos direitos humanos e da cidadania, que ultrapassam as fronteiras nacionais. Daí assumirem um caráter de cidadania planetária.

Se observarmos os acontecimentos reativos que, nos últimos anos, ocorrem em nível global, a exemplo do Fórum Social Mundial ante organismos supranacionais como a Organização Mundial do Comércio e o Fórum Econômico Mundial, veremos que eles denotam novas formas de cidadania em construção – nesse contexto específico, a cidadania planetária, preconizada pelos movimentos da sociedade civil global. São novas manifestações no espaço público, que ganham destaque na mídia, defendendo interesses específicos, como agentes atuantes de uma sociedade civil mais organizada.

A cidadania planetária surge exatamente para se opor à globalização autoritária e assimétrica que assola as sociedades menos favorecidas do mundo, impedindo que os países pobres e em desenvolvimento avancem economicamente. Milton Santos, geógrafo e cientista social, considerado um "cidadão do mundo" por sua significativa contribuição para o pensamento crítico contemporâneo, em *O país distorcido* (2002, p. 141-2), fala da necessidade da reinvenção da cidadania para enfrentar a globalização autoritária: "A vontade dessa globalização perversa a que estamos assistindo é reduzir o papel do cidadão. É transformar todo mundo em consumidor, usuário e, se possível, coisa, para mais facilmente se inclinar diante de soluções anti-humanas". Ele propõe "a recriação da cidadania mediante uma outra globalização, horizontalizada e não verticalizada como a atual, na qual a vida não seja tributária do cálculo, mas haja espaço para a emoção – que é o que une os homens".

A importância que a sociedade civil assume nessa nova realidade contemporânea transcende o espaço local, nacional e regional. Richard Falk, da Universidade de Princeton, denomina-a "sociedade civil global", que, ante a "globalização por cima", autoritária, conduzida pelos países dominantes e pelas forças do mercado mundial, seria a "globalização por baixo", das forças democráticas, os "únicos veículos" para a promoção do "direito da humanidade", inspirado em uma concepção de desenvolvimento sustentável. Vieira (1997, p. 135) reforça esse pensamento:

> Ao lado de uma sociedade global, entendida como sociedade internacional, haveria hoje uma comunidade global emergente, entendida como planetária, em processo de formação. Trata-se da emergente sociedade civil global, cujos atores muitas vezes têm mais poder de influência no cenário internacional do que a maioria das nações pobres.

O fato é que o discurso crítico atual localiza um antagonismo da globalização em relação à cidadania. Mark Poster (2003, p. 321) mostra como o aprofundamento dos processos de globalização afeta a cidadania, ao interferir na autonomia do Estado-nação, na liberdade de iniciativa dos cidadãos, no mercado de trabalho (perda de empregos para estrangeiros e condições de vida extremamente desiguais), no fluxo interesseiro de capitais (que vão para lugares de retorno ótimo sem considerar os reveses e sofrimentos com isso provocados), no consumo planetário (que junto

Sociedade civil, multicidadania e comunicação social 69

com as mercadorias leva, através de fronteiras, hipóteses culturais estrangeiras) e assim por diante.

Salvador Giner (2003, p. 4-6), da Universidad Autónoma de Barcelona, analisando a sociedade civil mundial nessa perspectiva mais crítica, questiona se ela é algo sólido ou se é antes uma criação midiática. Diz ele, a propósito, que os movimentos cidadãos contra a ordem mundial estabelecida podem ter-se configurado por demagogia midiática, convertendo-se em parasitas dos meios. A prova disso, segundo o autor, estaria na manifesta ausência de um conjunto de argumentos sólidos alternativos àqueles propostos pelos organismos do poder transnacional. "Assim, uma coisa é gritar que 'outro mundo é possível' e outra, muito diferente, raciocinar e provar quais são as condições plausíveis e possíveis para alcançar essa desejável 'outra ordem'." Para Giner, seria necessária a consciência, despertada no Fórum Social Mundial de Porto Alegre (Brasil, 2002), de que a elaboração de uma doutrina alternativa deveria ser, pelo menos, tão importante como a mobilização contra a globalização na forma em que esta vem se consolidando.

Tudo isso mostra que a conjuntura complexa e paradoxal de hoje deve ser investigada e compreendida em uma perspectiva plural e crítica. É preciso ir a fundo nas questões, para desvendar os bastidores do aparato midiático e das ideologias que estão por trás tanto das elites dominantes, quanto de certas ONGs e de certos movimentos ditos sociais.

## Cidadania corporativa

"Cidadania empresarial", "cidadania corporativa" e "empresa cidadã" são designações usadas por empresas e autores quando se referem a trabalhos desenvolvidos pela iniciativa privada em benefício da sociedade. No entanto, elas também são vistas por alguns quase como uma heresia[4]. Acreditamos que temos de considerar o assunto com equilíbrio e justiça, sem viés ideológico. O que o Estado faz e o que deixa de fazer e, por outro lado, qual deve ser o papel da iniciativa privada e do terceiro

---

4 O uso desses termos é questionado por alguns autores como apropriação indevida. Em *Planejamento de relações públicas na comunicação integrada* (Kunsch, 2003, p. 140), comentamos o assunto.

70  Margarida Maria Krohling Kunsch

setor nesse contexto são questões de fundo que precisam ser debatidas.

Ocorre que as organizações privadas não podem mais fechar os olhos ante os problemas de desigualdade e de exclusão social que afetam a humanidade. Elas retiram da sociedade matéria-prima e todos os insumos para produzir bens e serviços e precisam retribuir e devolver isso de alguma forma. Essa é uma questão crucial para sua própria sobrevivência e para que possam ter uma reputação ética[5] em nosso planeta.

Registramos um fato que pode ser ilustrativo nessa direção. Em maio de 2006, reuniram-se em Paris cerca de trezentos executivos de 29 países, na Conferência Global de Anunciantes. Um dos temas centrais dos debates foi a sociedade, tendo-se destacado a importância de políticas ligadas à dimensão pública das organizações. Escrevendo sobre esse evento, Rafael Sampaio (2006, p. 8), diz que

> a consideração da sociedade implica mais do que a chamada atitude de "responsabilidade social". Inclui também fatores como o respeito idêntico aos consumidores e aos não-consumidores, a sustentabilidade ambiental das operações, a manutenção de elevados padrões éticos, boas relações com a totalidade dos *stakeholders* da organização e a adoção de uma agenda positiva no campo do mecenato cultural, do comunitário e social.

A importância que as organizações assumem na sociedade globalizada e as novas exigências sociais que lhes são postas obrigam-nas a se posicionar de forma diferente do passado, quando o foco estava só no negócio e no lucro. Não fazia parte do jogo se envolver com causas sociais e com a comunidade. Questões como ecologia e meio ambiente, sustentabilidade, saúde e bem-estar, diversidade e direitos humanos, comunidades e seus direitos, além da ética das empresas no processo de decisão, que eram irrelevantes para o sucesso comercial, hoje são cruciais e fazem parte da agenda corporativa.

Os escândalos que ocorreram, nos últimos anos, nos Estados

---

5 O Covalence Ethical Ranking, com sede na Suíça, avalia as empresas no campo da reputação ética e emite certificados de qualidade ética e reputação ética.

Unidos e em outros lugares do mundo, como os das empresas Enron, Worldcom, Arthur Andersen etc., contribuíram para o baixo grau de confiança pública na liderança das empresas, com grandes consequências e prejuízos para estas, não só financeiros, mas, sobretudo, de reputação e imagem. Tal comportamento institucional está sendo condenado pela opinião pública. Como microssociedades, as empresas têm uma missão a cumprir e um compromisso social global, além do negócio e da obtenção de lucros.

Nesse contexto todo, elas se deparam com novas realidades e novos desafios. Não podem mais se isolar nem se fingir eticamente corretas, realizando ações fragmentadas de responsabilidade social sem um compromisso público com as comunidades onde se inserem. A responsabilidade social deve ser uma filosofia de gestão centrada no conceito de sustentabilidade, em que atitudes do presente causam impactos positivos ou negativos no futuro.

O trabalho hoje desenvolvido sob os nomes de ações de responsabilidade social ou ações de cidadania corporativa se espalha pelo mundo. Ele conta mesmo com o incentivo de entidades ou órgãos aglutinadores criados para orientar e promover organizações eticamente responsáveis. Nos Estados Unidos, existe, por exemplo, a Business for Social Responsibility (BSR), fundada em 1992, que reunia inicialmente cinquenta empresas e em 2003 já tinha cerca de 1.400 filiadas[6]. No Brasil, temos o Instituto Ethos[7]. Quando este foi constituído, em 1998, tinha onze sócios; em maio de 2003, esse número já havia crescido para mais de 750; e em 2006 já são 1.230 empresas associadas.

Toda essa atividade é analisada por muitos olhares. As preocupações com a responsabilidade social das empresas manifestam-se paralelamente ao questionamento de seus objetivos e de seu papel na sociedade. Ocorre, por isso, um misto de percepções favoráveis e

---

6 Ver a revista *Exame* (São Paulo: Abril, ed. 792, a. 37. n. 10, p. 35-43, 14 maio 2003), que traz como matéria de capa uma reportagem sobre os dilemas da ética empresarial do mundo corporativo. Nota: o site da BSR traz como ano de fundação 1992 (e não 1998).

7 Para mais informações sobre o Instituto Ethos, consultar o site <www.ethos.org.br>.

desfavoráveis a respeito do assunto. Há os que acham que ações dessa natureza são tarefa exclusiva do Estado, ou que as empresas só as realizam porque visam ganhos em imagem institucional e retornos mercadológicos. E há também – principalmente – os que defendem essas contribuições e as reconhecem como necessárias, imprescindíveis, relevantes. Como buscar um equilíbrio entre as duas vertentes? Qual deve ser o papel do Estado, da iniciativa privada e do terceiro setor no desenvolvimento sustentável e integrado da sociedade? Certamente o Estado sozinho não consegue mais resolver todos os problemas que atingem a sociedade, fazendo-se necessário realizar parcerias com a iniciativa privada e o terceiro setor.

No livro *Compromisso social e gestão empresarial*, de David Grayson e Adrian Hodges (2002), o depoimento de duas autoridades mundiais – Nelson Mandela e Kofi Annan[8] – sinaliza caminhos e percepções que ajudam a pensar sobre esses aspectos tão presentes na sociedade contemporânea. Diz Mandela (*apud* Grayson e Hodges, 2002, p. 70) que "não se pode mais entender o desenvolvimento como responsabilidade do governo unicamente. É necessária a participação, simultaneamente, do Estado, da iniciativa privada e do terceiro setor". Annan analisa o poder do mercado e sua expansão em relação à capacidade das sociedades e dos poderes públicos de acompanhar tal aceleração. Segundo Grayson e Hodges (2002, p. 70), ele "defende a idéia de que, para manter o apoio à globalização e à liberalização dos mercados, as empresas precisam ser mais participativas e atacar os problemas de desigualdade e exclusão social".

Anitta Roddick (2002, p. 16), fundadora da The Body Shop, no livro *Meu jeito de fazer negócios*, é também uma defensora do papel relevante que cabe às empresas desenvolver para construir um mundo melhor e diminuir as desigualdades sociais da sociedade contemporânea, que com a globalização assimétrica estão sendo cada vez mais acentuadas. Afirma ela: "Não acredito que alguém possa contestar a afirmação de que o

---

8 Foi secretário-geral da ONU de 1996 a 2006.

centro do mundo atual está ocupado pelas empresas. Elas são mais ágeis, criativas, adaptáveis, eficientes e ricas que muitos governos nacionais". Diante disso, segundo a autora, as empresas precisam assumir uma nova postura e contribuir com a sociedade de forma muito mais concreta.

Nuria Cunill Grau (1998, p. 25), vislumbrando novos horizontes para uma convergência entre o público e o privado, fornece subsídios para conhecimento e reflexão dos gestores da comunicação organizacional. "O desenvolvimento da sociedade moderna não está marcado pela separação entre o Estado e a sociedade e, com isto, entre as esferas pública e privada", diz ela, acrescentando que "o fundamental é que esta separação não é definitiva, à medida que é no âmbito privado-mercantil que a coisa pública encontra originalmente sua verdadeira expressão". É no trabalho de parceria entre o público e o privado que a área de relações públicas poderá fazer as necessárias mediações.

As questões aqui expostas podem servir de pano de fundo para grandes discussões. Trata-se de um campo fértil para a comunicação organizacional, que deve ser cada vez mais bem dimensionado em nossas universidades, na preparação dos futuros profissionais para intervir na realidade social.

## Possibilidades para o campo da comunicação social

Ante as novas formas de cidadania que se desenham e se constroem no cenário político, econômico e social contemporâneo, qual tem sido o posicionamento dos estudiosos e especialistas em comunicação? Até que ponto os currículos das escolas de comunicação e os projetos de investigação estão sintonizados com essas novas manifestações? Qual tem sido a participação dos agentes e dos gestores do campo comunicacional nessa direção? Questões ligadas à cidadania e à democracia têm sido objeto da agenda de discussões e do fazer comunicativo das nossas instituições universitárias? Os princípios de democracia e cidadania têm orientado e direcionado as atividades de pesquisa, ensino e extensão dessas organizações?

Se observarmos o que acontece ao redor do mundo, verificaremos que inúmeras novas formas de cidadania estão surgindo. São exemplos conhecidos, entre muitos outros: o da sociedade civil global que preconiza a necessidade de uma cidadania planetária; o dos ativistas ecológicos que lutam pela preservação do meio ambiente; o dos grupos ligados à música e às artes plásticas que desenvolvem projetos sociais/culturais para a periferia das grandes cidades; o das minorias sociais que buscam o reconhecimento da diversidade de gêneros e etnias, maior atenção aos deficientes físicos, a reintegração de presos na sociedade, a valorização do idoso etc.; e o do mercado e da iniciativa privada procurando construir a chamada "cidadania empresarial".

Nesse contexto, os meios de comunicação direta, os veículos alternativos e a mídia impressa, eletrônica e digital devem ser acionados de forma articulada e bem pensada, para serem criados espaços que dêem visibilidade pública a esses movimentos. As áreas de jornalismo, publicidade e propaganda, relações públicas, radialismo e televisão, editoração multimídia, produção audiovisual e digital etc. têm aí um campo fértil de atuação. Trabalhar estrategicamente os processos comunicativos das organizações, na sensibilização da sociedade e da opinião pública, ao lado do poder político, administrativo e econômico, é uma das mais desafiantes práticas que profissionais ou gestores da área poderão enfrentar, dando uma dimensão muito mais proativa à chamada cidadania corporativa ou empresarial.

E como conciliar os estudos de comunicação com as novas demandas sociais presentes nessas formas de cidadania? Estar sintonizada com a sociedade e valorizar os princípios de democracia, diversidade, pluralismo e justiça social deve ser a missão e a meta de qualquer instituição universitária. Um dos desafios que enfrentamos hoje é saber conviver em uma sociedade cada vez mais complexa e paradoxal, em que, no dizer de Giddens (2002, p. 10-1), o que prevalece é uma incerteza global, a dúvida e a insegurança, em primeiro lugar do próprio eu. Diante dessa realidade, é necessário que se desenvolvam novas propostas de estudos e pesquisas com vista à formação do profissional de comunicação. Tratando-se de uma área dinâmica e interdisciplinar, os

Sociedade civil, multicidadania e comunicação social 75

programas dos diferentes cursos têm de prever a inclusão de opções inovadoras. Para tanto, deve se pensar na flexibilidade, para viabilizar novas inserções ou adaptações.

É preciso ter a capacidade de inovar e assumir riscos constantes, baseando-se no pressuposto de que o conhecimento não é algo acabado e definido, mas algo que tem de ser desconstruído e reconstruído. Em *A teia da vida*, Fritjof Capra (1996, p. 49) assinala que "o velho paradigma se baseia na crença cartesiana na certeza do conhecimento científico", enquanto o novo paradigma reconhece que "todas as concepções e todas as teorias científicas são limitadas e aproximadas. A ciência nunca pode fornecer uma compreensão completa e definitiva". Pedro Demo (1998, p. 18) alimenta essa perspectiva ao afirmar que "a tarefa principal do conhecimento é, pelo menos até certo ponto, desfazer as verdades, para descongelar os entraves ao processo de questionamento e inovação. Se existe alguma coisa permanente em ciência, é a provisoriedade de seus resultados, ou a perenidade do questionamento".

Finalmente, nossa missão, como pesquisadores e formadores de futuros profissionais de comunicação, é contribuir para uma consciência social que tem como ponto de partida os princípios e os valores da democracia e da cidadania. São eles que devem orientar nossas atividades de ensino, pesquisa e extensão universitária. Vale lembrar, a propósito, que uma das características dos estudos de comunicação, em nosso continente, é o pensamento crítico. O exemplo vem dos estudiosos da Escola Latino-Americana de Comunicação, que tão bem souberam se valer da teoria crítica para defender as políticas nacionais de comunicação e de democratização dos meios de comunicação de massa, na construção de uma sociedade mais justa e igualitária. Contribuir com os processos comunicativos das novas formas de cidadania pressupõe consciência política e social para interpretar e compreender a sociedade contemporânea.

# Referências

ARENDT, Hannah. *A condição humana*. 10. ed. Rio de Janeiro: Forense Universitária, 2005.

BEZZON, Lara Crivelaro (org.). *Comunicação, política e sociedade*. Campinas: Alínea, 2005.

BOBBIO, Norberto. *Estado, governo, sociedade: para uma teoria geral da política*. Rio de Janeiro: Paz e Terra, 1987.

CAPRA, Fritjof. *A teia da vida: uma nova compreensão científica dos sistemas vivos*. Tradução de Newton Roberval Eichenberg. São Paulo: Cultrix, 1996.

CASTELLS, Manuel. *La era de la información: economía, sociedad y cultura*. La sociedad. v. 01. Madri: Alianza, 1998.

_____. *La era de la información: economía, sociedad y cultura*. El poder de la identidad. v. 02. Madri: Alianza, 1998.

CORTINA, Adela. *Cidadãos do mundo: para uma teoria da cidadania*. São Paulo: Loyola, 2005.

DAHRENDORF, Ralf. *O conflito social moderno: um ensaio sobre a política da liberdade*. Rio de Janeiro: Zahar; São Paulo: Edusp, 1992.

DEMO, Pedro. *Conhecimento moderno: sobre ética e intervenção do conhecimento*. 2. ed. Petrópolis: Vozes, 1998.

DIMENSTEIN, Gilberto. *O cidadão de papel: a infância, a adolescência e os direitos humanos no Brasil*. 13. ed. São Paulo: Ática, 1997.

ESTEVES, João Pissarra. *Espaço público e democracia*. São Leopoldo: Unisinos, 2003.

FERNANDES, Rubem Cesar. *Privado porém público: o terceiro setor na América Latina*. Rio de Janeiro: Relume-Dumará, 1994.

FREIRE, Paulo. *Pedagogia do oprimido*. 7. ed. Rio de Janeiro: Paz e Terra, 1979.

GIDDENS, Anthony. *A terceira via: reflexões sobre o impasse político atual e o futuro da social-democracia*. Rio de Janeiro: Record, 1999.

_____. *Modernidade e identidade*. Rio de Janeiro: Zahar, 2002.

GINER, Salvador. La creación mediática de la sociedad civil mundial. *Telos – Cuadernos de Comunicación, Tecnología y Sociedad*, Madri, Fundación Telefónica, n. 54 – segunda época, p. 4-6, jan./mar. 2003.

GRAU, Nuria Cunill. *Repensando o público através da sociedade: novas formas de gestão pública e representação social*. Rio de Janeiro: Revan, 1998.

Sociedade civil, multicidadania e comunicação social 77

GRAYSON, David; HODGES, Adrian. *Compromisso social e gestão empresarial*. São Paulo: Publifolha, 2002.

IANNI, Octavio. *Teorias da globalização*. 2. ed. Rio de Janeiro: Civilização Brasileira, 1996.

KUNSCH, Margarida M. Krohling. *Planejamento de relações públicas na comunicação integrada*. São Paulo: Summus, 2003.

_____. Campos de estudos emergentes em comunicação nas novas formas de cidadania. In: BEZZON, Lara Crivelaro (org.). *Comunicação, política e sociedade*. Campinas: Alínea, 2005.

MARSHALL, Thomas H. *Cidadania, classe social e status*. Rio de Janeiro: Zahar, 1967.

MATA, Maria Cristina. Comunicación, ciudadanía y poder. *Diálogos de la Comunicación*, Lima, Felafacs, p. 65-75, nov. 2002.

PERUZZO, Cicilia M. Krohling. *Comunicação nos movimentos populares*. Petrópolis: Vozes, 1998.

POSTER, Mark. Cidadania, mídia digital e globalização. In: MORAES, Dênis de (org.). *Por uma outra comunicação*. Rio de Janeiro: Record, 2003, p. 315-36.

RODDICK, Anita. *Meu jeito de fazer negócios*. Rio de Janeiro: Campus, 2002.

RUSCHEINSKY, Aloísio. *Metamorfoses da cidadania*. São Leopoldo: Unisinos, 1999.

SAMPAIO, Rafael. A sociedade é o quinto elemento. *Revista dos Anunciantes*, São Paulo, ABA, a. IX, n. 84, p. 8-10, jun. 2006.

SANTOS, Milton. *O país distorcido: o Brasil, a globalização e a cidadania*. São Paulo: Publifolha, 2002.

SZTOMPKA, Piotr. *A sociologia da mudança social*. Rio de Janeiro: Civilização Brasileira, 1998.

VIEIRA, Liszt. *Cidadania e globalização*. Rio de Janeiro: Record, 1997.

_____. *Os argonautas da cidadania*. Rio de Janeiro: Record, 2001.

# 4. Movimentos sociais, comunidade e cidadania

*Regina Escudero César*

Este texto é uma reflexão sobre as relações públicas comunitárias como um novo paradigma para a atuação do profissional da área, organizado com base em uma metodologia dialética. Em lugar das metodologias positivistas que marcaram a história da profissão, esta visão reflete um novo posicionamento diante das demandas sociais existentes no atual contexto social, estabelecendo uma quebra de paradigmas. O profissional usa estratégias comunicativas para problematizar a realidade dos públicos, a fim de torná-los partícipes de sua transformação, cidadãos deste processo. A autora faz sua análise teórica baseada na práxis comunitária que tem desenvolvido ao longo de sua atividade profissional.

Percebemos a comunicação e, especialmente, as relações públicas como um instrumento para a criação da cidadania em meio às redes sociais que hoje tomam forma na chamada era da globalização. Sendo a comunicação um processo de relacionamento social, é mister sua interação com outras áreas do conhecimento, para que se possa aprimorar essa rede de relacionamentos tão complexa com a qual nos deparamos em nossos campos de trabalho.

Compreendemos a realidade social como algo dinâmico, um processo contínuo de construção histórica pelo seu sujeito – o homem social. Marcada pelo conflito e pela criação de novos valores sociais, nossa visão de sociedade é dialética. Acreditamos que o fenômeno deve ser conhecido na sua profundidade e que toda ação social, para ser transformadora da realidade, precisa estar engajada e comprometida com o movimento social e seus atores.

A metodologia dialética se constrói com base em uma prática coerente, que garanta o resgate histórico e a problematização do conflito aparente ou latente na conjuntura social. Não basta à dialética a crítica pela crítica, mas há de existir uma tentativa de superar o constatado, lançando uma contraproposta que será de novo superada, em um ir-e-vir constante na construção de nossa história. Baseada, essencialmente, na trilogia tese/antítese/síntese, a dialética não tem ponto final, visto que a síntese é sempre o início de um devir.

Para compreender a história de uma sociedade sob a ótica dialética, é necessário vê-la em sua totalidade, em uma dinâmica que permita a unidade de contrários, ou seja, que dê condições para a criação do novo deste conflito. É justamente esse princípio metodológico que empresta à dialética a característica de traço real, pois não cria o novo do não-existente, mas devido ao seu condicionante histórico. Assim, a dialética é concreta, é real e historicamente possível. Seus personagens são seres humanos totais, que se encontram em um meio ambiente conflitivo, sem o qual a história não é verdadeira, mas um simulacro da realidade.

Alguns adversários da dialética costumam caracterizá-la como uma metodologia complexa. Ao contrário, essa metodologia concretiza-se nas práticas sociais que se estabelecem no convívio coletivo. A vocação revolucionária dessa metodologia é pura conseqüência de seu ato de negação da realidade histórica e objetiva. "A dialética não pode restringir-se a grandes vôos históricos, em que ninguém vive, ama e chora, mas deve acalentar os desejos, teorias e práticas do dia-a-dia mais corriqueiro. Somente assim a revolução se torna cotidiana" (Demo, 1988, p. 124).

Entretanto, a fonte de inspiração metodológica da teoria das relações públicas encontra-se no funcionalismo e no positivismo. O enfoque positivista de Comte vê a sociedade de forma estável, defende a unidade das ciências e estabelece uma hierarquia entre elas, na qual a matemática prevalece sobre as demais. A sociologia, ou "física social", é situada em último lugar. Para o positivismo, as ciências sociais devem ser analisadas à luz dos padrões matemáticos, buscando no objeto de análise sua regularidade e suas leis. O pesquisador é sempre neutro e objetivo (Goldenberg, 1997).

A sociologia teve fortes influências dessa corrente metodológica e, uma vez que a base teórica em que se alicerçam os conceitos das relações públicas advém em grande parte das ciências sociais, o positivismo imprimiu seus traços sobre a formação teórico-prática do profissional dessa área.

O funcionalismo também toma como base a estabilidade e ordem da sociedade. Seus precursores foram Durkheim, Pareto e Weber. Eles "procuraram um método para a explicação dos fatos sociais que, à semelhança das ciências da natureza, pudessem ser reduzidos a *coisas*" (Chizzotti, 2005, p. 13). Já Parsons fez interpretações sobre este postulado metodológico que buscavam uma compreensão da sociedade com base em tais pressupostos funcionais.

Outro fator que constitui a essência do funcionalismo é sua forma de ver a sociedade como um todo organizado, em que as partes existem para satisfazê-lo, legitimá-lo. Não se questionam as incoerências sociais existentes e suas contradições, que são vistas como "disfunções" sociais. "O determinismo mecanicista é o horizonte certo de uma forma de conhecimento que se pretende utilitário e funcional, reconhecido menos pela capacidade de compreender profundamente o real do que pela capacidade de o dominar e transformar" (Santos, 1999, p. 17).

E é justamente sob este enfoque metodológico que as relações públicas foram criadas, ou seja, dentro de uma perspectiva de legitimação do poder. Entretanto, vê-se que apesar de dominante, especialmente na esfera empresarial, esse compromisso metodológico já começa a ser rompido por um grupo qualitativo de profissionais. A principal autora que se deteve inicialmente na discussão em torno desse novo paradigma teórico foi Cicilia Maria Krohling Peruzzo (1982). Podemos ainda destacar as contribuições importantes de Henriques (2004), Almeida e Paula (1997), Freitas e Lucas (2002), além de outros estudiosos e profissionais que aos poucos deixam de lado a visão dominante para propor uma reflexão mais crítica da realidade, entre os quais nos incluímos (César, 1991, 1999). Nesse sentido, Santos (1999, p. 37) credita a esse posicionamento científico o surgimento de um novo paradigma:

Sendo uma revolução científica que ocorre em uma sociedade, ela própria revolucionada pela ciência, o paradigma a emergir dela não pode ser apenas um paradigma científico (o paradigma de um conhecimento prudente), tem de ser também um paradigma social (o paradigma de uma vida decente).

# Comunidade e sociedade: realidades em discussão

Em uma sociedade marcada pela supremacia do individual sobre o coletivo, é também fundamental que se procure dar novos contornos sociais ao que se pretende entender como comunidade, em oposição ao conceito de sociedade. Essa dualidade de conceitos há muito vem sendo discutida e sua representação no campo teórico passa também por visões positivistas do sistema, em oposição às dialéticas. Enquanto os primeiros apresentam a comunidade como uma entidade marcada pelo bem comum, descrita como uma grande família onde todos convivem harmonicamente e buscam saciar objetivos estabelecidos pelo grupo, na sociedade o grupo é caracterizado pela disputa, concorrência e individualidade.

Sob essa perspectiva dual, tira-se o homem de seu ambiente de convívio social para isolá-lo em conceitos. O homem é um ser social que vive a realidade na globalidade, não em fragmentos. A visão positivista é romântica e se perde da dimensão da prática social.

O acesso às formulações teóricas produzidas em torno do conceito de comunidade representa a tentativa de entendimento das forças comprometidas com a proposta de transformação de uma mera categoria social – a comunidade – em alternativa ideal, basicamente pela suposição de que a proposta, uma vez implementada, faz vigorar um regime em que os sujeitos estão dispostos harmonicamente em torno dos mesmos objetivos. Além disso, supõe-se que os sujeitos, vivendo em comunidade, estariam necessariamente em um patamar diferente do restante da humanidade, pois afinal estariam em comunhão uns com os outros. (Paiva, 1998, p. 118)

A comunidade não é vista aqui no sentido estático a ela dado pelos sociólogos funcionais e positivistas, mas como algo que se encontra em constante movimento, com diversidade cultural e de valores. Peruzzo (2003) apresenta a comunidade indo além da noção de proximidade geográfica e mostra a necessidade do envolvimento de seus membros por meio de uma participação efetiva na construção de sua história. Comunidade pressupõe a existência de uma proximidade – que pode ser geográfica, mas não se limita a ela – e de elos profundos entre os membros, como o sentimento de pertença, identidade e comunhão de interesses.

> Assim sendo, a comunicação comunitária diz respeito a um processo comunicativo que requer o envolvimento das pessoas de uma "comunidade", não apenas como receptoras de mensagens, mas como protagonistas dos conteúdos e da gestão dos meios de comunicação. (Peruzzo, 2003, p. 246)

Acreditamos que um conceito de comunidade se constrói dialeticamente, dentro de um contexto societário amplo, onde o convívio entre a diversidade e a heterogeneidade faz parte dessa realidade comunitária. O ser histórico, social, participante e sujeito é, como diz Paiva (1998), interativo ao todo social, é um "ser-em-comum", cidadão em seu contexto. Não aquele idealizado pelos manuais, mas aquele que atua sobre sua realidade, transformando-a dentro de suas possibilidades e limites, no seu dia-a-dia mais corriqueiro.

Esse "ser-em-comum" traz embutido o conceito de cidadania, pois se comporta como um sujeito social comprometido e articulado na formação/transformação da realidade. É finalmente esse "indivíduo coletivizado", conhecido como cidadão e imerso em um espaço comum chamado comunidade, o que pode garantir a continuidade de nossa espécie neste planeta, pois somente essa visão coletiva possibilita ao homem o seu bem-estar e o das gerações futuras:

> Só a existência de uma esfera pública e a subseqüente transformação do mundo em uma comunidade de coisas que reúne os homens e

estabelece uma relação entre eles depende interiormente da permanência. Se o mundo deve conter um espaço público, não pode ser construído apenas para uma geração e planejado somente para os que estão vivos: deve transcender a duração da vida de homens mortais. (Arendt, 2004, p. 64)

Assim, quando falamos de relações públicas comunitárias, tratamos de uma nova postura metodológica, que não deve ficar restrita aos movimentos sociais periféricos, mas pode se dar em qualquer espaço de atuação, dependendo unicamente de um posicionamento do profissional da área. Empresas que hoje atuam mais preocupadas em dar resposta ao conflito que em promover a harmonia social; ONGs que trabalham na perspectiva de engajamento de minorias e de melhorias sociais dos excluídos; instituições públicas e privadas que passam a ter mais seriedade quanto a sua responsabilidade social; enfim, são práticas que invertem um sistema e chamam o profissional de relações públicas, nesse caso especialmente, a tomar parte desse processo.

São práticas coletivas que transcendem a satisfação objetiva das necessidades do aqui-e-agora, essenciais à nossa sobrevivência, que devem estar articuladas entre todos os segmentos da sociedade, sejam eles de direita ou de esquerda, empresariais ou populares, alinhados ou não a determinado partido político. Trata-se de um novo paradigma de intervenção do indivíduo como cidadão ante a sua realidade, assumindo papel fundamental de articulador e gestor da transformação social.

## Movimentos sociais e cidadania

Fala-se muito em globalização e parece mesmo que esse é hoje o grande avanço da comunicação. Mas acreditamos que um dos maiores méritos de nossa história recente seja o de que, nesses últimos anos, aprendemos a participar no processo de construção de nossa realidade, sendo agentes/sujeitos dentro dela. O que se alinha é uma cultura da participação. Segundo Peruzzo (2003), essa participação deve ser dimensionada em uma perspectiva baseada no desenvolvimento sustentável e integral, que pressupõe a co-responsabilidade do cidadão e de suas organizações, do mercado e do Estado.

Como todo processo cultural, a história dos movimentos sociais no Brasil não é linear, sendo caracterizada por fluxos e refluxos. Entretanto, sua conquista fundamental é a valorização do coletivo ao individual.

> Muito mais que conquistas isoladas de bens, equipamentos urbanos, melhorias na qualidade de vida etc., o grande saldo foi a demarcação de espaços para a voz dos não-governantes, em questões em que os governantes têm o poder de decidir. O grande saldo foi a construção de uma nova postura da sociedade civil, ainda que restrita a pequenos segmentos. (Gohn, 2005, p. 98)

É clara a existência de iguais e desiguais dentro da sociedade civil, ou de organizados e desorganizados. Ao pólo dos iguais, organizados, corresponde aquela facção da sociedade já historicamente articulada, com poder de representação (Igreja, meios de comunicação, empresas, ou seja, a elite privilegiada brasileira); já o pólo dos desiguais é representado pela facção civil pouco articulada, não só por uma acomodação natural, como muitas vezes ouvimos dizer – "o brasileiro é preguiçoso, indolente" –, mas por ser essa acomodação fruto de um trabalho meticuloso e constante de dominação por parte dos poderosos. "Na verdade, trata-se de um processo histórico de opressão, que conseguiu 'domesticar' a sociedade a seu gosto, podendo chegar ao cúmulo de tornar o assistencialismo uma necessidade vital" (Demo, 1988, p. 32).

Uma reversão nesse estado de coisas, desse "estado de iguais", só pode se dar pela organização dos desiguais, fundamentada na prática diária da cidadania. Os movimentos populares fazem parte desse processo de formação de cidadania. Considerados um saldo positivo da década de 1980, hoje, no século da globalização, eles se encontram em crise e estão sem norte.

Segundo Gohn (2005), a crise ocorreu porque esses movimentos não tinham um projeto político próprio e em sua maioria dependiam de assessorias externas para ser conduzidos, ao menos no plano das idéias. Eram lideranças que fundamentalmente faziam parte de partidos políticos, de segmentos progressistas da Igreja Católica, das universidades. Após o processo constituinte de 1988, muitas lideranças deixaram os movimentos: os líderes partidários passaram a atuar no partido ou em cargos nas administrações públicas; a Igreja passou a atuar de forma menos contestatória, devido às pressões do Vaticano; algumas verbas internacionais de fomento e ajuda aos movimentos sociais da América Latina foram destinadas para o Leste Europeu. A partir daí, surge um novo mote de organização: a criação de assessorias especializadas para atender esses movimentos, mais tarde concebidos pelas organizações não-governamentais (ONGs), que hoje ocupam o lugar das ações populares.

Se, por um lado, há um aspecto favorável nos movimentos, que é a busca da profissionalização e qualificação, por outro, perdeu-se a característica natural e embrionária. Grande parte deles se articula por meio de projetos, o que engessa as demandas sociais, forçando-as a acompanhar prazos e regras externas e encaminhamentos nem sempre familiares ao contexto do grupo. Tal situação pode colocá-los novamente em uma posição de passividade diante de seus agentes. É o resultado de um projeto neoliberal, que está focado em resultados e prazos e na busca da capacitação, vinculado a uma visão positivista e funcional, centrada na organização comunitária com base em suas lideranças.

Ações centralizadas em lideranças inibem o processo democrático de comunicação, pois não promovem a participação plena da comunidade em discussões, decisões e encaminhamentos, tornando-a beneficiária de projetos.

> Para haver desenvolvimento, é necessário que haja alteração do capital humano e do capital social. [...] Combater a pobreza e a exclusão social não é transformar pessoas e comunidades em beneficiários passivos e permanentes de programas assistenciais, mas

significa, isto sim, fortalecer as capacidades de pessoas e comunidades de satisfazer necessidades, resolver problemas e melhorar sua qualidade de vida. (Franco, 2002, *apud* Peruzzo, 2003, p. 253)

A comunicação comunitária é uma via de mão dupla, pautada na comunhão entre sujeitos iguais que participam de seu contexto e o transformam dialeticamente. Esse envolvimento gera compromisso e amadurecimento do movimento e de seus membros, bem como dos profissionais que atuam nele.

## Relações públicas comunitárias e cidadania

Consideramos imprescindível para a comunicação comunitária a existência do processo de "interação face a face", definido por Thompson (1998, p. 78) como uma forma de comunicação que necessita "ocorrer em um contexto de co-presença" e ter "caráter dialógico". Nessa modalidade de comunicação, na qual os indivíduos necessitam partilhar do mesmo espaço-tempo para que ela se concretize, os objetivos das relações públicas comunitárias adquirem uma dinâmica adequada para o estabelecimento das relações de comunicação nos espaços comunitários. Trata-se de um processo que retorna às bases da comunicação sem os suportes tecnológicos e midiáticos que hoje criam a sociedade globalizada.

Pode-se dizer que, por meio dessa interação face a face, tenta-se resgatar a importância dos vínculos entre os sujeitos da comunicação e da criação de espaços em que laços de amizade, confiança e legitimidade possam ser mais fortes e duradouros, além de dar autoridade às deliberações conjuntas. Não é algo imposto, mas compartilhado.

O caráter dialógico e da co-presença desse modo de comunicação permite que ela se articule mediante processos em que a participação ativa é mais eficiente, com base em uma comunicação estabelecida com os públicos de forma envolvente e dirigida, ou seja, com uma linguagem e recursos adequados para cada situação. Por meio desse modo de comunicação, temos estabelecido os vínculos entre nós – agentes externos, as

Movimentos sociais, comunidade e cidadania 87

lideranças e os membros das organizações comunitárias –, visando ampliar os espaços de participação dessas bases nas decisões e no exercício do poder, que deve ser, antes de tudo, renovado. Acreditamos na viabilidade deste procedimento, pois é um processo educativo.

> Para garantir uma maior efetividade, a comunicação dirigida deve ser adotada cotidianamente pelos movimentos sociais. [...] Ela tem por finalidade transmitir ou conduzir informações, estabelecendo uma comunicação orientada e freqüente com um público identificado. Como estratégia de comunicação dirigida, a interação face a face retoma os contextos interativos de co-presença, promovendo uma maior proximidade entre os indivíduos e ações mais coesas . (Henriques *et al.*, 2004, p. 19)

Por meio de projetos de pesquisa e extensão desenvolvidos na Universidade Estadual de Londrina, temos atuado em um bairro periférico dessa cidade paranaense, o Jardim União da Vitória, com uma população de aproximadamente 16 mil pessoas. Originário de um assentamento e também com fortes índices de criminalidade e pobreza, esse bairro é marcado pelo estigma da violência perante a sociedade civil londrinense.

Vale salientar a existência, no Jardim União da Vitória, do Conselho de Entidades, criado em 1995 por iniciativa das lideranças. Esse conselho, ainda que sem personalidade jurídica e/ou reconhecimento formal por parte do poder público municipal, atua de forma democrática, sendo composto de representantes de diversas organizações locais (associações, grupos, entidades), bem como de escolas, postos de saúde, Secretaria de Ação Social do Município, entre outros. Trata-se de uma organização popular *sui generis*, na qual a liderança do bairro assume função articuladora.

No entanto, podemos identificar a existência de "nichos de poder" entre as lideranças daquela comunidade, sendo a retenção e detenção da informação seus suportes. O que transparece é a existência de uma "organização popular" quase restrita às lideranças que desempenham o papel de formadores da opinião na definição dos objetivos a serem alcançados por todos. A politização dos temas sociais restringe-se ao grupo de líderes, sem que toda a população participe ativamente das deliberações do Conselho de Entidades.

Há o estabelecimento de lideranças que "encabeçam" os movimentos, mas a participação popular maciça não é satisfatória, o que enfraquece a reivindicação e empobrece os projetos. Constata-se a falta de "rodízio de poder", fundamental à manutenção do equilíbrio de forças para evitar o desgaste do movimento e das próprias lideranças. São lideranças já cansadas de uma atuação isolada e às vezes solitária, fruto de uma organização comunitária que se fez pautada em indivíduos e não em grupos.

## Movimentos sociais e cidadania

A fim de contribuir com o processo de organização comunitária do bairro, atuamos como efetivos parceiros na elaboração das políticas e dos planos de comunicação, havendo respeito mútuo e troca de conhecimentos na definição das atividades. Tudo é discutido coletivamente, sendo o processo realmente mais lento do que uma atividade empresarial. Entretanto, os grupos crescem e se fortalecem com identidade, sabendo para onde vão.

É o que pudemos observar, por exemplo, em pesquisa realizada (César, *et al.*, 2001), na qual buscamos obter dados qualitativos e quantitativos a respeito da problemática do trabalho no bairro. Cumprir todas as etapas – delimitação do problema, coleta e avaliação dos dados – demandou cerca de um ano, prazo extremamente dilatado se pensarmos na perspectiva de uma pesquisa de cunho empresarial. O fato é que seguimos a metodologia da pesquisa-ação em todas as suas etapas, o que sempre implica um tempo maior para que o grupo possa problematizar a realidade e questioná-la. Foi um processo riquíssimo, tanto nos frutos que colhemos em termos de informações, quanto no amadurecimento da equipe.

A comunicação, como estratégia básica para a criação da cidadania, é o que sustenta a proposta dos comunicadores que hoje se acham preocupados em delinear algo para a comunicação dentro da problemática atual da conjuntura brasileira:

> No âmago da questão, o que está colocado, falado de modo claro e sintético, é a premência do uso dos meios de comunicação em benefício da cidadania e que esta é construída pelos próprios cidadãos, na sua interação com as outras forças constitutivas da sociedade. O desenvolvimento só faz sentido se promover a igualdade no acesso à riqueza e o crescimento integral da pessoa e de todos, ou seja, se tiver como mola-mestra o ser humano. (Peruzzo, 2003, p. 256)

A comunicação a serviço da cidadania integra a agenda de discussões dos comprometidos a dar a essa área um enfoque mais apropriado às demandas socioeconômicas de países do Terceiro Mundo, de sociedades que, em plena era da globalização, podem ser consideradas apartadas de uma realidade controlada pelos grandes conglomerados da comunicação. Segundo Thompson (1998), o Brasil é um país consumidor dos produtos da sociedade globalizada, interage com ela, mas não atua na sua arena global. A era da globalização da informação e da comunicação é um fenômeno social e também excludente e desigual, pois beneficia mais a uns países do que a outros, incluindo algumas partes do mundo de forma mais rápida do que outras.

Nesse sentido, acreditamos que nosso capital social, como profissionais da comunicação, seja a contribuição que podemos oferecer para que os processos e as demandas sociais, que hoje têm adquirido consistência entre os vários segmentos da sociedade civil brasileira, possam fluir de acordo com a natureza e a vontade dos públicos neles envolvidos, respeitando-os em sua diversidade, como cidadãos de um contexto dialeticamente complexo.

## Referências

ALMEIDA, Ana Luisa de Castro; PAULA, Maria Aparecida de. Relações públicas com a comunidade. In: KUNSCH, Margarida M. Krohling (org.). *Obtendo resultados com relações públicas*. São Paulo: Pioneira, 1997.

ARENDT, Hannah. *A condição humana*. Tradução de Roberto Raposo. 10. ed. Rio de Janeiro: Forense Universitária, 2004.

BRAGA, Clara Soares; SILVA, Daniela Brandão Couto; MAFRA, Renann Lanna Martins. Fatores de identificação em projetos de mobilização social. In: HENRIQUES, Márcio Simeone (org.). *Comunicação e estratégia de mobilização social*. 2. ed. Belo Horizonte: Autêntica, 2004.

CÉSAR, Regina Célia Escudero. Relações públicas comunitárias. *Comunicação & Sociedade*, Póscom-Umesp, São Bernardo do Campo, n. 15, p. 145-64, 2. sem. 1987.

_____. *Relações públicas comunitárias: uma exigência da sociedade civil brasileira*. 1991. Dissertação (Mestrado em Comunicação Social) – Instituto Metodista de Ensino Superior, São Bernardo do Campo, São Paulo.

_____. Relações públicas frente ao desenvolvimento comunitário. *Comunicação & Sociedade*, PósCom-Umesp, São Bernardo do Campo, n. 32, p. 89-112, 1999.

CÉSAR, Regina Célia Escudero *et al*. *Elaboração, aplicação e disseminação de campanhas de opinião pública como estratégia de relações públicas*. 2001. Projeto de pesquisa – Departamento de Comunicação, Matemática Aplicada e Estatística e Ciência da Informação, Universidade Estadual de Londrina, Londrina, Paraná.

CHIZZOTTI, Antonio. *Pesquisa em ciências humanas e sociais*. 7. ed. São Paulo: Cortez, 2005.

DEMO, Pedro. *Participação é conquista: noções de política social participativa*. São Paulo: Cortez/Autores Associados, 1988.

_____. *Metodologia científica em ciências sociais*. 2. ed. São Paulo: Atlas, 1989.

FREITAS, Ricardo Ferreira; LUCAS, Luciane. *Desafios contemporâneos em comunicação*. São Paulo: Summus, 2002.

GOHN, Maria da Glória. *Movimentos sociais e educação*. 6. ed. São Paulo: Cortez, 2005.

GOLDENBERG, Mirian. *A arte de pesquisar: como fazer pesquisa qualitativa em ciências sociais*. Rio de Janeiro: Record, 1997.

HENRIQUES, Márcio Simeone *et al*. Relações públicas em projetos de mobilização social: funções e características. In: HENRIQUES, Márcio Simeone (org.). *Comunicação e estratégia de mobilização social*. 2. ed. Belo Horizonte: Autêntica, 2004.

PAIVA, Raquel. *O espírito comum: comunidade, mídia e globalismo*. Petrópolis: Vozes, 1998.

PERUZZO, Cicilia Maria Krohling. *Relações públicas no modo de produção capitalista*. São Paulo: Cortez, 1982.

PERUZZO, Cicilia Maria Krohling (org.). *Comunicação e culturas populares*. São Paulo: Intercom, 1995.

PERUZZO, Cicilia Maria Krohling; ALMEIDA, Fernando Ferreira de. *Comunicação para a cidadania*. São Paulo: Intercom; Salvador: Uneb, 2003.

SANTOS, Boaventura de Sousa. *Um discurso sobre as ciências*. 11. ed. Porto: Afrontamento, 1999.

THIOLLENT, Michel. *Metodologia da pesquisa-ação*. São Paulo: Cortez/Autores Associados, 1986.

THOMPSON, John B. *A mídia e a modernidade: uma teoria social da mídia*. Tradução de Wagner de Oliveira Brandão. Petrópolis: Vozes, 1998.

# 5. Ativismo, movimentos sociais e relações públicas

*Márcio Simeone Henriques*

O cenário contemporâneo, de emergência de uma nova cultura política, constitui-se, de um lado, pela construção de modelos democráticos mais participativos e, de outro, por uma profunda mudança no perfil das lutas sociais. A mudança intrínseca nas feições dos novos movimentos sociais provoca modificações no *modus operandi* dos projetos mobilizadores, gerando um novo tipo de ativismo. A comunicação tem destacado papel nesse contexto, seja devido aos processos de visibilidade midiática, seja pela necessidade de compor estratégias de relacionamento com os públicos desses movimentos em torno de suas causas.

Os movimentos sociais têm constituído uma questão desafiadora para as ciências sociais na atualidade, especialmente com a emergência das sociedades democráticas pós-industriais. As transformações encetadas na modernidade, que se aprofundam rápida e substantivamente no século XX, trazem implicações tão grandes para as formas de ação coletiva nas democracias ocidentais que muitos autores contemporâneos não hesitam em colocar esses movimentos em posição central no processo político, referindo-se a um novo paradigma da ação social (Melucci, 1996), à emergência de novos sujeitos sociais coletivos (Hardt e Negri, 2005), a novas formas organizativas derivadas dessa ação (Castells, 1979, 1999), e, com freqüência, distinguem os movimentos "tradicionais" dos que surgem na segunda metade do século XX, denominando-os "novos movimentos sociais".

Embora os debates ainda estejam longe de cobrir toda a amplitude do tema, podemos reconhecer, na literatura corrente, que de fato há mudanças significativas que merecem atenção, e algumas evidências empíricas parecem apontar para aspectos sobre os quais há relativo acordo: (a) amplia-se o leque do exercício da cidadania, com a incorporação de novos contingentes até então excluídos da participação e da vida política; (b) movimentos cidadãos pluralísticos e policêntricos emergem no cenário urbano e ampliam sua representatividade social, ao mobilizar maiores parcelas da população; (c) a pluralidade de formas associativas tem produzido novas alianças; (d) as propostas transformadoras dos movimentos passaram a combinar uma complexa gama de atividades; (e) uma atuação fragmentada dos diversos movimentos tem sido substituída por uma ação em redes de solidariedade. É nesse contexto que podemos falar de um novo tipo de ativismo.

Por outro lado, cada vez mais se projeta especial atenção ao papel desempenhado pela comunicação nesse processo. Vários estudos têm revelado mais do que simples influências recíprocas entre o sistema da mídia e o sistema político, a estreita e indissolúvel ligação entre esses processos e o exercício da política. Também chamam a atenção os estudos que procuram investigar as diversas formas de comunicação estratégica que movimentos sociais e projetos mobilizadores em geral traçam para conquistar legitimidade e adesão. É sob essa perspectiva que pretendemos, então, tecer algumas considerações que relacionem a comunicação às formas atuais de ativismo e mobilização social, buscando compreendê-las como processos de relações públicas.

## Características do ativismo contemporâneo

A emergência dos chamados "novos movimentos sociais" é comumente associada a três grandes dimensões inter-relacionadas que mudaram a feição das sociedades industrializadas a partir da segunda metade do século XX: a urbanização, a globalização e a ampliação da cidadania e do exercício político democrático. Manuel Castells (1979), ainda na década de 1970, capta, em seu estudo de sociologia urbana, o surgimento do que chamou de "movimentos cidadãos" na Espanha pós-franquista. Para ele, tais movimentos, comprometidos com a mudança e com a autogestão política, surgem no próprio seio de uma crise urbana, provocada por contradições estruturais do capitalismo monopolista e pela falência das propostas de construção centralizada de um novo tipo de sociedade com base em uma mobilização unitária das massas.

A ampliação dos direitos políticos e sociais criara as condições para o comprometimento de novos contingentes com as lutas sociais, o que possibilitou perceber uma mudança fundamental de foco na ação coletiva, não mais guiada essencialmente por um viés classista: esses novos movimentos se desenvolviam baseados na expressão espontânea dos vizinhos, contrapondo-se ao autoritarismo burocrático. O autor observou também que os movimentos cidadãos se viam diante da possibilidade e da necessidade de estender as formas de democracia, não as reduzindo à mera delegação de poder político, mas criando formas de associação dos cidadãos mais diretamente ligadas às suas condições de vida cotidiana.

O que Castells (1979, p. 4) flagra àquela época na cena urbana de Madri não o faz hesitar em afirmar que constituiria "um dos elementos mais característicos da dinâmica social nesta nova situação histórica". A pluralidade dos movimentos sociais assim constituídos, descentrados e policêntricos, poderia, no entanto, limitar-se a gerar grupos de pressão fragmentados. Mas, o que o autor notaria – e aprofundaria em estudos posteriores (1999, 2000) – é a tendência à mobilização conjunta que reforçaria seus pontos de convergência em termos de uma mudança estrutural possível, mediante intensa intercomunicação em forma de grandes redes de solidariedade.

A idéia de que os movimentos atuais não possuem mais a noção original de uma entidade homogênea que age contra o sistema político e governamental é sustentada também por Alberto Melucci (1996, p. 1), para quem eles representam, nas sociedades complexas, novas formas de poder, múltiplas e difusas, que não podem ser reduzidas "a qualquer geometria linear e facilmente reconhecível". Trata-se não apenas de uma questão política, mas de uma profunda mudança cultural, nos códigos que organizam a informação e desenham as práticas sociais, envolvendo dimensões cruciais da vida cotidiana. Assim, a visão original de que os

Ativismo, movimentos sociais e relações públicas

movimentos têm certa unidade exterior não é adequada para descrever a realidade dessas formas difusas e reticulares de ação coletiva, agora composta de fenômenos fragmentados e heterogêneos: "Os movimentos contemporâneos assumem a forma de redes de solidariedade. [...] São sistemas de ação, redes complexas entre diferentes níveis e significados da ação social" (Castells, 1999, p. 4).

Com isso, assistimos não apenas ao surgimento de novos atores sociais, mas à superação dos próprios modelos clássicos de ativismo político, luta de classes e organização revolucionária. Hardt e Negri (2005, p. 104) examinam as novas formas de luta social e constatam que "a atual recomposição global das classes sociais, a hegemonia do trabalho imaterial e as formas de tomada de decisão baseadas em estruturas em rede modificaram radicalmente as condições de qualquer processo revolucionário". Com base na análise das mudanças nas formas de insurgência e contra-insurgência, os autores destacam que as próprias técnicas de guerrilha sofreram, nas últimas décadas, adaptações às novas condições de produção, de acordo com os sistemas de informação e as estruturas em rede. Observam que a mobilização e a luta em rede não recorrem estritamente à disciplina, mas aos valores de abertura, criatividade, comunicação e cooperação auto-organizada, o que pressupõe a "construção de novos circuitos de comunicação, novas formas de colaboração social e novos modos de interação"[1] (Hardt e Negri, 2005, p. 118).

## Os novos circuitos de comunicação

Um processo de mobilização social requer o compartilhamento de visões, informações e discursos, o que envolve ações de comunicação em sentido amplo (Toro e Werneck, 2004), e "é por intermédio do discurso que se veiculam os projetos políticos e as visões de futuro capazes de

---

1 Hardt e Negri (2005, p. 123) citam como exemplo a luta do Exército Zapatista de Libertação Nacional, no México: "A comunicação é um elemento central da concepção de revolução dos zapatistas, e eles estão constantemente enfatizando a necessidade de criar organizações horizontais em rede, em vez de estruturas verticais centralizadas".

amalgamar uma pluralidade de indivíduos em uma vontade coletiva" (Miguel, 2000, p. 65). Assim, a comunicação aí implicada não é algo novo. O que nas sociedades altamente midiatizadas se impõe como novidade é o modo como os meios de comunicação alteram as formas de produção e difusão desse discurso e, por conseqüência, assumem um papel central para a ação coletiva.

Alguns dos movimentos sociais mais expressivos na atualidade, em âmbito nacional ou transnacional, parecem nos fornecer bons exemplos das transformações nas formas de organização e composição de suas estratégias de luta, e de como os aspectos ligados à comunicação se tornam proeminentes. A luta dos zapatistas, no México, evidenciou a possibilidade de instituir um circuito de comunicação novo, bem como expôs estratégias de expressão e afirmação públicas de amplo alcance, capazes de posicionar a luta em um espaço público global, de fomentar o debate público em nível nacional e internacional e de vencer obstáculos para a inserção de sua causa no próprio sistema da grande mídia. Pelo menos desde os anos 1970, o ativismo do Greenpeace utiliza recursos de mobilização da militância para ações espetaculares capazes de chamar a atenção da mídia e garantir exposição e tematização pública de inúmeras questões ambientais. No Brasil, ao examinar o Movimento dos Trabalhadores Rurais Sem Terra (MST), Maria da Glória Gohn (2000, p. 24-5) percebe que a visibilidade na mídia não se limita mais a uma preocupação externa aos movimentos, mas passa a ser parte integrante da própria luta, por ser a expressão da cultura e por fornecer bases para a construção de representações: "A presença da mídia é um fator constitutivo dos movimentos sociais contemporâneos".

As características do ativismo contemporâneo e dos novos circuitos de comunicação dos movimentos sociais permitem-nos compreender os processos de geração de estratégias comunicativas em duas grandes dimensões interconectadas que examinaremos a seguir: (a) na manutenção de estruturas mobilizadoras horizontais – criação das condições de ação em rede e de coesão entre os atores mobilizados; e (b) no processo de visibilidade da causa, do movimento e seu posicionamento público.

## A manutenção de estruturas mobilizadoras horizontais

A simples constatação de que os movimentos atuais se organizam em forma de redes de solidariedade não responde à questão de como conseguem alcançar um nível de coesão entre os diversos atores e, com isso, manter certa continuidade de suas ações. Precisamos considerar que, sendo a ação em rede uma característica dos movimentos contemporâneos, um olhar que se restrinja apenas à dinâmica interna de um movimento singular e às estratégias comunicativas que buscam dar coesão aos seus próprios participantes não é adequado para compreender o fenômeno atual da mobilização social. Por um lado, os sujeitos que participam de um movimento singular não estão ligados necessariamente de modo exclusivo a esse movimento; antes, tendem a participar de diferentes projetos mobilizadores, em graus e dimensões variados, criando assim uma circulação de informações intensa que se dá no âmbito informal. Por outro lado, os sujeitos participantes de um movimento não podem simplesmente ignorar a existência de movimentos ou projetos mobilizadores semelhantes, cujos esforços em prol da mesma causa se tornam, em algum momento, visíveis, podendo alguns deles tornar-se referenciais.

Embora o próprio termo "rede" seja polissêmico – e escapa ao objetivo deste texto discorrer sobre seus múltiplos significados –, interessa-nos o fato de que os movimentos buscam conectar e articular suas ações com as de outros movimentos, não somente aqueles que lutam pelo mesmo objetivo imediato, mas aqueles com os quais podem manter alguma identidade comum por meio dos valores e de objetivos mais amplos (como justiça social). Assim, mesmo que determinadas causas possam parecer fragmentadas em termos de múltiplos movimentos e projetos mobilizadores que as defendam, em certos momentos, torna-se estratégica a união de esforços, ainda que provisoriamente, para potencializar as ações, estimular o próprio debate sobre a causa e seu enfrentamento, ou mesmo ganhar maior potência para exercer influência sobre as esferas políticas formais. Essa articulação depende essencialmente das possibilidades de compor um mínimo acordo discursivo entre esses atores, em que a remissão a determinados valores comuns permita justificar uma ação concertada e, talvez, uma aliança mais duradoura.

Devemos ressaltar que uma dificuldade nesse processo é o caráter mais abrangente dos processos mobilizadores, que transcende os âmbitos locais, como efeito da emergência dos meios de comunicação de massa e da globalização: os temas públicos postos em questão pelos movimentos de grande amplitude buscam mobilizar não apenas parceiros em situação de proximidade física, com os quais é possível manter constante contato direto, mas uma variedade cada vez maior de atores com os quais só é possível manter contato por intermédio dos instrumentos de telecomunicação e da disseminação constante de informações por meio de mídias massivas ou dirigidas.

Já é evidente que a formação das atuais estruturas foi imensamente potencializada com a emergência da internet e das diversas ferramentas que a compõem, mas não se pode desprezar o intenso intercâmbio informacional que a precede e, no último século, lançou as bases para a ampliação dos contatos e para uma interação em nível transnacional. Isso requer, portanto, uma competência no manejo de um variado cardápio de instrumentos de comunicação para a manutenção dos contatos e das condições favoráveis à cooperação entre os atores, tanto na situação de proximidade física como a distância.

Assim, a constituição dos movimentos, embora à primeira vista difusa, tem nas estratégias comunicativas que os sujeitos mobilizados adotam um fator essencial para a construção da coesão necessária, que vai muito além do simples intercâmbio de informações. Mesmo tal intercâmbio não acontece de forma totalmente aleatória. A formação de interlocução abrange decisões estrategicamente planejadas de como cada um buscará construir um enquadramento para definir a forma pela qual será visto pelos possíveis parceiros, como buscará reconhecimento, como apresentará simbolicamente a causa e a sua forma de lutar por ela e, finalmente, como a relacionará a certos valores aí implicados.

## O processo de visibilidade da causa do movimento e seu posicionamento público

A outra dimensão a considerar está ligada às chances que os movimentos têm de colocar as questões relativas à sua causa na ordem do dia da sociedade, de forma a possibilitar um debate público em torno do problema. Significa considerar a mídia em posição central na arena política, ou por ser o principal canal de acesso dos cidadãos às informações ligadas à sua atuação, tornando a política permanentemente disponível e socializando os cidadãos para participar dos assuntos públicos (Bucy e Gregson, 2001, p. 375), ou por ser o principal instrumento de visibilidade de que podem dispor os atores políticos para propor temas para a agenda pública e construção de vontades coletivas (Miguel, 2000, p. 67). Gamson e Meyer (1996, p. 287) ressaltam ainda o duplo papel da mídia: na construção de significados e reprodução da cultura, de um lado, e como arena de disputas simbólicas entre vários construtores de significado, de outro, incluindo os movimentos sociais. Trata-se, portanto, de uma questão em que entram em jogo as intrincadas relações entre mídia e política.

Se considerarmos que os movimentos contemporâneos constituem lutas por reconhecimento e visibilidade e com fortes conotações culturais (Castells, 2000; Melucci, 1996), a publicidade das ações de um movimento não é, portanto, fator relacionado apenas a uma necessidade de divulgação para a eventual conquista de novos participantes, e não se limita a uma exposição dos fenômenos de forma socialmente acessível. É também condição para que possam posicionar-se na cena pública como portadores de legitimidade na defesa de uma causa que seja potencialmente justa e de interesse público, e compor identidades por meio das quais possam ser publicamente reconhecidos. Para determinados grupos, conquistar a visibilidade é também alcançar a possibilidade de expor um padrão de identidade cultural.

Em sentido mais forte, as estratégias de relacionamento público dos movimentos sociais devem, inexoravelmente, considerar a promoção de visibilidade, por meio do sistema da mídia, um recurso essencial para validar os próprios movimentos como atores importantes na cena política, mostrar força ante os outros atores mais poderosos (como o governo) e desafiar a visão corrente do *establishment* sobre os mais diversos problemas. Mas também, ao mesmo tempo, mostra-se importante como veículo de suporte à mobilização, para consolidar a participação dos membros e apoiadores ativos – definindo para eles próprios em que medida podem ser seriamente levados em conta como agentes capazes de efetivar mudanças. Assim, a abertura ou o fechamento do acesso a esse sistema e a conquista de sua atenção são elementos cruciais na definição de oportunidades políticas para os movimentos (Gamson e Meyer, 1996; Ryan, 1991).

Entendendo a visibilidade como um instrumento essencial ao relacionamento público e à mobilização, temos de considerar, no entanto, que é um recurso escasso. Se considerarmos a pulverização das lutas e a pluralidade de vozes que desejam se colocar publicamente, a quantidade de informação posta em circulação cotidianamente pelos mais diversos meios para os mais variados fins, precisamos admitir que o recurso da visibilidade não é apenas *circunstancialmente* escasso. Para isso, é fundamental compreender a tensão entre possibilidades e limites, e os dilemas que essa relação com os meios de comunicação comporta (Ryan, 1991). Embora a distribuição desigual de acesso aos meios de comunicação seja um fator agravante das assimetrias entre os diversos atores sociais, a contínua disputa pela atenção e publicidade como elemento-chave, tanto para o exercício do poder, como para a ação social, faz supor que tal luta por visibilidade é permanente e requer sempre a atenção dos atores para a composição de estratégias comunicativas de relacionamento público.

## As estratégias de relações públicas

As duas dimensões aqui consideradas impõem aos movimentos o desafio de estabelecer um relacionamento público, ou seja, de apresentar e defender publicamente seus interesses, lidar com uma variada gama de públicos, em busca da legitimação de sua existência e da adesão às suas causas, e manter os vínculos horizontais entre os atores mobilizados. Tendo em vista a permanente tensão e o conflito de interesses característicos da esfera pública, não se pode desconsiderar que esse relacionamento possui uma feição estratégica, o que é claramente observável em qualquer movimento ou projeto mobilizador.

Podemos entender o processo mobilizador como um processo de relações públicas. Não no sentido propagandístico ou mercadológico, mas em uma acepção política de defesa pública de interesses por meio do relacionamento entre instituições e públicos. A necessidade de relacionamento público fez emergir a atividade de relações públicas – estreitamente associada aos grandes interesses do capital privado em busca de legitimação pública, em um cenário de modernização e de emergência de uma opinião pública de massa. Entretanto, em uma visão mais ampla, podemos compreender que a atividade se aplica em seus fundamentos a qualquer demanda de relacionamento que se apresente entre instituições e seus públicos. É uma atividade que deve ser compreendida como parte de um complexo sistema especializado – que emerge na sociedade de massas – de administração dos mecanismos de visibilidade pública e, por conseguinte, de mediação e administração das controvérsias públicas.

Dessa forma, a comunicação dos movimentos pode ser caracterizada como um problema de relações públicas. Como qualquer tipo de organização contemporânea, os movimentos ou projetos mobilizadores necessitam posicionar-se publicamente e entrar no espaço de visibilidade definido pelo sistema da mídia, por meio da produção estratégica de enquadramentos (*frames*). Como apontam Reber e Berger (2005), os profissionais de relações públicas desempenham papel central na construção de enquadramentos como referências para orientar as percepções dos públicos e estabelecer relações efetivas com eles.

O mundo empresarial e as organizações governamentais vêm implementando processos cada vez mais sofisticados de agenciamento da comunicação com seus públicos, por meio de investimentos em publicidade e em ações de relações públicas. Seu acesso privilegiado à mídia, se comparado com os movimentos sociais, dá-se não apenas por causa de um suposto alinhamento ideológico automático – afinal aí temos um terreno onde também se apresentam disputas e ocorrem conflitos de interesses. Embora, muitas vezes, persista uma visão ingênua desse processo, é fato que tais instituições tendem a ganhar acesso também porque possuem os recursos para processar e oferecer as suas visões de forma atrativa e de maneira que se ajuste às demandas e ao *modus operandi* do sistema da mídia e, com isso, criar as condições para serem consideradas pelos profissionais desse sistema como fontes confiáveis (Curran, Gurevitch e Woolacott, 1982, p. 20). Cientes desse desafio, os movimentos e projetos mobilizadores têm, nos últimos anos, buscado cada vez mais problematizar e, em alguns casos, profissionalizar o trato com a comunicação, embora nem sempre atentos aos limites da visibilidade midiática e às dificuldades de obter acesso aos meios de comunicação e de ter sua visão apresentada de modo satisfatório.

## Considerações finais

Reconhecer a importância das relações públicas na composição de uma comunicação estratégica dos movimentos contemporâneos não implica, porém, uma aplicação de técnicas tais como definidas e codificadas no mundo empresarial. É preciso considerar que, mesmo que apoiadas sobre os mesmos fundamentos e justificadas por demandas semelhantes, as ações empreendidas pelos movimentos estão sujeitas a inúmeras especificidades, que não se restringem apenas aos desenhos institucionais distintos (em termos de hierarquia e processos), mas também por uma dinâmica diferente de atuação, o que requer rever a visão tradicional dos públicos como unidades funcionais pouco dinâmicas e compreendê-los como agrupamentos que compõem complexos sistemas de relacionamento (Henriques, 2002). Isso não pode se efetivar sem uma compreensão mais refinada de um ativismo profundamente transformado nas últimas décadas e das formas de atuação dos movimentos no amplo cenário da política, onde têm papel destacado os circuitos comunicativos inovadores.

Na comunicação dos movimentos sociais ou de projetos mobilizadores, uma questão central é que as estratégias são requeridas especialmente para dirigir aos públicos apelos que possam convencê-los de que uma causa existe em função de um problema concreto, de que ele deve interessar a todos e é passível de transformação. Só assim é possível posicionar (e enquadrar) publicamente um problema que poderia estar restrito a âmbitos particulares, como uma questão que potencialmente afeta a coletividade e cuja relevância é de notório reconhecimento. É preciso admitir a natureza cíclica das oportunidades de entrada na cena pública e tematização de questões, e também as diferentes dinâmicas internas e externas aos movimentos que dependem da sua natureza, da fase em que se encontram, do grau de mobilização que atingem em dado momento e de como procuram enquadrar as questões coletivas nas quais se baseiam.

Portanto, esse processo não é tão simples e imediato. A própria constituição de uma causa social e/ou de um movimento, ou projeto mobilizador a ela relacionado, pode ser considerada um processo de interações comunicativas complexas que abrangem desde as relações interpessoais até um conjunto de interações mediadas, onde entram em jogo múltiplos interesses e visões, e, por conseguinte, sujeito a contradições e conflitos.

Ao contrário do que possa parecer, não há como estabelecer uma divisão entre ações estratégicas que remetem às relações mais diretas entre os participantes do movimento (que poderia corresponder à classificação tradicional como "público interno") e as interações mediadas com os vários públicos em geral ("externos"). Sob este aspecto, a administração dos elementos de coesão do movimento e da sua visibilidade pública é a chave para compreender a especificidade da construção desse tipo de relacionamento a que nos referimos e a relação com o sistema da mídia – pilar central dessa promoção de visibilidade –, que não pode se dissociar de nenhum dos outros aspectos constitutivos dos movimentos.

# Referências

BUCY, Erik P.; GREGSON, Kimberly S. Media participation. *News Media & Society*, v. 3, n. 3, p. 357-80, 2001.

CASTELLS, Manuel. *Ciudad, democracia y socialismo: la experiencia de las asociaciones de vecinos en Madrid*. 2. ed. México: Siglo Veintiuno, 1979.

_____. *A sociedade em rede*. 2. ed. São Paulo: Paz e Terra, 1999.

_____. *O poder da identidade*. 2. ed. São Paulo: Paz e Terra, 2000.

CURRAN, James; GUREVITCH, Michael; WOOLACOTT, Janet. The study of the media: theoretical approaches. In: CURRAN, James; GUREVITCH, Michael; WOOLACOTT, Janet (orgs.). *Culture, society and the media*. Londres/Nova York: Routledge, 1982, p. 11-29.

GAMSON, William A.; MEYER, David S. Framing political opportunity. In: MCADAM, Doug; MCCARTHY, John D.; ZALD, Mayer N. *Comparative perspectives on social movements political opportunities, mobilizing structures, and cultural framings*. Cambridge: Cambridge University, 1996, p. 275-90.

GOHN, Maria da Glória. *Mídia, terceiro setor e MST*. Petrópolis: Vozes, 2000.

HARDT, Michael; NEGRI, Antonio. *Multidão: guerra e democracia na era do Império*. Rio de Janeiro: Record, 2005.

HENRIQUES, Márcio S. Considerações sobre o mapeamento dos públicos de projetos de mobilização social. In: PERUZZO, Cicilia Krohling; COGO, Denise; KAPLÚN, Gabriel (orgs.). *Comunicação e movimentos populares: quais redes?* São Leopoldo: Unisinos; Havana: Centro Memorial Dr. Martin Luther King Jr.; Montevidéu: Universidad de la República, 2002, p. 263-74.

MELUCCI, Alberto. *Challenging codes: collective action in the information age*. Cambridge: Cambridge University Press, 1996.

MIGUEL, Luis Felipe. Um ponto cego nas teorias da democracia: os meios de comunicação. *BIB*, Rio de Janeiro, n. 49, p. 51-77, 2000.

REBER, Bryan H.; BERGER, Bruce K. Framing analysis of activist rhetoric: how the Sierra Club succeeds or fails at creating salient messages. *Public Relations Review*, n. 31, p. 185-95, 2005.

RYAN, Charlotte. *Prime Time activism: media strategies for grassroots organizing*. Boston: South End Press, 1991.

TORO, José B.; WERNECK, Nísia M. D. *Mobilização social: um modo de construir democracia e a participação*. 2. ed. Belo Horizonte: Autêntica, 2004.

# II

# CONCEITOS E FUNDAMENTOS TEÓRICOS DAS RELAÇÕES PÚBLICAS COMUNITÁRIAS

*Mikhail Bakhtin apresenta uma visão dialógica da linguagem, como fenômeno social e histórico e, por isso, ideológico. O teórico russo concebe a comunicação na reciprocidade do diálogo. O sujeito divide o espaço discursivo com o outro. Em sua teoria polifônica, declara que o discurso de alguém está impregnado de palavras de outrem, sendo o dialogismo a característica essencial da linguagem e a condição fundamental do sentido do discurso. Com base em Bakhtin, ser cidadão pressupõe participação discursiva. O discurso dialógico é condição imprescindível para o desenvolvimento da cidadania, porque contempla o outro, igualmente sujeito de ação na reconstrução da realidade.*

JOSÉ FELÍCIO GOUSSAIN MURADE

# 1. Resgate histórico das relações públicas comunitárias no Brasil

*Waldemar Luiz Kunsch*

Um novo paradigma começou a ser delineado para as relações públicas na década de 1980, com o IX Congresso da União Cristã Brasileira de Comunicação Social, que incluiu em seu programa um painel sobre relações públicas a serviço dos interesses populares. A partir daí, foram surgindo os primeiros textos sobre o que chamamos de relações públicas comunitárias, sob a forma de artigos e dissertações. Hoje já é possível falar, teórica e praticamente, de relações públicas comunitárias, ou seja, de um trabalho comprometido com os interesses dos segmentos sociais organizados ou com o interesse público. Os discursos se voltam à qualidade de vida do homem em sua comunidade, na construção da cidadania.

Neste artigo, fazemos inicialmente um pequeno apanhado sobre a caminhada histórica desse campo que, a partir da década de 1980, passou a se chamar, concretamente, relações públicas comunitárias. Em seguida, pontuaremos rapidamente alguns grandes tópicos que, a nosso ver, constituem o arcabouço de uma abordagem teórica dessa disciplina que hoje integra o currículo dos cursos de relações públicas.

É evidente que a preocupação com a função social das relações públicas não vem de 1980. Margarida Krohling Kunsch, em pequeno artigo publicado em 2001, mencionava, por exemplo, Edward Bernays, que já em 1920 "defendia que a base consistente para a prática de relações públicas corretas e eficientes estava nas ciências sociais e na sociedade democrática". Outro autor a que ela se referia era Harwood Childs, que salientava, em 1940, "que o problema básico da atividade é o relacionamento de uma organização com a sociedade, cumprindo ela sua missão quando compreende as implicações de uma prática voltada especificamente para esse fim".

Do Brasil, Margarida destacava Cândido Teobaldo de Sousa Andrade, que, em 1970, em sua tese de doutorado na ECA-USP, *Psicosociologia das relações públicas*, "pregava uma maior convergência entre os interesses públicos e privados, chamando a atenção para a necessidade de maior conscientização quanto à responsabilidade social das organizações". Note-se, aliás, a insistência de Teobaldo no papel das relações públicas quanto a uma ação conjugada em torno de um ou mais objetivos comuns entre as organizações e seus públicos, "para promover seu desenvolvimento recíproco e da comunidade a que pertencem", conforme a definição operacional dada à atividade, em 1970, pelo chamado Acordo do México.

Mencione-se o papel exercido, nesse contexto, pelo Programa de Pós-Graduação em Comunicação Social do Instituto Metodista de Ensino Superior, na primeira fase de sua existência, que abrangeria os anos de 1979 a 1985[1]. Marques de Melo (1983, p. 194) relata como, no início, o programa tinha "uma preocupação científica com os fenômenos não-hegemônicos ou contra-hegemônicos da comunicação nas sociedades dependentes". Isso decorria principalmente do fato de que a Metodista é uma instituição encravada no ABC Paulista, onde, na época, graças ao movimento operário, surgiam vigorosas experiências populares de comunicação, que ofereciam motivação para despertar o interesse dos pesquisadores sociais. O programa, entre outras linhas, tomou como parâmetro de sua produção de conhecimento "a elaboração simbólica das classes trabalhadoras, para compreender os seus próprios meios de expressão cultural e política". Marques de Melo (1983, p. 194) esclarece, de forma precisa, que

> esse corte temático passava evidentemente pela tentativa de desvendar a trama ideológica intrínseca à comunicação dirigida às classes subalternas, como por exemplo os jornais de empresa, os programas

---

1 Cf. artigo que publicamos sobre o desenvolvimento do programa da Metodista (Kunsch, W., 2003).

de adestramento técnico-científico ou as campanhas de desenvolvimento comunitário.

Não se pode deixar de referenciar, sobre essa temática, as obras *Comunicação e classes subalternas* (Marques de Melo, 1980) e *Comunicação popular e alternativa no Brasil* (Silva e Festa, 1986), bem como o artigo "A comunicação e o fortalecimento da organização popular" (Bordenave, 1984). Alguns anos mais tarde, Christa Berger (1995, p. 15-25) faria uma análise da produção teórica sobre a comunicação nos movimentos sociais na década de 1980. A autora destacava a contribuição que, nessa direção, vinha sendo dada por Regina Festa, desde o primeiro trabalho, sobre as "Comunidades eclesiais de base e comunicação" (Festa, 1982), até o artigo "Movimentos sociais, comunicação popular e alternativa" (Festa, 1986)[2].

Em 1991, entrariam em ação os Grupos de Trabalho da Sociedade Brasileira de Estudos Interdisciplinares da Comunicação (Intercom). Vale mencionar o livro *Comunicação e culturas populares* (Peruzzo, 1995), com os trabalhos produzidos pelo GT de Cultura e Comunicação Popular[3] de 1991-1993. Vários estudos dessa obra representavam os caminhos que a comunicação popular e alternativa tinha percorrido até então. No contexto que estamos examinando, encaixam-se os dois artigos de Cicilia K. Peruzzo nessa obra: "Comunicação popular em seus aspectos teóricos" (Peruzzo, 1995, p. 27-44) e "Pistas para o estudo e a prática da comunicação comunitária participativa" (Peruzzo, 1995, p. 143-62). No primeiro, a autora apontava como fundamentos teóricos da comunicação popular, entre outros: seu desenvolvimento no bojo de uma educação libertadora; seu conteúdo crítico-emancipador; e o papel protagônico do próprio povo e/ou de organizadores e pessoas ligados aos grupos sociais. No segundo, ela destacava alguns pontos já abordados de forma ampla em

---

2 Note que Berger não faz menção à dissertação *Comunicação popular e alternativa* (Festa, 1984) e à tese *A participação na comunicação popular* (Peruzzo, 1991). Observe-se, igualmente, que também nossa pesquisa sobre a temática não tem a pretensão de ser exaustiva, mas apenas amostral.

3 Hoje transformado em Núcleo de Pesquisa de Comunicação e Cidadania.

sua tese de doutorado (1991), assinalando que, apesar das dificuldades enfrentadas pela comunicação dos movimentos sociais ("condições de vida fincadas na desigualdade social, os valores culturais, os interesses políticos etc."), experiências concretas "demonstram sua importância no processo de construção da cidadania, ajudando o homem a tornar-se sujeito". Em 2002, a Intercom teria como tema de seu congresso anual exatamente "Comunicação para a cidadania". Sobre ele foi lançado um livro com o mesmo título (Peruzzo e Almeida, 2003). Não é o caso de nos determos aqui sobre essa obra. Mas poderíamos ressaltar nela, como contribuições mais pertinentes ao tema das relações públicas comunitárias, os artigos "Cidadania, comunicação e cultura" (Rubim, 2003), "Cidade, comunicação e desenvolvimento local" (Alves, 2003) e "Mídia comunitária, liberdade de comunicação e desenvolvimento" (Peruzzo, 2003).

Em 1996, também a Asociación Latinoamericana de Investigadores de la Comunicación (Alaic) criaria um grupo de trabalho hoje denominado Comunicación Popular, Comunitaria y Ciudadanía. Esse GT lançou, há dois anos, o livro *Vozes cidadãs: aspectos teóricos e análises de experiências de comunicação popular e sindical na América Latina* (Peruzzo, 2004), com as contribuições selecionadas dos pesquisadores que o integram. Também aqui não é o caso de nos alongarmos na análise dessa obra. Dela podem-se assinalar, como mais vinculados à nossa temática, os artigos "Mídias, identidades culturais e cidadania" (Cogo, 2004), "Estratégias de comunicação e comunidade gerativa" (Paiva, 2004), "Sinal de alerta: sociedade civil organizada em tempos de globalização" (Calonio, 2004) e "Metodología de intervención en la práctica comunitaria: investigación-acción, capital e cultivo social (Vizer, 2004).

Foi assim que, a partir dos anos 1980, no nosso entender, as relações públicas passariam efetivamente por uma transformação nesse campo, tanto na teoria como na prática. Os indivíduos tornavam-se mais conscientes de seus direitos e deveres no processo de edificação de uma sociedade mais justa. E as organizações, por sua vez, começavam a se sentir incentivadas a exercer novos papéis na construção da cidadania, passando a se preocupar de forma crescente com programas sociais.

## As relações públicas comunitárias no Brasil

Em 1980, o IX Congresso da União Cristã Brasileira de Comunicação Social (UCBC) incluiu em sua programação um painel sobre relações públicas a serviço dos interesses da comunidade e dos movimentos sociais organizados, em que sobressaíram, entre outros, José J. Queiroz, Cicilia Krohling Peruzzo e Margarida Krohling Kunsch. Suas intervenções nesse evento são, para nós, paradigmáticas na história das relações públicas comunitárias do Brasil. Queiroz (*apud* Peruzzo, 1982, p. 127) advertia que "também para relações públicas – técnico e técnicas – *pode* [grifo nosso] soar a hora da libertação", bastando que mudem "de ótica e de lugar". E recomendava ao profissional, entre outras coisas: transformar-se de "ser de contato" em "ser de relações"; sacudir a passividade política; aprender a atuar grupalmente; e pôr à disposição das classes subalternas as suas técnicas, dentro de uma "metodologia da troca". Cicilia propugnava a utilização de relações públicas pelos movimentos populares, "desde que fermentadas por outra concepção de mundo". Suas idéias seriam exploradas na dissertação de mestrado que defenderia um ano depois. Margarida, por sua vez, dizia que os relações-públicas, "longe de querer dar receitas prontas", deviam muito mais pensar em uma "ação conjugada". Sua contribuição seria divulgada no boletim *O Público*, da ABRP-SP, sob o título "Relações públicas: como servir aos interesses populares" (Kunsch, M., 1981). Esse evento da UCBC constitui, para nós, um marco do que viria a denominar-se relações públicas comunitárias. Ele "fez germinar uma nova esperança de vida para essa área" (Kunsch, M., 1987, p. 50).

A dissertação de Cicilia apareceria em 1981, com o título de *Relações públicas no modo de produção capitalista*, tendo sido lançada no mercado editorial logo depois (Peruzzo, 1982). A autora, confrontando o que a atividade deve ser na "essência" e o que ela vinha sendo na "aparência", punha o dedo na ferida de muitas organizações e de muitos profissionais. Pensar, então, em outro tipo de relações públicas implicava realmente pô-las "na contramão", tônica do último capítulo da obra. Se a classe dominante costumava usá-las para "mistificar a realidade", para "adaptar o ser humano a ela", nas classes subalternas, elas devem pôr-se a serviço de uma educação libertadora, que, "em lugar do homem-coisa, luta pelo homem-pessoa, transformador do mundo", em palavras de Paulo Freire. "Então, relações públicas não são um simples conjunto de técnicas, mas todo um processo científico em que se busca conhecer, articular e transformar o homem, a sociedade e o mundo para construir o mundo, a sociedade e o homem", pontuava a autora no fechamento do capítulo. "Tudo isso contribuiu para uma nova visão de relações públicas", escreveria, anos depois, M. Kunsch (1987, p. 50), referindo-se ao painel da UCBC e à dissertação de Cicilia.

Em meados da década de 1980, Margarida publicaria o artigo "Relações públicas comunitárias: um desafio" (Kunsch, M., 1984). A autora acentuava a necessidade de uma "ação conjugada" nessa área, nos termos preconizados por Teobaldo de Sousa Andrade desde 1978. Este, vendo na comunidade "um agrupamento de pessoas que [...] têm por característica essencial uma forte coesão, baseada no consenso espontâneo de seus integrantes e traduzida por atitudes de cooperação, em face de aspirações e interesses comuns", dizia que ela *pode vir* [grifo nosso] a se transformar em um público dos mais importantes, para a atividade de relações públicas". Isso levava Margarida a pontuar que "o conceito de relações públicas comunitárias diz respeito, com propriedade, apenas ao trabalho realizado diretamente com a comunidade, dentro dela e em função dela, por profissionais que se integram nos grupos ou por profissionais orgânicos surgidos nos próprios grupos". Essa idéia se via reforçada com a citação de Bordenave e Carvalho (1979, p. 184) sobre os objetivos de um trabalho comunitário: "dar oportunidade ao povo para que expresse sua voz; desenvolver a consciência crítica, quer dizer, a capacidade das pessoas de julgar, de maneira mais objetiva, as mensagens que recebem; capacitar o povo para a participação na tomada de decisões, encaminhadas à satisfação de seus genuínos interesses; etc".

Três anos depois, Margarida divulgaria novo artigo, "Propostas alternativas de relações públicas" (Kunsch, M., 1987), em que discorre

Resgate histórico das relações públicas...

sobre as exigências postas para a área no que se refere a uma "nova práxis", em termos de conhecimento da realidade, de estudo do macroambiente onde a comunidade se insere, de diagnóstico e de programas de ação. Como no artigo de 1984, ela enfocava o conceito de "educação libertadora" de Paulo Freire, para sugerir que, no trabalho comunitário, o profissional de relações públicas deve se posicionar "como alguém que se integra no grupo" e não como um "transmissor de conhecimentos, [...] com soluções prontas para aquele grupo". Também se baseia em José Queiroz, para dizer que se exige do profissional da área "uma mudança existencial, de sorte que ele seja antes um ser de relações e não tanto um ser de contatos". A premissa era mais uma vez que as ações nesse campo têm de se dar de forma conjugada com os elementos da comunidade. "O importante é que se trabalhe *com* o grupo e não *para* o grupo."

Este era também o *leimotiv* do artigo "Relações públicas comunitárias", que, no mesmo ano, seria publicado por Regina César Escudero (1987). A autora baseava-se na diferença que Florestan Fernandes estabelecia entre os conceitos de sociedade e de comunidade: enquanto em uma sociedade se busca o "pacto" em torno de vontades particulares, em uma comunidade se procura chegar a uma "compreensão" em torno de sentimentos comuns. Essa visão obriga o profissional de relações públicas a adotar princípios libertadores na aplicação de suas "técnicas", contribuindo para que o homem seja sujeito de sua ação no processo de transformação social, dentro da concepção de Paulo Freire. Todas essas idéias se fariam presentes também na dissertação de mestrado que Regina viria a defender depois, *Relações públicas comunitárias: uma exigência da sociedade civil brasileira* (Escudero César, 1991). Criticando a visão funcionalista então dominante na área, a autora insistia na necessidade de um posicionamento mais crítico diante da realidade, propondo um novo paradigma para as "funções" clássicas de relações públicas, nesse novo contexto da comunicação comunitária.

Nesse entremeio apareceria, ainda, o artigo "Relações públicas nos movimentos populares", de Cicilia K. Peruzzo (1989). Nele, a autora discorria sobre a necessidade de alterar, modificar e recriar as relações públicas, que, para contribuir efetivamente para a transformação social, devem alicerçar-se em novos fundamentos, na concepção libertadora de educação e na interdisciplinaridade (a imbricação das diferentes áreas da comunicação e de outras áreas do conhecimento). Não basta simplesmente "transpor" para os movimentos sociais e para a comunidade os tradicionais métodos da área. Estes, dentro das "novas relações públicas", devem favorecer a articulação, a conscientização e a ação coletiva da comunidade, em função de um conteúdo político capaz de forjar a cidadania. Isso implica a renúncia ao paternalismo, a democratização do saber técnico e o favorecimento da ação partilhada. As idéias do artigo de 1989, atualizadas e ampliadas, seriam retomadas em outro texto da mesma autora, "Relações públicas, movimentos populares e transformação social" (Peruzzo, 1993), no qual a autora fez um inventário dos usos sociais das relações públicas nos movimentos populares contemporâneos, especialmente no Brasil. No espaço entre esses dois artigos, Cicilia defendeu a sua tese de doutorado, *A participação na comunicação popular* (Peruzzo, 1991), mais tarde transformada em livro, que abordaremos mais adiante.

Na seqüência cronológica que adotamos, fazemos aqui uma menção ao livro *Relações públicas e modernidade: novos paradigmas na comunicação organizacional*, de M. Kunsch (1997a[4]). O capítulo final, "Relações públicas e comunicação organizacional: no caminho da modernidade" (p. 135-48), todo ele sobre os novos paradigmas da área, termina dizendo que "as relações públicas devem ter por bússola a dimensão futura, espelhada na criticidade com respeito ao presente e no estudo do que se deve desejar de melhor para a atuação profissional, buscando o equilíbrio entre a modernidade técnica e a modernidade ética, para ajudar a construir uma sociedade melhor e mais justa". Trata-se de uma consideração muito compacta sobre as reflexões então em curso sobre princípios e diretrizes que deviam nortear as relações públicas no novo contexto então em elaboração.

---

4 Essa obra teve, desde então, diversas reimpressões.

Resgate histórico das relações públicas...

A propósito disso, façamos referência também ao artigo "Relações com a comunidade", do livro *Obtendo resultados com relações públicas* (Kunsch, M., 1997b[5]). Nele, Maria Aparecida de Paula e Ana Luísa de Castro Almeida (1997) apontavam algumas diretrizes que devem nortear o desenvolvimento de programas comunitários: basear-se na ótica das pessoas; nunca ignorar problemas reais causados em decorrência da interferência de uma empresa na comunidade; intencionalidade – o programa só deve resultar de uma decisão política dos empreendedores; agilidade – agir com senso de oportunidade no retorno às reivindicações; continuidade e permanência – programas não devem ser interrompidos para não perder a credibilidade; unidade – a abordagem de comunicação deve ter um eixo que lhe assegure sintonia com a ótica da comunidade.

Em 1998, Cicilia K. Peruzzo lançaria o livro *Comunicação nos movimentos populares: a participação na construção da cidadania* (Peruzzo, 1998[6]), que se constitui em valioso referencial para as relações públicas comunitárias, ao vincular a comunicação participativa com o processo de construção e ampliação dos direitos de cidadania. Nesse sentido, chamam a atenção o sétimo e último capítulo, em que a autora discute as implicações políticas, metodológicas e estratégicas da comunicação participativa a serviço da ampliação da cidadania, além de relacionar uma série de desafios que se colocam para esse campo. Essa obra abria e aplainava o caminho para uma nova práxis, "preocupada em ver no ser humano a força motivadora, propulsora e receptora dos benefícios do desenvolvimento".

Vê-se que os anos 1990 foram profícuos na geração de textos básicos sobre a temática das relações públicas comunitárias. Dessa década, podemos apontar mais dois artigos, surgidos em 1999. O primeiro era de Regina Escudero César, "As relações públicas frente ao desenvolvimento comunitário" (César, 1999, p. 89-112). Nele, a autora refletia sobre as bases metodológicas das relações públicas em um contexto em função do qual alguns autores vinham explorando as bases conceituais de uma

---

5 Essa obra apareceu em uma 2a. edição em 2006, com o seu conteúdo totalmente revisto e atualizado.

6 Essa obra teve algumas reimpressões, estando hoje na 4a. edição (Vozes, 2004).

"comunicação comunitária". A autora propunha uma renovação do embasamento teórico-prático da atividade, concebendo-o no marco de uma visão dialética e holística da realidade, capaz de intervir de modo eficaz para transformá-la. Segundo ela, as tradicionais funções de assessoria, pesquisa, planejamento, execução e avaliação não mais devem ser desenvolvidas entre quatro paredes, mas, sim, ser fruto da participação de todos os envolvidos, em um processo de comunicação horizontal. Atuar na perspectiva das relações públicas comunitárias implica contemplar a realidade sob uma nova ótica, que, para lá de um mero marketing institucional, exige o comprometimento do profissional e das empresas com a construção da cidadania.

No mesmo ano, Cicilia K. Peruzzo publicava o artigo "Relações públicas com a comunidade: uma agenda para o século XXI" (Peruzzo, 1999). Como o de Regina César, o texto de Cicilia era uma mostra do grau avançado em que, nessa altura, já se achavam as reflexões sobre as relações públicas comunitárias. Revisitando os conceitos de "público comunitário", "empresa-cidadã" e "responsabilidade social", a autora identificava uma série de dinâmicas inerentes a uma comunidade: maior conscientização das pessoas quanto à realidade em que estão insertas, confluência de ações em torno de objetivos comuns, desenvolvimento de aptidões associativas em prol do interesse coletivo, participação popular direta e ativa. É em função dessa nova realidade que ela via as "relações públicas comunitárias". Estas, definitivamente, não podem mais se resumir a ações comunicacionais unidirecionais, que às vezes não passam de meras estratégias de marketing comercial disfarçadas sob o nome de "marketing da solidariedade", de acordo com Gilles Lipovetsky.

## Uma proposta de abordagem das relações públicas comunitárias

Os textos por nós examinados, representando contribuições compactas para um apanhado abrangente da evolução das relações públicas comunitárias no Brasil, contêm os tópicos essenciais do arcabouço teórico desse campo. Assim, quando, em 2003, uma faculdade paulista nos con-

Resgate histórico das relações públicas...

vidou para ministrar a disciplina Relações Públicas Comunitárias, foram eles, além de algumas obras básicas sobre temas correlatos, a base de nosso programa, que abordava, essencialmente, os seguintes pontos, sobre os quais fazemos aqui algumas considerações:

1. Cidadania – É crescente a consciência quanto à cidadania e aos direitos do cidadão. Mas os esforços não podem cessar. É preciso lutar incansavelmente contra o paternalismo do governo, o mero assistencialismo ainda dominante em muitas empresas e, ainda, a tendência à acomodação dos indivíduos e dos grupos sociais. O trabalho de relações públicas comunitárias envolve iniciativas de mobilização social em busca da co-responsabilidade. Para tanto se fazem necessários projetos abertos, multidirecionais, participativos e democráticos, sem abrir mão do planejamento formal como meio de coordenar e organizar as iniciativas.

2. Um novo panorama da sociedade civil – Hoje existe toda uma rede formadacom base em movimentos e organizações que são muito diversificados em seus objetivos imediatos, em suas táticas e em sua prática concreta, mas também apresentam muitas coisas em comum. No conjunto, podem estar conformando uma nova cultura política e a democratização da sociedade. Uma das instâncias pelas quais o homem pode exercer o direito e o dever de participar ativamente da construção da cidadania é a comunicação, tanto a informal (que o relações-públicas deve saber monitorar) como a formal (que envolve os meios dirigidos e também os massivos).

3. Uma nova consciência do empresariado brasileiro – No contexto dos esforços pela construção da cidadania, em um mundo marcado pelos riscos da globalização "por cima", também o pensamento empresarial brasileiro se vê gradativamente tomado pelo despertar de uma nova consciência. Temas como cidadania corporativa e responsabilidade social adquirem destaque crescente. As relações públicas têm um papel importante como elemento de integração entre os objetivos de uma organização e o interesse público da comunidade em que ela se insere, levando-a a assumir efetivamente seu compromisso social, engajando-se em causas permanentes e não apenas em ações filantrópicas isoladas.

4. Os três setores da sociedade nesse contexto – Na busca de uma integração cada vez mais próxima entre os três setores da sociedade, cabe às relações públicas influenciar mudanças do *status quo*, do poder do Estado e do mercado, no atendimento das demandas emergentes no campo dos direitos à cidadania e aos valores sociais. Segundo M. Kunsch (2003, p. 145), é no trabalho de parceria entre o público e o privado que elas poderão fazer, por intermédio do terceiro setor, as necessárias mediações, repensando conteúdo, formas, estratégias, instrumentos, meios e linguagens das ações comunicativas com os mais diferentes grupos envolvidos, a opinião pública e a sociedade como um todo.

5. Desenvolvimento comunitário e relações públicas – No âmbito do desenvolvimento comunitário, a responsabilidade social e a cidadania corporativa não podem ser vistas como um mero modismo ou uma bandeira de luta em função de ganhos mercadológicos e de imagem institucional, como diz M. Kunsch (2001). Para a autora, "as organizações devem mostrar que assumem de fato uma prática responsável e comprometida com a melhoria da qualidade de vida das pessoas e a diminuição das desigualdades sociais. As relações públicas têm um papel importante nesse contexto. Só assim elas estarão cumprindo sua função social, ao lado de outras funções estratégicas".

6. Empresa, públicos, comunidade – A inclusão de ingredientes de cunho social ou de interesse público nas estratégias das empresas não acontece porque estas se deram conta de sua responsabilidade ante a comunidade. As mudanças que ocorrem no conjunto da sociedade é que as forçam a reposicionar suas estratégias. O diferencial da empresa cidadã está no seu comprometimento sério e duradouro com esse público. Nessa perspectiva, é importante resgatar os princípios humanos e éticos das relações públicas. Ou seja, é fundamental que a atividade se paute por uma comunicação como ato de compartilhamento.

7. Um novo paradigma de relações públicas – Se o destino do homem é criar e transformar o mundo sendo o sujeito de sua ação, é

essencial que se aperfeiçoe sempre mais o conteúdo teórico das relações públicas, assumindo-se um paradigma ideológico e metodológico capaz de colaborar com o desenvolvimento comunitário. O profissional deve contribuir para esse processo mediante a prática de um "planejamento político" (participativo) baseado no "planejamento sistêmico" (instrumental). Trabalhando pela mudança social por meio da "compreensão", sua ação deve pautar-se por princípios libertadores na aplicação das "funções" e das "técnicas" de relações públicas.

8. Atividades de relações públicas comunitárias – Em sua essência, os pressupostos teóricos da área são válidos para a aplicação também no âmbito da comunidade. O mesmo pode-se dizer das técnicas e dos instrumentos disponíveis, mudando apenas os recursos e a maneira de empregá-los. Trata-se de atuar em função de uma proposta educativo-libertadora, como fica patente em todo o discurso da comunicação comunitária, que, mais do que nunca, há de ser simétrica e de mão dupla. O profissional deve capacitar-se técnica e humanamente para o trabalho "na" comunidade, cultivando conscientemente a solidariedade humana e tendo a ética como um princípio basilar.

9. Relações públicas no mundo sistêmico e no mundo da vida – Aplicando a teoria habermasiana da ação comunicativa, Antonio Teixeira de Barros (2000) diz que as atividades de relações públicas se desenvolveram e se consolidaram no âmbito do mundo sistêmico, relegando a segundo plano o mundo da vida. Destaca ele que, mesmo estando em uma empresa (mundo sistêmico), o profissional pode ter uma atuação mais voltada para a esfera sociocultural (mundo da vida), contribuindo "para manter a identidade social e cultural dos indivíduos e das comunidades, ao favorecer o compartilhamento de valores, a livre expressão de idéias, a comunicação de natureza mais popular e menos institucional".

# Referências

ALVES, Luiz Roberto. Cidade, comunicação e desenvolvimento local. In: PERUZZO, Cicilia M. Krohling; ALMEIDA, Fernando Ferreira de (orgs.). *Comunicação para a cidadania*. São Paulo: Intercom; Salvador: Uneb, 2003, p. 203-18.

ANDRADE, Cândido Teobaldo de Sousa. *Para entender relações públicas*. 3. ed. São Paulo: Loyola, 1993.

BARROS, Antonio Teixeira de. Relações públicas e folkcomunicação: reflexões à luz da teoria da ação comunicativa. *Comunicação & Sociedade*, São Bernardo do Campo, Pós-Com-Umesp, a. 22, n. 34, p. 129-44, 2. sem. 2000.

BERGER, Christa. A pesquisa em comunicação popular e alternativa. In: PERUZZO, Cicilia M. Krohling (org.). *Comunicação e culturas populares*. São Paulo: Intercom, 1995, p. 15-26.

BORDENAVE, Juan. A comunicação e o fortalecimento da organização popular. In: SOARES, Ismar; PUNTEL, Joana (orgs.). *A segurança do povo*. São Paulo: Paulinas, 1984.

BORDENAVE, Juan; CARVALHO, Horácio Martins de. *Comunicação e planejamento*. Rio de Janeiro: Paz e Terra, 1979.

CALONIO, César Luiz B. Sinal de alerta: sociedade civil organizada em tempos de globalização. In: PERUZZO, Cicilia M. Krohling (org.). *Vozes cidadãs: aspectos teóricos e análises de experiências de comunicação popular e sindical na América Latina*. São Paulo: Angellara, 2004, p. 75-84.

CÉSAR, Regina Célia Escudero. *Relações públicas comunitárias: uma exigência da sociedade civil brasileira*. 1991. 235 f. Dissertação (Mestrado em Comunicação Social) – Instituto Metodista de Ensino Superior, São Bernardo do Campo, SP.

_____. Relações públicas comunitárias. *Comunicação & Sociedade*, São Bernardo do Campo, Póscom-Umesp, n. 15, p. 145-64, 2. sem. 1987.

_____. As relações públicas frente ao desenvolvimento comunitário. *Comunicação & Sociedade*, São Bernardo do Campo, Póscom-Umesp, n. 32, p. 69-88, 2. sem. 1999.

Resgate histórico das relações públicas...

COGO, Denise. Mídias, identidades culturais e cidadania. In: PERUZZO, Cicilia M. Krohling (org.). *Vozes cidadãs: aspectos teóricos e análises de experiências de comunicação popular e sindical na América Latina*. São Paulo: Angellara, 2004, p. 41-56.

FESTA, Regina. Comunidades eclesiais de base e comunicação. In: SILVA, Carlos Eduardo Lins da (coord.). *Comunicação, hegemonia e contra-informação*. São Paulo: Cortez/Intercom, 1982, p. 173-90.

FESTA, Regina. *Comunicação popular e alternativa: realidade e utopias*. 1984. Dissertação (Mestrado em Comunicação Social) – Instituto Metodista de Ensino Superior, São Bernardo do Campo, SP.

_____. Movimentos sociais, comunicação popular e alternativa. In: SILVA, Carlos Eduardo Lins da; FESTA, Regina. (orgs.). *Comunicação popular e alternativa no Brasil*. São Paulo: Paulinas, 1986.

KUNSCH, Margarida Maria Krohling. Relações públicas: como servir aos interesses populares. *O Público*, São Paulo, ABRP-SP, a. III, n. 13, p. 3, mar./abr. 1981.

_____. Relações públicas comunitárias: um desafio. *Comunicação & Sociedade*, São Bernardo do Campo, Póscom-Umesp, n. 11, p. 131-50, 1. sem. 1984.

_____. Propostas alternativas de relações públicas. *Revista Brasileira de Comunicação*, São Paulo, Intercom, n. 57, p. 48-58, 2. sem. 1987.

_____. *Relações públicas e modernidade: novos paradigmas na comunicação organizacional*. São Paulo: Summus, 1997a.

KUNSCH, Margarida. M. Krohling (coord.). *Obtendo resultados com relações públicas*. São Paulo, Pioneira, 1997b.

_____. Relações públicas no terceiro setor: um resgate, para uma prática consciente *Boletim Comunicarp*, Campinas, Curso de Relações Públicas da Puccamp, a. X, out. 2001.

_____. Relações públicas e responsabilidade social. In: _____. *Planejamento de relações públicas na comunicação integrada*. 4. ed. São Paulo: Summus, 2003, p. 19-148.

KUNSCH, Waldemar Luiz. "Comunicação & Sociedade: 25 anos disseminando as idéias do Grupo de São Bernardo do Campo (2. sem. 1979–2. sem. 2003)". *Comunicação & Sociedade*, São Bernardo do Campo, PósCom-IMS, a. 25, n. 40, p. 147-86, 2. sem. 2003.

_____. De Lee a Bernays, de Lobo a Andrade: a arte e ciência das relações públicas em seu primeiro centenário (1906-2006). *Estudos de Jornalismo e*

*Relações Públicas*, São Bernardo do Campo, Fajorp-Umesp, a. 4, n. 7, p. 103-15, jun. 2006.

_____. Do mercado à academia: as relações públicas em seu primeiro centenário (1906-2006). *Revista Brasileira de Ciências da Comunicação*, São Paulo, Intercom, v. 29, n. 2, p. 55-88, jul./dez. 2006.

MARQUES DE MELO, José. *Comunicação e classes subalternas*. São Paulo: Cortez, 1980.

_____. Da comunicação popular à popularização da ciência. *Comunicação & Sociedade*, São Bernardo do Campo, PósCom-IMS, n. 9, p. 193-205, 1. sem. 1983.

PAIVA, Raquel. Estratégias de comunicação e comunidade gerativa. In: PERUZZO, Cicilia Maria Krohling (org.). *Vozes cidadãs: aspectos teóricos e análises de experiências de comunicação popular e sindical na América Latina*. São Paulo: Angellara, 2004, p. 57-76.

PAULA, Maria Aparecida de; ALMEIDA, Ana Luísa de Castro. Relações com a comunidade. In: KUNSCH, Margarida M. Krohling. *Obtendo resultados com relações públicas*. São Paulo: Pioneira, 1997, p. 214-37.

PERUZZO, Cicilia Maria Krohling. *Relações públicas no modo de produção capitalista*. São Paulo: Summus, 1982.

_____. Relações públicas nos movimentos populares. *Revista Brasileira de Comunicação*, São Paulo, Intercom, n. 60, p. 107-16, 1o. sem. 1989.

_____. *A participação na comunicação popular*. 1991. Tese (Doutorado em Ciências da Comunicação) – Escola de Comunicações e Artes da Universidade de São Paulo, SP.

_____. Relações públicas, movimentos populares e transformação social. *Revista Brasileira de Comunicação*, São Paulo, Intercom, v. XVI, n. 2, p. 125-33, 1993.

_____. Comunicação popular em seus aspectos teóricos. In: PERUZZO, Cicilia M. Krohling (org.). *Comunicação e culturas populares*. São Paulo: Intercom, 1995, p. 27-44.

_____. Pistas para o estudo e a prática da comunicação comunitária participativa. In: PERUZZO, Cicilia M. Krohling (org.). *Comunicação e culturas populares*. São Paulo: Intercom, 1995, p. 143-62.

_____. *Comunicação nos movimentos populares: a participação na construção da cidadania*. Petrópolis: Vozes, 1998.

_____. Relações públicas com a comunidade: uma agenda para o século XXI. *Comunicação & Sociedade*, São Bernardo do Campo, Póscom-Umesp, n. 32, p. 45-68, 2. sem. 1999.

_____. Mídia comunitária, liberdade de comunicação e desenvolvimento. In: PERUZZO, Cicilia Maria Krohling; ALMEIDA, Fernando Ferreira de (orgs.). *Comunicação para a cidadania*. São Paulo: Intercom; Salvador: Uneb, 2003, p. 245-64.

Resgate histórico das relações públicas... 123

PERUZZO, Cicilia M. Krohling; ALMEIDA, Fernando Ferreira de (orgs.). *Comunicação para a cidadania*. São Paulo: Intercom; Salvador: Uneb, 2003.

_____ (org.). *Comunicação e culturas populares*. São Paulo: Intercom, 1985.

PERUZZO, Cicilia M. Krohling (org.). *Vozes cidadãs: aspectos teóricos e análises de experiências de comunicação popular e sindical na América Latina*. São Paulo: Angellara, 2004.

RUBIM, Antonio R. Canelas. Cidadania, comunicação e cultura. In: PERUZZO, Cicilia Maria Krohling; ALMEIDA, Fernando Ferreira de (orgs.). *Comunicação para a cidadania*. São Paulo: Intercom; Salvador: Uneb, 2003, p. 100-14.

SILVA, Carlos Eduardo Lins da; FESTA, Regina (orgs.). *Comunicação popular e alternativa no Brasil*. São Paulo: Paulinas, 1986.

VIZER, Eduardo A. Metodología de intervención en la práctica comunitaria: investigación-acción, capital e cultivo social. In: PERUZZO, Cicilia M. Krohling (org.). *Vozes cidadãs: aspectos teóricos e análises de experiências de comunicação popular e sindical na América Latina*. São Paulo: Angellara, 2004, p. 85-112.

# 2. A relação entre o sistêmico e o vivido na comunicação institucional

*Antonio Teixeira de Barros*

O texto faz aplicações conceituais da teoria da ação comunicativa ao campo da comunicação institucional e às práticas de relações públicas no Brasil. O pressuposto é que a reflexão de Jürgen Habermas pode ser utilizada na análise das diversas modalidades de comunicação institucional, nos órgãos públicos, nas empresas privadas e no terceiro setor. O agir estratégico (mundo sistêmico) é associado às funções estratégicas e táticas, como o planejamento da comunicação corporativa, a pesquisa de opinião, a auditoria de comunicação e a avaliação. O agir comunicativo (mundo vivido) é associado às práticas que estimulam a promoção da cultura local, da cidadania e da responsabilidade social.

As atividades de comunicação institucional, historicamente, têm se voltado basicamente para o aspecto formal e sistêmico da sociedade, ou seja, as relações das empresas e instituições com seus públicos. Para isso, todo o esforço é concentrado em algumas atividades como planejamento, coordenação, administração, assessoramento e pesquisa, todas em nível organizacional. Mas pouco se tem enfatizado o potencial dessa área da comunicação com a cultura, e em seu sentido mais abrangente.

É isso que faz do profissional de comunicação institucional um "funcionário" da ideologia capitalista e um agente do *mundo sistêmico*, entendido por Jürgen Habermas, em sua *Teoria da ação comunicativa*, como a esfera da sociedade que compreende o universo das relações normativas e regulamentadas, resultantes do modelo de sociedade contratual.

Mas, no contexto atual, existem demandas crescentes para a atuação do profissional de comunicação institucional em outros níveis, que, embora ligados ao sistêmico, podem ser entendidos como expressões do mundo vivido, ou seja, a esfera sociocultural que contribui para manter a identidade social e cultural dos indivíduos e comunidades, ao favorecer o compartilhamento de valores, a livre expressão de idéias, a comunicação de natureza mais popular e menos institucional. Essas demandas podem ser reconhecidas, sobretudo, no trabalho de organizações não-governamentais (ONGs), de sindicatos, instituições culturais e folclóricas, bem como grandes empresas governamentais ou comerciais voltadas para fins de interação social e desenvolvimento humano e cultural.

É esse novo potencial de trabalho que abordaremos neste texto, ao ressaltar as diversas possibilidades de atuação do profissional de comunicação institucional no âmbito do mundo vivido. Ou seja, as alternativas que permitem a esse profissional uma identificação maior com a comunidade, com a cultura local e regional e não apenas com os aspectos institucionais, como a imagem da empresa e a otimização das relações com seus públicos.

Nosso objetivo é discutir os aspectos técnicos da profissão de relações públicas, mas, sobretudo, tentar desenvolver, ou pelo menos iniciar, uma discussão teórica. Aqui, nos limites deste texto, não será possível aprofundar o tema. O que faremos será tão-somente iniciar o debate, lançar algumas idéias ainda embrionárias. Entretanto, a nosso ver, essa reflexão teórica tem sido extremamente dispersa e fragmentada em torno do campo das relações públicas e da comunicação institucional. Este é, sem dúvida, no âmbito da comunicação e das ciências sociais aplicadas, um dos campos mais carentes de reflexão no Brasil, atualmente. Isso porque o campo em referência tem sido tematizado mais pelo aspecto técnico, ético e instrumental. As publicações e pesquisas existentes, os textos apresentados em congressos e reuniões científicas têm, deliberadamente, privilegiado as ferramentas e os instrumentos de relações públicas e de comunicação institucional. É necessário reforçar, portanto, o aspecto teórico-reflexivo, bem como a dimensão cultural e simbólica da profissão.

O campo da folkcomunicação é, assim, uma área profícua para o desenvolvimento de atividades de relações públicas voltadas para o mundo vivido. E isso mesmo se tratando de empresas com fins comerciais, como é o caso do estudo de Lucena Filho (1998) sobre a vinculação de empresas públicas e privadas, sindicatos e fundações a blocos de carnaval de Recife.

As contribuições teóricas mais significativas são concentradas no aspecto político e ideológico, como os estudos de Roberto Porto Simões (1995) e Margarida Kunsch (1997). Outras contribuições enfocam o aspecto funcionalista ou humanista (Fonseca, 1994), mas de forma exclusivamente institucional, ou seja, *sistêmico*. O que aqui propomos não é o oposto disso, e muito menos estamos depreciando tais contribuições. Ao contrário, o que postulamos é a abertura dos horizontes teóricos do campo de relações públicas. Para isso, entendemos que o pensamento de Habermas acerca da ação comunicativa pode ser apropriado.

## As atividades de comunicação institucional entre o sistêmico e o vivido

De forma mais detalhada, o *mundo sistêmico* pode ser entendido como a esfera da ação instrumental, planejada, estratégica, regida por uma racionalidade determinada, o que implica um modelo de comunicação igualmente estratégica e ferramental, ou seja, voltada para fins e objetivos específicos e predeterminados.

Todas as ações e a comunicação no âmbito do *mundo sistêmico* são pautadas por mecanismos de mercado ou burocráticos, que limitam e controlam as decisões voluntárias, as manifestações espontâneas dos indivíduos e da livre expressão do pensamento, da opinião. Tudo deve ser orientado para os fins e objetivos almejados, de acordo com a filosofia da empresa envolvida, como em qualquer outra área. A questão, portanto, diz respeito a todo o universo profissional. É por isso que Habermas inclui nesse conceito de *mundo sistêmico* a esfera do trabalho, da produção, da educação e dos serviços. O Estado e o mercado são, assim, os principais representantes do universo social *sistêmico*.

O "mundo da vida", de forma mais minuciosa, compreende três elementos estruturais: a cultura, a sociedade e a personalidade. A cultura é entendida por Habermas como o acervo de saberes acumulado historicamente, em que os participantes da comunicação se abastecem de interpretações para entender algo do mundo. A sociedade é concebida como um sistema composto por ordenações legítimas, mediante as quais os participantes dos processos interativos regulam sua forma de participação e pertencimento a grupos sociais e instituições, a fim de com isso assegurar coesão social e solidariedade. E a personalidade é vista por ele como um tipo específico de competência de processos que possibilita a um sujeito ter linguagem e ação, que o habilita a fazer parte de processos de entendimento e compartilhamento de signos e símbolos, além de afirmar neles sua própria identidade (Habermas, 1987).

Ao traçar um paralelo entre as duas esferas sociais acima caracterizadas, fica patente que a atuação profissional de relações públicas ocorre predominantemente na primeira, mesmo que isso não signifique a completa exclusão da segunda.

## A dissociação entre o sistêmico e o vivido

Habermas é criticado por apresentar o sistêmico e o vivido como dimensões separadas da sociedade (Ingram, 1994), mas, na realidade, essa crítica é improcedente. O que ele fez, de fato, foi uma caracterização individualizada de cada esfera, para fins meramente explicativos. Implicitamente, está sugerido um ponto de vista de integração de ambas as esferas, como modelo ideal para o funcionamento da sociedade. Uma demonstração dessa visão está na crítica de Habermas ao fenômeno que ele denomina "colonização" do vivido pelo *sistêmico*.

Essa "colonização", a seu ver, decorre da invasão dos espaços mais livres e espontâneos da sociedade, mais precisamente da esfera cultural, lógica normativa e regulamentar do *mundo sistêmico*. O lazer, a diversão, as relações familiares, a comunicação interpessoal, as festas comunitárias e os momentos de celebração popular estão, de forma crescente, sendo regulamentados. Isso é conseqüência da aceleração do sistema do capitalismo avançado, no qual "o mundo vivo se reduz gradualmente a um satélite do sistema", como produto direto da racionalização capitalista (Ingram, 1994, p.167).

O tempo, o lugar, as circunstâncias em que esses momentos da vida cotidiana são ambientados estão cada vez mais subordinados a padrões normativos. Ocorre, de forma crescente, uma redução progressiva da espontaneidade, da naturalidade e da informalidade das relações humanas, sociais e comunitárias. O mercado e a burocracia regulamentam esses momentos. O esporte é um exemplo, bem como os folguedos populares, o carnaval e as festas e manifestações comunitárias.

Essa dissociação é uma característica da pós-modernidade. Como salienta Ingram (1994), nas sociedades menos desenvolvidas, a exemplo daquelas regidas pelos padrões de parentesco, não havia separação entre o *vivido* e o *sistêmico*. Isso, é claro, não significa ausência de regras e normas. Porém, os elementos normativos dessas sociedades eram regidos pelo princípio sociológico de desiderabilidade, entendido por Durkheim (1983) como desejo comum, um reconhecimento pelo social de que tais regras eram desejáveis e necessárias.

Assim, as regras e normas sociais funcionavam como uma espécie de "cimento social" que favorecia a coesão entre os indivíduos e os grupos. Um exemplo disso, muito destacado pelo pensamento durkheimiano, é a religião, que pode ser situada no âmbito do *vivido*, por resultar de um claro processo de compartilhamento de sentidos, atrelado a uma rede comunicativa, tecida com base em um acervo de conhecimentos preexistentes, transmitidos pela cultura e pela linguagem (Ingram, 1994). Além disso, as normas religiosas eram regidas pelo citado princípio de desiderabilidade. Isso significa que os próprios fiéis desejavam a existência dessas regras e as viam como algo útil e necessário à vida religiosa.

O que podemos depreender de tal concepção é que o mundo *sistêmico* constitui uma resultante histórica do *mundo vivido*, ou seja, o primeiro desenvolve-se com base no segundo, à medida que a sociedade vai se tornando mais complexa e exigindo formas mais rigorosas de controle da ação social. O grupo deixa de ser a referência. O indivíduo é que se torna o eixo da ação social, como salienta Weber (1983). Esse novo padrão de comportamento social passa a requerer mecanismos normativos diferenciados, acarretando o surgimento de diversos elementos para "administrar" a ação humana na sociedade.

O surgimento da burocracia é apontado por Weber como resultado desse processo. E a burocracia é uma das figuras mais emblemáticas do *mundo sistêmico*. O campo das relações públicas, também. Mas tudo isso surge como um processo orgânico de desenvolvimento da sociedade moderna e da democracia. O problema apontado por Habermas é que esse processo desencadeou a primazia do *sistêmico*, que, por sua vez, tem como conseqüência o enfraquecimento das manifestações do *mundo vivido*. Com isso, reduz-se o espaço de liberdade e autonomia dos grupos sociais e dos indivíduos. Assim, a esfera da cultura também perde importância. Tanto é que os profissionais de comunicação, de modo geral, eram considerados profissionais da cultura. Mas, nas últimas décadas, essa visão perdeu força. Eles passaram a ser vistos como profissionais de empresas.

No caso de relações públicas, essa tendência parece ser ainda mais visível. O profissional dessa área, quando muito, pode ser associado a um agente de uma cultura organizacional e, portanto, "sistêmica", mas não de uma cultura no sentido estrito do termo. Essa tendência pode ser interpretada, à luz das formulações habermasianas, como conseqüência da ampliação do domínio tecnocrático na sociedade moderna. Ele atribui ao capitalismo contemporâneo a responsabilidade desse processo, uma vez que o interesse do conhecimento passa a ser exclusivamente técnico-científico, o que acarreta a crescente racionalização e adoção de modelos e mecanismos estratégicos, como ocorre atualmente na área de relações públicas, apesar das demandas do *mundo vivido*.

Por outro lado, a nosso ver, esta categoria profissional detém o poder maior, em termos de atividades da área da comunicação, de modificar esse quadro e se engajar no processo inverso, ou seja, o de "descolonização" do *mundo vivido*. Ao adotar uma linha de conhecimento de natureza menos instrumental e mais histórico-hermenêutica, ou seja, auto-reflexiva e autoquestionada, pode contribuir para o impulso emancipatório do conhecimento, inclusive no âmbito profissional. A competência comunicativa dos profissionais de relações públicas pode, então, potencialmente, tornar-se um meio de facilitar a interação social e não apenas a negociação de relações entre organização e seus públicos. É o que tentaremos detalhar agora.

## A folkcomunicação e as possibilidades de atuação do profissional de comunicação institucional

A folkcomunicação constitui um campo que valoriza por excelência a interação social, a cultura popular, as vivências comunitárias, os costumes, a tradição oral e demais manifestações culturais intersubjetivas. É definida por Luiz Beltrão (1985, p. 154), um dos maiores estudiosos do tema no Brasil, como sendo,

> por natureza e estrutura, um processo artesanal e horizontal, semelhante em essência aos tipos de comunicação interpessoal, já que suas mensagens são elaboradas, codificadas e transmitidas em linguagens e canais familiares, por sua vez conhecida, psicológica e vivencialmente pelo consumidor, ainda que dispersa.

Nesse campo, então, vislumbramos um dos universos de maior potencialidade de atuação do relações-públicas no âmbito do *mundo vivido*. Mas isso pressupõe pelo menos duas condições básicas. A primeira diz respeito à demanda de empresas e organizações por esse tipo de atividade de natureza mais cultural e simbólica. A segunda relaciona-se com a própria formação do profissional.

No primeiro caso, o panorama é cada vez mais animador, uma vez que cresce significativamente a atuação do chamado terceiro setor no Brasil, o qual é ancorado principalmente no *mundo vivido* e na ação comunicativa. Ação comunicativa é entendida, aqui, sob duas perspectivas: a primeira, como um mecanismo de interpretação por meio do qual se reproduz o saber cultural; a segunda, como a forma que os atores sociais,

A relação entre o sistêmico e o vivido na...

ao se entenderem sobre algo no mundo, participam simultaneamente de interações pelas quais desenvolvem, confirmam e renovam seu pertencimento aos grupos sociais e à sua própria identidade (Teixeira, 1996).

A formação dos profissionais de relações públicas é talvez o problema mais complexo, no âmbito do tema aqui discutido, uma vez que as escolas de comunicação, em termos gerais, e os cursos de relações públicas, em particular, enfatizam cada vez mais a formação técnica e não a formação humanística. Os currículos, em sua maioria, priorizam os conteúdos relacionados com as funções instrumentais e a aplicação das ferramentas de trabalho em *cases* e *surveys*. Não que isso não mereça devida atenção, mas não a ponto de se tornar o foco quase absoluto.

Atualmente, existem outras possibilidades de atuação de relações públicas, que extrapolam a esfera desse universo empresarial sistêmico, imbuído de uma concepção viciada de que o cliente é o "senhor de tudo". Concepção essa que só reforça o ideário econômico que sustenta esse modo de produção, excluindo desse *status* de "cliente" aqueles que não podem consumir. Assim, as atividades da área podem legitimar essa política de exclusão social, ao pautar-se em interesses públicos e privados, sem dissociá-los. Como salienta Canclini (1995), o capitalismo nos transformou em consumidores do século XXI, mas em cidadãos do século XVIII. Ao concentrar seu foco de atuação no cliente, as relações públicas contribuem para legitimar essa visão destacada pelo autor.

Toda essa reflexão conduz ao debate sobre cidadania, tema tão premente no cenário social brasileiro e tão oportuno para a discussão sobre o papel do profissional de relações públicas nesse mundo social globalizado. A cidadania, como a entendemos aqui, envolve dois elementos fundamentais: a idéia de indivíduo, de particularidade, e a de regras gerais e universais, ou seja, um sistema de leis que vale para todos os cidadãos em qualquer espaço social (Da Matta, 1987).

Essa noção de cidadania implica a confluência entre público e privado, ou seja, o espaço da cidadania se constrói na interseção entre interesses públicos e privados, de tal modo que nenhuma dessas esferas seja negligenciada. Para pleno exercício da cidadania é necessário, portanto, que haja harmonia entre duas esferas, o que implica a relação não-dicotômica cliente e cidadão. Vale ressaltarmos aqui que, no contexto empresarial em que vivemos, essas duas concepções são apresentadas como se fossem elementos distintos e isolados, quando, na realidade, é necessário destacarmos que a cidadania não se reduz a elementos, aspectos ou momentos específicos da vida dos indivíduos. Antes de ser tratado como cliente, devemos lembrar que esse indivíduo é cidadão.

Mesmo quando ele não está disposto a consumir os produtos ou serviços da empresa à qual o profissional de relações públicas está vinculado – com a responsabilidade de defender sua imagem –, ele continua sendo cidadão. Seu *status* de cidadão não se altera em função do seu papel momentâneo. Quando compra, quando se diverte, viaja, lê, estuda, vai ao cinema, a um espetáculo ou ao *shopping*, quando está em casa ou em qualquer outra situação, ele não deixa de ser cidadão. Cidadania é algo mais amplo do que os conceitos que estamos acostumados a receber pela mídia, que sempre a trata de forma episódica e fragmentada (Barros, 1995).

Um exemplo recente que merece especial atenção dos profissionais interessados nessa concepção de relações públicas é o debate sobre a mobilização social, introduzido no Brasil por Bernardo Toro (1996a, 1996b, 1996c). Para esse autor, mobilizar é estimular um processo que requer dedicação contínua e produz resultados para manifestações públicas. Mobilizar é convocar vontades, compartilhando interpretações e significados, para decidir e atuar em busca de um objetivo comum.

Por se tratar de um ato convocatório é, antes de tudo, um ato de liberdade, o que o diferencia dos atos de manipulação, de persuasão e de conscientização. Para ele, conscientizar significa conquistar a opinião de alguém ("pense como eu penso"), conseguir sua adesão induzida a uma causa, de maneira persuasiva e manipuladora. O indivíduo, quando conscientizado, é levado a pensar como os considerados "conscientizadores". A mobilização, ao contrário, permite maior grau de liberdade decisória. O indivíduo recebe informações, que devem ser claras, sobre determinada situação; avalia e forma sua própria opinião, decidindo livre-

A relação entre o sistêmico e o vivido na...    133

mente se deve abraçar ou não a causa. A idéia de mobilização social consiste em convocar pessoas para uma causa de cidadania, incluindo os interessados como co-participantes do processo.

Mas o que nos interessa mais é relacionar a proposta de mobilização social a algumas das funções de relações públicas, demonstrando, assim, que o campo da mobilização constitui mais uma possibilidade de atuação do profissional no *mundo vivido*, porque a mobilização social é especialmente voltada para essa esfera da sociedade.

Com base no princípio de que mobilizar requer relações de trocas – nas quais é fundamental o compartilhamento de sentidos e interpretações –, podemos considerar mobilização um ato de comunicação, em que o emissor utiliza códigos, símbolos e signos para dar forma a uma mensagem que será transmitida por meio de veículos adequados, atingindo o receptor, que decodificará o conteúdo enviado. Compreendido o princípio de comunicação mais abrangente, podemos caracterizar agora um processo mais específico, que se aplica ao campo próprio das relações públicas.

Para tanto, basta considerarmos que o profissional de relações públicas é, antes de tudo, um mediador político, econômico, cultural ou comunitário, com ênfase nos dois últimos aspectos. Dessa forma, usando a terminologia de Bernardo Toro, ele pode atuar como *editor social*, ao intermediar as relações entre um *produtor social* e determinada comunidade .

*Editor social* é um dos atores-chave no processo de mobilização, mais precisamente aquele que converte a mensagem em formas, objetos, símbolos e signos adequados ao campo de atuação de outro ator, o *reeditor social*, entendido como aquele que está junto da comunidade, com público próprio e capacidade para modificar, introduzir ou eliminar mensagens, contando sempre com a credibilidade e a legitimidade da comunicação local. Pode ser, por exemplo, um agente comunitário da saúde, da educação ou da cultura. Já o *produtor social* é a pessoa ou instituição que tem a capacidade de criar condições econômicas, institucionais, técnicas e profissionais para que o processo de mobilização ocorra com êxito.

Como *editor social*, o profissional de relações públicas atua em sintonia com tudo que está ligado ao *mundo vivido*, uma vez que ele precisa estar atento ao cotidiano das pessoas e de toda a comunidade, bem como ao seu universo simbólico e ao calendário de festas e eventos populares, sejam estes religiosos ou folclóricos. O seu propósito maior, nessa perspectiva, não é apenas obter dividendos para o *produtor social* (empresa), mas sobretudo contribuir para a promoção da cidadania, do bem viver e da dignidade humana. É buscar na legislação do país, nos direitos humanos, na convivência e no cotidiano um horizonte ético, tornando o cidadão um sujeito social, que é aquele indivíduo participativo, garantidor de seus direitos e ligado a organizações, capaz de fortalecer o tecido social e comunitário (Toro, 1996c).

Para muitos, diante da realidade em que vivemos, essa concepção pode parecer exacerbadamente utópica, por se tratar de uma profissão cujo eixo central é a defesa de interesses corporativos, organizacionais e institucionais (*mundo sistêmico*). Contudo, fica, pelo menos, o registro de que outras possibilidades podem e devem ser construídas e conquistadas, embora também consideremos realisticamente que esse espaço do *mundo vivido* nunca será homogêneo quando se trata de atividades de relações públicas – pelo menos no modelo de sociedade capitalista em que vivemos. Mas não deixa de ser uma possibilidade. Um futuro a ser construído por aqueles que acreditam que seu trabalho, suas idéias e seu potencial criativo podem ir além dos limites da relação entre empresa e públicos.

## Considerações finais

O que tentamos demonstrar neste artigo é que o campo de atuação do profissional de relações públicas pode ser mais abrangente do que estamos acostumados a pensar, mesmo do ponto de vista teórico-reflexivo. A teoria da ação comunicativa é apenas um exemplo do como pode haver essa expansão. Outros autores também podem ser evocados. Essa não é a única alternativa viável ou possível.

Com isso, reforçamos a necessidade de maior empenho dos profissionais e estudiosos do campo da comunicação, das ciências sociais aplicadas e das ciências sociais *stricto sensu* no desenvolvimento de perspectivas analíticas menos instrumentais, restritas, e mais abrangentes e ousadas sobre a área de relações públicas.

A folkcomunicação, nesse contexto, apresenta-se como campo quase virgem a ser explorado. Que esse campo embrionário seja mais divulgado e discutido, sobretudo entre os estudantes da área, repositórios das esperanças de transformação do campo da comunicação institucional e das práticas de relações públicas.

# Referências

BARROS, Antonio T. de. Esfera pública, mídia e cidadania. *Veritas*, Porto Alegre, v. 40, n. 157, p. 87-111, mar. 1995.

BELTRÃO, Luiz. Folkcomunicação. In: ERBOLATO, Mário. *Dicionário de propaganda e jornalismo*. Campinas: Papirus, 1985, p. 154.

CANCLINI, Néstor García. *Consumidores e cidadãos: conflitos multiculturais da globalização*. Rio de Janeiro: UFRJ, 1995.

CASCUDO, Luis da Câmara. *Dicionário do folclore brasileiro*. Belo Horizonte: Itatiaia, 1984.

D'AZEVEDO, Martha Alves. Visão contingencial das relações públicas: paradigma funcionalista. *Revista de Biblioteconomia & Comunicação*, Porto Alegre, n. 6, p. 67-79, jan./dez. 1994.

DA MATTA, Roberto. *A casa e a rua: espaço, cidadania, mulher e morte no Brasil*. Rio de Janeiro: Guanabara, 1987.

DURKHEIM, E. *Lições de sociologia: a moral, o direito e o Estado*. São Paulo: Queiroz, 1983.

FONSECA, Ana Maria Eiroa da. As relações públicas segundo o paradigma humanista radical. *Revista de Biblioteconomia & Comunicação*, Porto Alegre, n. 6, p. 80-92, jan./dez. 1994.

INGRAM, David. *Habermas e a dialética da razão*. 2. ed. Brasília: Ed. UnB, 1994.

HABERMAS, Jürgen. *Teoría de la acción comunicativa*. Madri: Taurus, 1987.

KUNSCH, Margarida Maria Krohling. *Relações públicas e modernidade: novos paradigmas na comunicação organizacional*. São Paulo: Summus, 1997.

LUCENA FILHO, Severino Alves de. *Azulão do Bandepe: uma estratégia de comunicação organizacional*. Recife: [edição do autor], 1998.

PERUZZO, Cicilia Maria Krohling. *Relações públicas no modo de produção capitalista*. 3. ed. São Paulo: Summus, 1986.

SIMÕES, Roberto Porto. *Relações públicas: função política*. 3. ed. São Paulo: Campus, 1995.

TEIXEIRA, Ana Cláudia C. Pensando as organizações não-governamentais no Brasil a partir da teoria da ação comunicativa de Jürgen Habermas. *Temáticas*, Campinas, v. 4, n. 8, p. 167-83, jul./dez. 1996.

TORO, Bernardo. Mobilização social e democracia: a construção da América Latina. In: MONTORO, T. (org.). *Comunicação e mobilização social*. vol. 1. Brasília: Ed. UnB, 1996a, p. 68-74.

_____. Mobilização social: uma teoria para a universalização da cidadania. In: MONTORO, T. (org.). *Comunicação e mobilização social*. vol. 1. Brasília: Ed. UnB, 1996b, p. 26-40.

_____. *Mobilização social: um modo de construir a democracia e a participação*. Brasília: Ministério do Meio Ambiente, Recursos Hídricos e Amazônia Legal, 1996c.

WEBER, Max. *Fundamentos da sociologia*. 2. ed. Porto: Res, 1983.

# 3. Comunicação comunitária e gestão participativa

*Cicilia Maria Krohling Peruzzo*

> Este texto resgata brevemente aspectos históricos da comunicação popular, comunitária e alternativa no Brasil e os possíveis níveis de participação na comunicação. Destaca-se a gestão coletiva com o objetivo de analisar o processo de participação com base nos conceitos de autogestão. Relacionam-se os princípios autogestionários com as práticas de gestão de entidades populares e sem fins lucrativos, além de analisar as dificuldades advindas desse tipo de ação. Discute-se a participação direta como possibilidade de compartilhamento do poder de comunicar e de gerir as instituições populares de comunicação.

No Brasil, a comunicação popular teve grande expressividade na década de 1980, para, em seguida, entrar em declínio o seu formato original, influenciando, porém, a geração de novas modalidades comunicativas – dentro da própria dinâmica dos movimentos sociais populares e das mudanças na sociedade brasileira. Nas duas últimas décadas do século XX, sua característica fundamental foi a organicidade em relação aos movimentos sociais populares. Não se tratava tão-somente da comunicação de "comunidades", mas de todos aqueles processos comunicativos realizados no âmbito de movimentos e organizações populares que lutavam para a consecução dos direitos de participação cidadã e melhoria nas condições de existência das classes subalternas. Este tipo de comunicação foi denominado popular, participativo, alternativo, dialógico, comunitário etc., porque se tratava de um processo comunicativo em que o povo – mais especificamente os segmentos organizados da população submetidos a condições de subalternidade – se torna protagonista da comunicação[1].

---

[1] Sobre todo o processo da comunicação popular no Brasil, ver o livro *Comunicação nos movimentos populares* (Peruzzo, 2004).

Nessa perspectiva, a comunicação popular, hoje mais conhecida como comunitária, surge e se desenvolve articulada aos movimentos populares, como canal de expressão e meio de mobilização e conscientização das populações residentes em bairros periféricos, submetidas a carências de toda espécie – de escolas, postos de saúde, moradia digna, transporte, alimentação e outros bens de uso coletivo e pessoal –, em razão dos baixos salários ou do desemprego.

O contexto político da época era marcado pelo descontentamento da sociedade em relação a toda uma situação de desigualdade social e de negação da participação política, gerada pela ditadura militar (1964-1985). Em razão disso, nos anos 1980, vivia-se um período de transição em que a sociedade clamava por democracia e justiça social, e as construía passo a passo, baseando-se em pequenas ações e na criação de movimentos populares e organizações coletivas de bairros e/ou de segmentos populacionais (crianças, mulheres), nos quatro cantos do Brasil.

Uma das características mais marcantes da comunicação popular e comunitária na sua fase original foi a participação. Esta se concretizava por meio de uma comunicação realizada dentro[2] dos movimentos e das organizações, o que representava a existência de outro tipo de comunicação, pois seus conteúdos provinham das bases excluídas da sociedade e destinavam-se a essas mesmas bases, e ainda porque foram criados canais para veicular os interesses e as necessidades de expressão desses movimentos.

A participação é uma das dimensões essenciais da comunicação comunitária. Contudo, deve-se levar em conta a existência de níveis diferenciados de participação[3]. No mais elementar, considera-se apenas o ato da recepção, quando a pessoa somente lê o jornal ou sintoniza o rádio e, eventualmente, até pede suas músicas favoritas. Além disso, há outro tipo de participação, que se concretiza no nível das mensagens, em que o

---

2 Claro que também "fora" se produziram importantes peças de comunicação – vídeos, por exemplo –, que ajudavam a cumprir as finalidades dos movimentos sociais.

3 Ver Peruzzo (2004).

Comunicação comunitária e gestão participativa

espectador contribui com entrevistas, depoimentos, cartas etc. Porém, a participação pode ocorrer em níveis mais elevados, quando o indivíduo atua como sujeito ativo, como protagonista da elaboração de mensagens, na produção (edição e transmissão) de programas para rádio e televisão, na confecção de boletins informativos etc., como também no planejamento e na gestão do canal de comunicação.

Em suma, a participação pode ocorrer no nível da mensagem (mais elementar), na produção de mensagens, materiais e programas (elaboração e edição dos conteúdos a serem transmitidos); no nível do planejamento (envolvimento das pessoas no estabelecimento da política dos meios, na formatação de veículos e de programas, na elaboração dos objetivos e dos princípios de gestão etc.); e no nível na gestão (participação no processo de administração e controle de um meio de comunicação)[4].

Nos dois primeiros tipos de participação, a pessoa não tem nenhum domínio sobre o que vai ou não ao ar ou às páginas do jornal. Muitas vezes, ela é usada apenas para ajudar a "enfeitar" a programação e torná-la mais variada, divertida e dinâmica. Quando o envolvimento se dá em nível mais elevado, o participante, além de contribuir na formulação de conteúdos, tem o poder de atuar no processo de decisões relativas à gestão dos meios. Os conteúdos representam uma dimensão importante nesse contexto. A comunicação comunitária, por natureza, ocupa-se de conteúdos aderentes às realidades sociais concretas de cada comunidade ou lugar.

Historicamente, houve uma alteração interessante no que diz respeito aos conteúdos da comunicação popular-comunitária. Nos anos 1980 e no início da década de 1990, eles incorporavam o sentido e as reivindicações colocados pelos movimentos sociais populares, típicos daquela época, ou seja, tinham um caráter político "combativo", marcadamente de denúncias (ao autoritarismo político, às condições de

---

4 Os níveis de participação (na produção, no planejamento e na gestão) foram originalmente apresentados por Jorge Merino Utreras (1988) ao sistematizar os princípios da participação na comunicação aprovados em reunião sobre autogestão, realizada em Belgrado, em 1977, e em seminário do Ciespal/Unesco, em 1978. A autora baseia-se nesses conceitos para trabalhar a questão da participação na comunicação no livro *Comunicação nos movimentos populares* (2004).

desigualdade etc.) e reivindicações (acesso aos bens de consumo coletivo, direito de participação política etc.). Nos últimos anos, apesar de continuar enfocando as desigualdades e carências, esses conteúdos se mostram mais plurais e amenos, do ponto de vista temático e político. Pode-se dizer que, no âmbito da comunicação comunitária, hoje em dia, trata-se de temas mais variados e não somente de problemas sociais, como era a tendência anterior. A ênfase recai agora em informação, educação, cultura e prestação de serviços. É comum, por exemplo, que rádios comunitárias procurem contribuir para combater a violência, tirar crianças do caminho do tráfico de drogas, motivar pelo exercício da cidadania etc. Elas também costumam abrir espaços para a música de artistas do lugar, dar avisos de utilidade pública, debater assuntos de interesse local etc. Enfim, a comunicação comunitária é aquela que faz sentido dentro de realidades específicas, como produto de cada uma delas. Contudo, trata-se de um segmento um tanto controverso, já que muitas rádios comunitárias tocam as mesmas músicas[5] das rádios comerciais (aliás, isso já ocorria desde o tempo da rádio-poste) e fazem boletins informativos tomando como fonte a internet e outros meios de comunicação, e não a realidade local. Porém, esses aspectos não podem ser generalizados, pois grande parte desses veículos trabalha mais as notícias do próprio lugar e valoriza a cultura regional.

A comunicação comunitária surge das necessidades locais e serve aos interesses aglutinados em torno das associações comunitárias, embora seja normal haver distorções, como a existência de meios de comunicação que se dizem comunitários, mas, de fato, reproduzem os esquemas da mídia convencional ao servir a outros interesses – político-eleitorais, religiosos, financeiros e personalísticos. Tais desvios podem descaracterizar a noção de comunitário aos olhos das pessoas de uma localidade, mas refletem as contradições da sociedade em que vivemos. É preciso respeitar as diferenças e a pluralidade. Mas deve-se reconhecer também que, muitas vezes, determinados meios, como os acima referidos, mesmo não sendo gestados coletivamente pelas comunidades, acabam imprimindo a seus conteúdos dimensões

---

5 Também nesse aspecto não convém generalizar. Tocar as mesmas músicas não significa que não haja o mínimo de bom senso quanto a estilos e a letras musicais.

comunitárias importantes. É a configuração da realidade específica que serve de parâmetro para a compreensão do significado comunitário de cada experiência de comunicação local.

Nas localidades convivem pessoas e instituições de interesses divergentes e de posturas contrastantes, que acabam se revelando também nos pequenos meios de comunicação. Apesar das distorções, o direito à liberdade de expressão deve ser preservado. A audiência de cada lugar saberá avaliar o valor de uma emissora, por exemplo, para o desenvolvimento local.

É salutar que se percebam as diferenças entre desempenhar um papel de cunho comunitário ou prestar serviços de interesse comunitário, e ser efetivamente um meio comunitário de comunicação. Para dizer-se comunitário e cumprir uma missão educomunicativa, um meio de comunicação deve priorizar conteúdos não-alienantes, garantir a liberdade de expressão, ser orgânico à realidade local e abrir-se ao controle e à gestão autônoma da própria comunidade[6].

A comunicação comunitária, quando desenvolvida em bases democráticas, configura não só o acesso a ela, como também a partilha do poder de difundir conteúdos e de gerir a instituição. É um processo em que toda pessoa próxima (morador de uma localidade, membro de uma associação etc.) ao pólo organizativo difusor de mensagens tem o potencial de se tornar sujeito da comunicação, um emissor e, ao mesmo tempo, interferir no planejamento e na tomada de decisões sobre a política editorial, além de participar na gestão da instituição unidade comunicacional.

## Participação autogestionária

A participação coletiva na gestão, no âmbito das organizações populares, diz respeito ao envolvimento das pessoas – associados, no caso de uma entidade sem fins lucrativos, ou membros, no caso de uma comu-

---

6 Até este ponto, estamo-nos baseando em passagens reformuladas de nosso texto "Mídia comunitária, liberdade de comunicação e desenvolvimento", publicado no livro *Comunicação para a cidadania* (Peruzzo e Almeida, 2003).

nidade – no processo de criação e administração de associações e entidades similares. Nas últimas décadas, os movimentos sociais populares vêm desenvolvendo esse tipo de prática participativa como desdobramento do processo de mobilização social, que tem por finalidade ampliar a conquista dos direitos de cidadania ou, melhor dizendo, democratizar a cidadania. No bojo das lutas sociais por igualdade de acesso a bens materiais de uso coletivo, são criadas entidades autônomas assentadas em mecanismos coletivos de organização e gestão. Ou seja, esse tipo de instituição estabelece uma estrutura funcional baseada em instâncias deliberativas coletivizadas, tais como assembléia, diretoria, coordenação, conselho, comitê etc.

As decisões, nessa perspectiva, não são tomadas isoladamente por quem detém altos cargos de gestão, mas pelo conjunto dos associados ou membros, com base em premissas e objetivos previamente definidos. O que não significa a inexistência de decisões tomadas pelos que ocupam postos mais elevados. Elas ocorrem e são necessárias para o bom funcionamento da organização como um todo, sendo o nível de competência decisória estabelecido por princípios de gestão coletivos e referentes a estatutos. Em outras palavras, os detentores de cargos de presidência, direção ou coordenação tomam as decisões que lhes competem com base em critérios definidos pela instância mais importante, a assembléia. É esta a responsável, normalmente, por discutir e votar as grandes linhas de ação e tomar as decisões de maior vulto. A gestão propriamente dita é feita por instâncias a ela subordinadas, como diretorias, conselhos etc.

A participação popular na gestão de um meio de comunicação comunitário pode ocorrer em diferentes graus, expressando sempre o nível de qualidade participativa conseguido pelo grupo, que varia e tende a evoluir em conformidade com as condições locais oferecidas. Nas formas mais avançadas de gestão participativa essas organizações se configuram como autogestionárias. Porém, mesmo nas experiências menos evoluídas constituem-se modalidades de gestão coletiva. A diferença está no grau de igualdade e partilha de poder instituídos. Afinal, "o axioma fundamental e, para falar mais adequadamente, *constitutivo* da autogestão é, meridianamente, o da *igualdade das pessoas*" (Guillerm e Bourdet, 1976, p. 46).

Desse modo, no campo das organizações populares da sociedade civil (movimentos, associações, conselhos populares e similares), constituem-se práticas autônomas de gestão que, nas palavras de Nanci Valadares de Carvalho, no livro *Autogestão, o nascimento das ONGs* (1995, p. 25-6), representam uma sucessão de possibilidades de autogestão, que não é um fenômeno singular e unidimensional. Uma primeira forma de autogoverno é a *democracia participativa*. Esta ocorre quando, em uma organização, qualquer pessoa pode se tornar líder e todos ajudam em sua escolha, mas, uma vez escolhida, ela lidera e os outros a seguem, até considerarem que ela não esteja mais representando eficientemente seus interesses. O segundo tipo de autogoverno é a *co-determinação*. Nesse caso, os membros de uma organização compartilham toda a autoridade existente, buscando-se a integração das lideranças em suas respectivas comunidades. O terceiro é o porta-voz na *comunidade de interesses*, na qual todos lideram. Por causa do reconhecimento profundo de seus interesses comuns, qualquer pessoa está na posição de falar em nome do grupo. Os grupos organizados dessa forma querem estabelecer uma base de poder independente por meio da qual pretendem influenciar o curso da sociedade em geral. O quarto tipo de autogoverno é a *autogestão* propriamente dita, que se realiza quando todos os membros de uma organização (todos os trabalhadores de uma firma, por exemplo) se tornam os administradores diretos dela. Esta forma de autogoverno contém em sua complexidade todas as anteriores.

Como se pode depreender, o simples participar ou responsabilizar-se por algo não se constitui em autogestão. Esta rompe a relação hierárquica entre dirigentes e dirigidos e pressupõe a partilha do poder de decisão entre o corpo de associados ou membros de uma organização popular e a igualdade de acesso aos resultados do que é produzido.

Autogestão significa a negação da heterogestão (relação dual entre o que gere e o que é gerido, entre quem comanda e quem executa) e da burocracia (que protege e dá forma à heterogestão) (Motta, 1981,

p. 18-38). Como diz Carvalho (1995, p. 40), "uma organização autogovernada é necessariamente antiburocrática e antilucro".

Na definição da Conferência Nacional pelo Socialismo Autogestionário, realizada em Lisboa em maio de 1978, ainda como fruto das experiências das comissões de trabalhadores surgidas durante a Revolução dos Cravos (1974),

> autogestão é a construção permanente de um modelo de socialismo, em que as diversas alavancas do poder, os centros de decisão, de gestão e controle, e os mecanismos produtivos sociais, políticos e ideológicos, se encontram nas mãos dos produtores-cidadãos, organizados livre e democraticamente, em formas associativas criadas pelos próprios produtores-cidadãos, com base no princípio de que toda a organização deve ser estruturada da base para a cúpula e da periferia para o centro, nas quais se implante a vivência da democracia direta, a livre eleição e revogação, em qualquer momento das decisões, dos cargos e dos acordos. (*apud* Nascimento, 2004, p. 2)

Ainda do ponto de vista teórico, no tocante às organizações populares autogovernadas, convém frisar que elas envolvem a filiação voluntária, livremente identificada com o objetivo da organização e limitada pela solidariedade entre os companheiros. Seu ambiente é imprevisível e se caracteriza por estruturas flexíveis. São organizações regidas pelo princípio de que as pessoas que pertencem a elas têm o direito de decidir sobre todos os assuntos principais. A fim de compartilhar a tomada de decisão, devem participar da posse dos recursos materiais do grupo, não em um sentido individual, mas como membros dele (Carvalho, 1995, p. 1).

Contudo, gestão coletiva não é sinônimo de consenso espontâneo. Os conflitos são inevitáveis, pois existem grupos de poder e divergências políticas como em qualquer outra organização social. Diante da existência desses grupos espontâneos de poder, dentro das organizações *autogovernadas* e sem fins lucrativos, os ditames de participação direta favorecem o debate franco e democrático e a tomada de decisões por voto

Comunicação comunitária e gestão participativa 145

para que prevaleça a vontade da maioria. Sempre se busca o consenso, mas são reconhecidos os fóruns de discussões e decisões coletivas (assembléias, reuniões) para dirimir conflitos e tomar decisões por voto, quando as decisões da maioria são acolhidas e respeitadas por todos.

No meio midiático popular, muitas vezes a participação coletiva avançada (com poder de decisão) ocorre mais nitidamente no nível da produção e emissão de conteúdos do que na gestão. Às vezes, chega mesmo a existir o controle centralizado de lideranças (coordenadores e presidente de associações) em decisões que deveriam ser coletivas. Dizendo de outro modo, partilha-se com mais facilidade a grade de programação de uma emissora de rádio, por exemplo, do que as decisões concernentes à sua administração e ao seu planejamento. Porém, não se trata de uma regra geral, pois muitas delas baseiam-se em amplo trabalho coletivo e participativo. Quando a gestão é centralizada, o fato se deve tanto à possível falta de preparação para implantar o planejamento participativo, como à tendência cultural a reproduzir mecanismos autoritários nas relações sociais, ou mesmo a interesses privados e individualistas.

Em termos conceituais, a autogestão é mais amplamente analisada no âmbito das relações econômicas e do conjunto da sociedade, relacionada com a participação dos empregados nas empresas, dos consumidores na regulação do mercado e, ainda, dos cidadãos nas mais variadas organizações sociais e instâncias do poder público e na sociedade como um todo[7]. Nesta perspectiva, utiliza-se teoricamente outra classificação de tipos de envolvimento direto, para diferenciá-los da autogestão, tais como "participação" do trabalhador, "co-gestão", "controle operário" e "cooperativa".

De acordo com Guillerm e Bourdet (1976, p. 19-20), na "participação" toma-se parte em "uma atividade que já existe e que tem sua própria estrutura e finalidade; o participante se mistura quase individualmente ao grupo preexistente; junta-se aos outros e com eles colabora, mas carece de iniciativa, limitando-se a prestar seu concurso, a dar sua contribuição [...]".

---

7 Ver também "autogestão na história" e "fundamentos teóricos" da autogestão em Peruzzo (2004, p. 89-111).

No âmbito das empresas, por exemplo, às vezes se institui a "participação nos lucros" ou se abre a possibilidade de os trabalhadores comprarem ações (participação acionária) das empresas a que se vinculam. Neste caso, observa-se uma clara distinção da autogestão, visto que se trata de uma iniciativa instituída pelos patrões como forma de amenizar as "disfunções" do taylorismo. Percebem eles que é preciso que os operários se interessem pelo que fazem, para que a adesão subjetiva se produza. Nesse caso, o trabalhador não questiona o sistema capitalista, mas, pelo contrário, integra-se a ele e acaba por defendê-lo, desviando, dessa forma, as práticas autogestionárias (Guillerm e Bourdet, 1976, p. 21-2).

A "co-gestão" equivale a ter palavra na organização da empresa ou entidade social. Consiste em "reintegrar – ainda que muito parcialmente – a iniciativa e a 'criatividade' operárias nos processos de produção" (Guillerm e Bourdet, 1976, p. 22). Na co-gestão, os trabalhadores – no caso das relações capital–trabalho – ou os cidadãos – no universo das iniciativas públicas de participação – integram-se em processo de co-gerenciamento de programas ou de instituições no nível deliberativo, porém sem afetar os objetivos da instituição. Um exemplo é a tentativa de envolver os usuários em programas de proteção de bacias hidrográficas e de pesca responsável por parte de órgãos públicos. A co-gestão admite a participação ativa nas decisões, mas se limita aos aspectos que não infiram mudanças essenciais na estrutura de poder[8].

"Controle operário", ainda segundo Guillerm e Bourdet (1976, p. 25), afigura-se como etapa anterior (e inferior) da co-gestão. Ele exerce domínio somente sobre pontos precisos que não questionam o salariado nem o papel dirigente dos donos do capital. Significa "a intervenção conflitual – principalmente no curso de greves – que arranca ao patronato concessões das quais resulta uma melhoria das condições de trabalho".

Já as cooperativas desenvolvem princípios da autogestão em suas práticas, mas, como funcionam no interior da sociedade capitalista, são

---

8 Ver Peruzzo (2004, p. 82-4).

Comunicação comunitária e gestão participativa

condicionadas por regulamentações do Estado e pelas "leis" do mercado. Configuram-se como "ilhotas de autogestão no seio de um sistema capitalista" (Guillerm e Bourdet, *apud* Albert, 2004, p. 11). Porém, não têm alcançado o desenvolvimento a ponto de generalizarem para a autogestão do conjunto da sociedade. Existem há mais de um século, mas "sem contestar o sistema capitalista" e "têm 'vegetado' sempre sob formas locais" (Guillerm e Bourdet, 1976, p. 29).

Finalmente, cabe ressaltar que o tipo de gestão tem relação estreita com o sistema de propriedade. Na autogestão a propriedade é coletiva. Não pertence à(s) pessoa(s) individualmente. Abole-se a propriedade privada. Já o tomar parte em algo nos moldes da "participação", da "cogestão" e do "controle operário" não altera o sistema de propriedade, porque essas formas de organização dão-se dentro do sistema capitalista e sem modificar seu *modus operandi*. A cooperativa, que mais se aproxima da autogestão, acaba se submetendo ao Estado e aos condicionantes do mercado. Mas a prática cooperativista é um campo extraordinário de experimentação da autogestão, assim como das demais organizações populares de caráter público.

## Dificuldades contemporâneas de gestão das organizações comunitárias

A gestão participativa nas organizações populares e comunitárias de comunicação (jornais, rádios e televisões comunitárias), no Brasil, vem se deparando com várias dificuldades, o que prejudica o seu aprimoramento rápido, bem como dos serviços ou produtos culturais produzidos. São dificuldades de ordem financeira devido às limitações legais para arrecadação de recursos. As rádios e os canais comunitários de televisão, por exemplo, não podem vender espaço para a publicidade comercial. Sobrevivem com baixos orçamentos baseados em apoio cultural e formas alternativas de autofinanciamento (mensalidades de associados, permutas, doações etc.). Há também limitações de equipamentos, de materiais de consumo, de recursos humanos e de aprimoramento técnico e administrativo.

Conflitos de interesses ligados a posturas político-ideológicas também funcionam como entraves na gestão de unidades de comunidade popular e comunitária. O fato de operar em larga escala com trabalho voluntário, ao mesmo tempo que representa algo extraordinário do ponto de vista da participação cidadã, ocasiona muitas dificuldades operacionais. Com exceções, a gestão, na prática, não é tão participativa – no sentido autogestionário – como se prega. Em geral, há mais democratização no processo de geração e transmissão de conteúdos (partilha das grades de programação, por exemplo) do que na gestão da organização do meio de comunicação.

Em geral, a incipiência da participação avançada na gestão deve-se a limitações de canais abertos e desobstruídos, à baixa representatividade social, à tendência à gestão do tipo presidencialista enraizada na cultura de lideranças e/ou à pouca experiência histórica em participação com poder de decisão do conjunto dos cidadãos, o que se revela até no baixo interesse em corresponder aos chamados ao engajamento emitidos por dirigentes de organizações populares.

## Considerações finais

Nas páginas anteriores apresentou-se uma breve discussão conceitual sobre comunicação comunitária e formas de participação direta na gestão, especialmente a autogestão. É preciso ter em conta as variadas possibilidades participativas no âmbito das organizações, sejam elas comerciais ou sem fins lucrativos.

A participação social inscreve-se em um processo histórico. Os movimentos e as organizações populares, no Brasil, vêm forjando experiências de gestão coletiva importantes do ponto de vista da experimentação de processos participativos autônomos e tendo em vista a instituição da justiça social. Justiça tem como premissa a igualdade, e esta requer que a mesma chance de participação seja dada a todos, tanto no nível da produção como do consumo.

Diante dos fundamentos aqui brevemente explicitados, dados os limites editoriais deste texto, cabe às relações públicas, bem como às demais áreas da comunicação insertas nas experiências populares de gestão coletiva, respeitar os processos coletivos construídos, tornando-se parte integrante e não apenas órgãos externos de consultoria ou de mediação. Especialmente as relações públicas têm o papel fundamental de facilitar o processo de ação coletiva, no que diz respeito tanto ao relacionamento interno quanto às relações com os públicos de interesse externos, visando conquistar aliados e dar visibilidade pública às novas formas de realização.

## Referências

ALBERT, Michael *et al. Autogestão hoje: teorias e práticas contemporâneas.* Tradução de Felipe Corrêa e Raphael Amaral. São Paulo: Faísca Publicações Libertárias, 2004.

CARVALHO, Nanci Valadares de. *Autogestão: o nascimento das ONGs.* 2. ed. rev. São Paulo: Brasiliense, 1995.

GIOMI, Claudio; ULLA, Luis; GARCIA, Paola. *Manual de autogestión para organizaciones sin fines de lucro.* Colección Liderazgo Social, n. 4. Córdoba: Índice – Instituto para la Cultura, la Información y el Desarrollo, 2002.

GUILLERM, Alain; BOURDET, Yvon. *Autogestão: uma mudança radical.* Tradução de Hélio Pólvora. Rio de Janeiro: Zahar, 1976.

MERINO UTRERAS, Jorge. *Comunicación popular alternativa y participatoria.* Manuales didácticos. Quito: Ciespal, 1988.

MOTTA, Fernando Prestes. *Burocracia e autogestão: a proposta de Proudhon.* São Paulo: Brasiliense, 1981.

NASCIMENTO, Cláudio. *Autogestão e o "novo cooperativismo".* Ministério do Trabalho e do Emprego. Brasília, maio 2004. Disponível em: <www.tem.gov.br/>. Acesso em: 23 nov. 2006.

PERUZZO, Cicilia Maria Krohling; ALMEIDA, Fernando Ferreira de (orgs.). *Comunicação para a cidadania.* São Paulo: Intercom/Salvador: Uneb, 2003.

PERUZZO, Cicilia Maria Krohling. *Comunicação nos movimentos populares: a participação na construção da cidadania.* 3. ed. Petrópolis: Vozes, 2004.

VIANA, Nildo. O que é autogestão? *Movimento autogestionário.* [Textos do Movimento Autogestionário]. Disponível em: <www.autogestao.hpg.ig.com.br/>. Acesso em: 23 set. 2006.

# 4. Relações públicas na construção da cidadania dos grupos populares

*José Felício Goussain Murade*

O discurso adquire importância pelas relações de consenso e dissenso que dele resultam. As relações públicas, tradicionalmente a serviço das empresas e dos porta-vozes do discurso hegemônico, geram consenso, possibilitando a persuasão dos grupos e a viabilização das práticas organizacionais. O exercício do discurso público pelos grupos populares permite a construção e a reconstrução da realidade e pode resultar em cidadania quando consegue tornar-se dissenso em relação às idéias e às práticas de dominação. As relações públicas podem contribuir, por meio de instrumentos e técnicas de comunicação, para a cidadania dos grupos populares e, por meio do dissenso dialógico, para a superação do consenso.

No emprego das relações públicas pela sociedade civil, como instrumento de comunicação comunitária e de construção da cidadania, o "discurso" adquire importância pelas relações de consenso e dissenso que dele resultam.

A comunicação comunitária ganha papel de relevo na construção da cidadania, pois possibilita novas formas de atuação para as relações públicas, oferecendo alternativas à sociedade civil e aos grupos populares organizados.

Com este artigo, visamos situar as relações públicas no discurso público, oferecendo sua contribuição à geração de capital social e de consciência crítica. Também buscamos avaliá-las como forma de estabelecer o diálogo público e o exercício político da sociedade civil, tendo em vista a constituição da cidadania e da solidariedade.

# Relações públicas e o discurso hegemônico

Tradicionalmente, por questões de mercado, as relações públicas direcionam o seu trabalho à área institucional, desenvolvendo funções de assessoria, consultoria, pesquisa, planejamento, execução e avaliação. O objetivo maior de sua atuação profissional é a aceitação da instituição e de suas atividades ante os públicos de interesse. Nesse sentido, elas, por meio da comunicação, possibilitam a persuasão dos grupos e a viabilização do consenso para as práticas organizacionais, sob o argumento da harmonia social e da compreensão mútua.

Alguns teóricos da área de relações públicas definem a harmonia social como sinônimo de bem comum. Porém, é possível constatar que, na prática, o "bem comum" nem sempre é atendido. Algumas organizações, principalmente aquelas que visam a lucros, embora reconheçam os direitos do público, negam-lhe a participação discursiva em suas deliberações, impossibilitando que ele faça a transformação das suas relações de trabalho, consumo ou até mesmo de convivência social.

As relações públicas, muitas vezes, são porta-vozes do discurso hegemônico e, por isso, acabam promovendo a manutenção da ideologia dominante, aumentando a exclusão e reforçando o conformismo e a acomodação. Cabe, assim, questionar até que ponto elas possibilitam a transformação da sociedade, promovendo o público à condição de cidadão. O argumento da harmonia social e da compreensão mútua, presente em seu discurso, pode mascarar as reais intenções de quem detém o capital, o conhecimento e a informação, inibindo a subversão, o dissenso e a transformação do cotidiano pela ação dos sujeitos na esfera privada e pública.

## Consenso e dissenso no discurso público

No contexto social e das relações públicas, entendemos que o "discurso"[1] tem papel instrumental ambivalente, pois ora engendra a

---

1 Diz Frêitas (2000, p. 21): [o discurso] é a relação entre o lingüístico e o social, por acreditarmos que a linguagem está atrelada ao momento histórico-social".

reprodução das práticas sociais e das ideologias na geração de consensos, ora proporciona a transformação social, em situações de conflitos – portanto, dissenso. Trata-se da dialética do discurso, que forja consensos – acordos e consentimentos – por um lado, e, por outro, dissensos – controvérsias, conflitos e rupturas —, como veremos.

Sobre o discurso, Fairclough[2] (2001, p. 21) apresenta vários conceitos. Na lingüística, algumas vezes, ele é definido como o diálogo falado, em oposição aos textos escritos, porém, na maioria das vezes, referenda amostras ampliadas de linguagens orais ou gráficas. O autor salienta que o "discurso enfatiza a interação entre falante e receptor(a) ou entre escritor(a) e leitor(a); portanto, entre processos de produção e interpretação da fala e da escrita, como também o contexto situacional do uso lingüístico" (*ibidem*). Ainda segundo Fairclough, o discurso registra as situações sociais em que é produzido com diferentes linguagens: discurso público, discurso jornalístico, discurso político, entre outros.

Lembramos que o consenso, muitas vezes, é resultante da ação discursiva da classe hegemônica. O discurso ideológico dominante torna-se competente valendo-se, muitas vezes, dos discursos histórico e literário e da força do argumento do sujeito especialista, que fazem que tenhamos uma visão distorcida da realidade calcada nos estereótipos e preconceitos. Em decorrência desse recurso, criado pela classe hegemônica para controlar a circulação de informação e a deliberação na esfera pública, o exercício da cidadania fica prejudicado, pois os sujeitos estabelecem acordos baseados em dados e opiniões tornados disponíveis. Assim, a cidadania é resultado do consenso, dos acordos políticos e jurídicos que estabelecem direitos e deveres para os indivíduos, determinando, dessa forma, qual é o "lugar" e o "papel" do cidadão no mundo.

> Os discursos não apenas refletem ou representam entidades e relações sociais, eles as constroem ou as constituem; diferentes discursos constituem entidades-chave (sejam elas a doença mental, a cidadania ou o letramento) de diferentes modos e posicionam pessoas de diversas

---

2 Lingüista britânico que desenvolveu uma teoria na área de análise do discurso político.

maneiras como sujeitos sociais. [...] Outro foco importante localiza-se na mudança histórica: como diferentes discursos se combinam em condições sociais particulares para produzir um novo e complexo discurso. (Fairclough, 2001, p. 22)

Nosso estudo tem seu foco centrado, principalmente, em dois tipos de discurso: o público e o da comunicação/relações públicas.

Com base em Frêitas (2000), definimos discurso público como aquele que pretende atrair o público, convencê-lo, torná-lo adepto de suas idéias e portador de opiniões e atitudes desejáveis. A importância desse discurso decorre do fato de ele permitir o exercício da cidadania, com base nas diferentes posturas assumidas pelo público para a construção da sociedade da qual faz parte e da história do país. A expressão desse tipo de discurso se dá na esfera pública e guarda relação com os acontecimentos de interesse coletivo, ou seja, público.

Já o discurso das relações públicas, que desperta o nosso interesse, é aquele relativo às práticas profissionais que buscam causar a aceitação e a compreensão pública para determinada causa, organização, comunidade ou pessoa, o que é confirmado por Peruzzo (1986, p. 34), quando expressa que relações públicas "são uma atividade que tem por base atuar sobre a mente das pessoas na busca de harmonizar interesses entre instituições e seus públicos". Veremos, neste estudo, que esses dois tipos de discurso são argumentativos e procuram materializar, no caráter ideológico e lingüístico, a busca do consenso para uma questão pública em foco.

Segundo Pêcheux (1983), há uma relação entre a formação discursiva e a formação ideológica dominante, determinando o que pode e o que deve ser dito conforme a posição do sujeito no contexto sócio-histórico.

A ideologia da classe hegemônica torna-se dominante porque assume preponderantemente o espaço discursivo das classes subalternas, mediante o uso do espaço e do tempo para apresentação de suas idéias, exercendo a persuasão sobre o público, inibindo o exercício da cidadania plena. A ideologia dominante forja, dessa forma, o consentimento para suas práticas políticas e econômicas.

Chauí (1997, p. 7) denomina discurso competente aquele que foi aceito como verdadeiro ou autorizado, aquele que perde os laços com o lugar e o tempo de sua origem:

> O discurso competente é o discurso instituído. É aquele no qual a linguagem sofre uma restrição que poderia ser assim resumida: não é qualquer um que pode dizer a qualquer outro qualquer coisa em qualquer lugar e em qualquer circunstância.

O discurso dominante é aquele que se apresenta como competente e se vale de credenciais, ou do técnico, ou do especialista, ou do cientista, para estabelecer relações de assimilação, subordinação e conformismo com o público ao qual se dirige ou visa representar.

Em diferentes momentos e circunstâncias, o governo, o empresariado, os meios de comunicação valem-se do discurso competente para organizar a compreensão do mundo e levar os grupos em foco à "normalidade" do cotidiano. Destituídos do discurso competente, por não deter a linguagem do especialista, os sujeitos ficam reduzidos à condição de objetos sociais (Chauí, 1997). Em meio a tantas informações, teorias, fórmulas e palavras que fogem do domínio da linguagem cotidiana, o sujeito se vê isolado na sua individualidade. O ser genérico, o grupo social, percebe que o conteúdo irá afetar-lhe a vida, mas o pouco domínio dos significantes o acaba levando ao consenso em torno das opiniões e idéias dominantes apresentadas em um discurso.

A esfera pública tornou-se espaço para o convencimento, utilizando estratégias de persuasão que levam em consideração a lógica dos meios de comunicação, a prática mercadológica e as necessidades eleitoreiras da democracia.

Com toda essa mudança, Habermas (1984) acredita que a esfera pública hoje não represente a discussão de questões referentes ao bem comum, mas exiba socialmente posições privadas que necessitem da aceitação pública. A esfera pública sacraliza como bem comum as pretensões privadas, organizadas em grupos de interesses, e o interesse particular da organização, como universal.

Com o uso da mídia, não só surge uma indústria cultural voltada para a "venda" de produtos e interesses particulares, mas a difusão de política "apolítica". Os consumidores de pontos de vista políticos ou culturais selecionam e adotam pontos de vista apresentados e disponíveis: "eis a nova opinião pública. Ao invés de uma opinião pública, o que se configura na esfera pública manipulada é um clima de opinião" (Habermas, 1984, p. 254).

*A priori*, o consenso não deve ser definido como saudável ou prejudicial a determinado grupo, pois se trata de instrumento político que pode tanto contribuir como inibir o exercício da cidadania. Sob o ponto de vista do discurso e das relações sociais, identificamos na esfera pública o consenso articulado, o consenso fabricado e o consenso de sentido ou léxico.

O *consenso de sentido ou léxico* constitui a base do processo discursivo, sendo o conjunto de palavras integrantes de certa língua, em que significante e significado têm sentido compartilhado por determinado grupo. Tal sentido para consenso corresponde à visão que Freire (1987, p. 12) empresta à língua: "A língua também é cultura de que o homem é sujeito: sente-se desafiado a desvelar os segredos de sua constituição, a partir da construção de suas palavras – também construção de mundo". O consenso de sentido abarca a disposição humana para o diálogo entre sujeitos, portanto contempla práticas discursivas, nas quais os sujeitos se revezam nos papéis de falantes e ouvintes, com o objetivo de compreender/refutar uns aos outros. No processo discursivo, ocorrem convergências e divergências de opiniões e posturas, consenso e dissenso. Dessa ambivalência discursiva diante da controvérsia pública, têm origem os outros dois tipos de consenso.

As noções de consensos articulados e fabricados estão apoiadas nas definições que Hannah Arendt (1999) criou para contrato "horizontal" e contrato "vertical".

O *consenso articulado* é aquele resultante da deliberação pública, após uma prática discursiva, acerca de um objeto em questão. Na prática consensual, não se trata de anular uma ou outra posição discursiva dos sujeitos envolvidos no debate, mas de manter o relevo das diferentes facções integrantes da discussão. Para além de todas as divergências, o acordo é firmado com base no argumento predominante ou da maioria. Já não se trata de adotar o melhor argumento, mas aquele que foi aceito pela maioria – consenso.

O *consenso fabricado* é "um contrato proposto pelo governante aos governados, pelos dirigentes aos dirigidos. Isto é, o contrato, assim pensado, é uma forma de acordo entre 'desiguais', de um que manda e de outro que obedece" (Aguiar, 2001, p. 3). O contrato vertical busca o consentimento para as práticas dominantes, buscando a sua legitimidade ante os dominados.

Para chegar ao consenso desejado, o grupo hegemônico vale-se da tecnologia e da informação para promover a transfiguração da realidade, criando outra, paralela, que não pode ser desconstruída pelos dominados que analisam a controvérsia, resultando, enfim, no consenso em torno da decisão desejada por ele.

Por outro lado, a prática do *dissenso* vai na contramão, em busca de novos valores para a gestão da atividade no contexto coletivo/social. Vislumbramos nesse modo de argumentação a possibilidade de superação, pelos grupos humanos, da condição de espectadores da vida, passando a sujeitos-cidadãos.

McLaren (2000, p. 22) apresenta o dissenso como uma forma de resistência discursiva que vai ao encontro das necessidades de emancipação dos grupos sociais. Desse modo, "os críticos podem avançar no desenvolvimento de uma linguagem que fale melhor ao povo, e não apenas sobre ele, com relação ao que é possível tornar-se em um mundo que violentamente coopta a identidade das pessoas para torná-la ridícula".

A nossa concepção de dissenso dialógico foi desenvolvida com base na pedagogia do oprimido, de Freire (1987), que não é somente um método de alfabetização e de educação popular, mas, pelas implicações sociais e políticas, também de comunicação popular, pois tem sua base no diálogo e na deliberação pública.

Bakhtin (1981) apresenta uma visão dialógica da linguagem, como fenômeno social e histórico e, por isso, ideológico. O teórico russo concebe a comunicação na reciprocidade do diálogo. O sujeito divide o espaço discursivo com o outro. Em sua teoria polifônica, declara que o discurso de alguém está impregnado de palavras de outrem, sendo o dialogismo a característica essencial da linguagem e a condição fundamental do sentido do discurso. Com base em Bakhtin, ser cidadão pressupõe participação discursiva. O discurso dialógico é condição imprescindível para o desenvolvimento da cidadania, porque contempla o outro, igualmente sujeito de ação na reconstrução da realidade.

A pedagogia de Freire, dialógica em sua essência, apresenta-se como dissenso, pois pressupõe a ruptura com o senso comum para assumir o senso crítico, cujo processo é marcado pelo conflito, inerente ao ato de olhar a realidade. Ele acreditava que o processo de produção do mundo social pelo diálogo ocorre em relação dialética com os traços estruturais da sociedade, como as relações de produção, as formações culturais e os arranjos institucionais. No processo de alfabetização, o significado circula, é trabalhado e revisado, resultando em interpretação política, em produção de sentido e em formação de vontade – processo ao qual o autor se referia como *práxis*: "seu fazer é ação e reflexão. É práxis. É transformação do mundo" (Freire, 1987, p. 121).

Faremos, portanto, uma aproximação entre a educação freireana e a comunicação crítica, no sentido de torná-la menos informativa e mais performática, fundada nas experiências vividas e em uma linguagem de análise social com base nas atividades comunitárias e nas mobilizações sociais.

Para Freire (1987, p. 79), os oprimidos passam a pensar e julgar a realidade – leitura de mundo[3] – e, para transformá-la, devem, pelo discurso, dialogicamente, desenvolver uma consciência coletiva da sua própria constituição:

---

3 Para Freire (2000, p. 107), "leitura de mundo crítica implica o exercício da curiosidade e o seu desafio para que se saiba defender das armadilhas, por exemplo, que lhe põem no caminho as ideologias".

O diálogo é uma exigência existencial. E, se ele é o encontro em que se solidarizam o refletir e o agir de seus sujeitos endereçados ao mundo a ser transformado e humanizado, não pode reduzir-se a um ato de depositar idéias de um sujeito no outro, nem tampouco tornar-se simples troca de idéias a serem consumidas pelos postulantes.

Percebemos, nas palavras de Freire, a existência do conflito entre oprimidos e opressores. O dissenso é inerente a esta relação dominador/dominado.

Indicamos, como fonte do consentimento do dominado, não só a educação bancária, mas também a comunicação de massa. "Em lugar de comunicar-se, o educador faz 'comunicados' e depósitos que os educandos, meras incidências, recebem pacientemente, memorizam e repetem" (Freire, 1987, p. 58). Encontramos na educação e na comunicação bancárias o fundamento do consenso fabricado para a prática capitalista dominante: "a elite dominadora prescreve e os dominados seguem as prescrições" (Freire, 1987, p. 123).

Como contraposição à educação bancária, Freire propõe a educação dialógica. Cabe a ela e – por que não? – à comunicação deliberativa promover a consciência reflexiva, o discurso crítico e, dessa forma, a construção e a reconstrução da realidade. O pedagogo (1989) acredita que a educação dialógica e ativa possibilita a transitividade da "consciência ingênua" à "consciência crítica". A relação dialógica é indispensável ao ato do conhecimento. "A educação é comunicação, é diálogo, na medida em que não é a transferência de saber, mas um encontro de sujeitos interlocutores que buscam a significação dos significados" (Freire, 1987, p. 66). Todo diálogo é solidário, pois implica a colaboração discursiva entre sujeitos. A ação dialógica somente pode realizar-se na comunicação. "O diálogo, que é sempre comunicação, funda a 'co-laboração'. [...] A adesão não pode verificar-se a não ser na intercomunicação dos homens, mediatizados pela realidade" (Freire, 1987, p. 67).

Acreditamos que o dissenso dialógico, com base em Freire, é ação reflexiva com que os dominados encaram a realidade e, mediante a sua crítica, identificam a ação antidialógica e se contrapõem com a busca do diálogo. À medida que o oprimido recusa a situação de opressão que tentam lhe impor, é retirado do opressor o poder de dominar.

Chegamos à conclusão de que cidadão é aquele que identifica de forma crítica as muitas vozes ideológicas que interferem no seu discurso, que coloca o outro em seu discurso e dialoga com ele, promovendo-o à condição de sujeito falante e ouvinte – um leitor de mundo, portanto.

## Relações públicas e a construção da cidadania

Entendemos o estímulo à discursividade pública como propulsora do dissenso e base para a ampliação da cidadania e para o estabelecimento de relações comunitárias solidárias. Nesse aspecto, as relações públicas poderão oferecer instrumentos para promoção da controvérsia pública – dissenso – e de encaminhamento das reivindicações dos grupos sociais.

Trata-se de oferecer às comunidades informações e ferramentas de comunicação (assessoria) que possibilitem a leitura de mundo (pesquisa-diagnóstico da realidade), a articulação em torno de pólos e de projetos reivindicativos (planejamento e organização), a ação transformadora da realidade (execução), para, uma vez superada a situação geradora da controvérsia, chegar ao consenso e estimular novas reivindicações – dissenso –, com base na releitura do mundo (avaliação).

Compreendemos leitura crítica como a busca de significado para determinado contexto, por meio de observações, comparações, inferências e julgamentos com base no conhecimento prévio e nas informações apresentadas.

As relações públicas comunitárias podem possibilitar a leitura de mundo dos grupos populares de duas formas: a primeira, incentivando a expressão das informações e dos valores construídos previamente em função de outros relacionamentos do sujeito na família, na escola, no trabalho e na sociedade; a segunda, despertando o interesse dos indivíduos por novas informações que possibilitem ampliar o conhecimento, buscando-as em livros, jornais, na internet e até mesmo em outras pessoas do grupo ou fora dele.

A cidadania está diretamente articulada com a capacidade de manejar conhecimento. As relações públicas populares podem contribuir com os grupos para a produção do autoconhecimento. Com esse propósito, elas se tornam relações públicas educacionais, pois já não se trata de informação, mas de formação, na qual o conhecimento construído pela comunidade vale tanto quanto o conhecimento científico, pois ganha em significado, a partir do momento em que estabelece relação/transformação da realidade.

A comunicação/relações públicas tem por função desenvolver a inquietude social e, assim, formar a cidadania. O dissenso é um meio para chegar à cidadania, que só será efetivada quando se conseguir formar agentes de mudança dispostos a correr riscos para construir um mundo melhor.

Na visão funcionalista, as relações públicas estão voltadas ao atendimento das necessidades para manutenção do sistema. Dessa forma, o conflito é considerado uma disfunção social, que as relações públicas precisam administrar "para o sistema voltar à normalidade". Concordamos com Escudero (1991) quando diz que as relações públicas foram concebidas para legitimar o poder. A autora propõe a metodologia dialética para a atuação de relações públicas, pois contempla a relação entre contrários e admite, dessa forma, o conflito como antagonismo de classes e de interesses.

As relações públicas populares têm no dissenso, portanto no conflito, a expressão da ansiedade da comunidade e o ponto de partida para esta questionar o sistema ou algum aspecto dele, objetivando diminuir o dano causado pelo modo de produção capitalista. O conflito, a controvérsia, na visão de Andrade (1988), institui o público, e é pré-requisito para a existência deste. Além da controvérsia, o debate crítico e o melhor argumento, com vistas ao consenso, fazem parte das características de público. As relações públicas administrarão os interesses antagônicos, buscando harmonizá-los. Para o autor, o público tem voz passiva, pois este se posiciona a partir da iminência do conflito.

O que propomos, com base em nossa experiência em trabalhos comunitários – e aí está a grande mudança no *modus operandi* –, é que as relações públicas populares devem assumir o antagonismo social, levando o grupo a compreender sua engrenagem, e fazer-se dissenso, se a realidade se revelar opressora, na forma de conflito expresso. A função das relações públicas, embora política, é instrumental, pois não são elas que deflagrarão o conflito, mas o posicionamento do grupo diante da realidade. As relações públicas adquirem função instrumental, pois possibilitarão a leitura do contexto com a comunidade e não para a comunidade.

O conflito expresso nos moldes de dissenso dialógico – pois em nenhum momento é inviabilizado o processo de comunicação – acaba ganhando foro público e, em conseqüência disso, gerando a ansiedade/ inquietação na classe dominante, fazendo que esta resolva a ansiedade dos dominados na forma de benefícios sociais e – por que não? – de novos direitos.

A proposta de inversão de fluxo, no processo de deliberação pública, à primeira vista parece utópica, mas não é. Basta olharmos para os movimentos trabalhistas e populares no mundo e no Brasil para verificarmos a sua possibilidade. Foram eles que lutaram pela universalização dos direitos civis, sociais e políticos e, no Brasil, pelo fim da censura e da proibição à mobilização social, pela redemocratização do país, entre outras ações.

O processo de produção do dissenso dialógico pede a participação social. No desenvolvimento de comunidade, no âmbito dos movimentos sociais, a participação é definida por Souza (1991, p. 16) como

> o exercício coletivo de tomada de decisões e da gestão das ações definidas e implementadas pela população comunitária. É, também, o exercício de articulação de forças sociais comuns, dentro e fora da comunidade.
> Ele deve estimular a participação através de exercícios de reflexão e ação relativas aos interesses e preocupações da população, assim como em relação às suas condições reais e potenciais de organização social. Decidir e gerir os encaminhamentos necessários ao

enfrentamento dos interesses comuns significa, também, exercício de ampliação das condições de cidadania.

Nesse processo de enfrentamento para a construção da cidadania, as relações públicas devem incentivar a inquietação dos protagonistas sociais, o desejo de transformar a realidade, de construir outra diferente da instituída pelo poder hegemônico, enfim, de alcançar a consciência e a ação críticas. A harmonia social só pode ser concebida pela disposição de conquistar novos direitos ou de efetivar os direitos sociais existentes.

Nesse sentido, as relações públicas poderão estimular a controvérsia atrelada à causa comunitária, não de forma irresponsável, mas com vistas ao alcance do sonho e da esperança coletivos, à edificação de uma sociedade mais justa, cidadã e solidária e à promoção de sujeitos de discurso. Isso não pode ser conquistado pela persuasão, mas pelo diálogo entre os grupos sociais.

Peruzzo (1993, p. 128-9) apresenta as relações públicas populares e seus princípios:

> São aquelas comprometidas fundamentalmente com a transformação da sociedade e com a constituição da igualdade social. Elas têm a ver com uma concepção de mundo e com uma concepção de homem que:
> a) acredita no homem, na sua potencialidade de construir uma sociedade justa e livre;
> b) enxerga a desigualdade social, as contradições de classes e querem o bem-estar, a plenitude dos direitos da cidadania assegurados para todos os homens;
> c) acredita nas possibilidades de mudanças e na sociedade civil como gestadora de mudanças e de nova hegemonia;
> d) imnplica a interdisciplinaridade entre vários campos do conhecimento e da ação político-educativa;
> e) se realize de modo orgânico ao interesse público, e preferencialmente inserida em experiências concretas e alicerçadas na metodologia de uma educação popular libertadora;
> f) favoreça a ação coletiva, a autonomia, a partilha do poder de decisão, a co-responsabilidade (tanto pelas práticas participativas como pela

implantação de políticas públicas em conformidade com as necessidades e os interesses da comunidade), [...] respeitando a dinâmica própria dos movimentos onde [as relações públicas] se inserem.

A importância das relações públicas tem residido na experiência de captação e satisfação dos anseios da opinião pública, na maioria das vezes a serviço das organizações produtivas e governamentais. O trato com a controvérsia pública, dando subsídios para o processo de negociação, é outra contribuição que as relações públicas podem oferecer aos grupos populares e à sociedade civil. Enfim, por meio de um saber profissional construído, elas podem contribuir para a organização da sociedade civil, estimulando a comunicação pública e a sua participação na política da terceira via.

Nesse processo de construção da cidadania, na conquista dos direitos, os integrantes da sociedade desenvolvem laços de solidariedade, tornando comuns sonhos e esperanças, empreendendo um projeto coletivo de edificação da vida. A comunicação adquire sentido político, possibilitando a tomada de consciência, a expressão da insatisfação e a superação das relações de exclusão, assumindo um compromisso com a transformação da realidade. Ao se transformar, os indivíduos mudam também a realidade dominante, imprimindo um novo rumo à vida cotidiana.

## Referências

AGUIAR, Odilio Alves. A dimensão ética da desobediência civil. In: *Filosofia e filosofia da educação. Net*. [s. l.], [s. d]. Disponível em: <http:/www.filosofia.pro.br/textos/>. Acesso em: 31 jul. 2001.

ANDRADE, Cândido Teobaldo de Souza. *Curso de relações públicas*. 4. ed. São Paulo: Atlas, 1988.

ARENDT, Hannah. *Crises da república*. São Paulo: Perspectiva, 1999.

BAKHTIN, Mikhail. *Marxismo e filosofia da linguagem*. 6. ed. São Paulo: Hucitec, 1981.

CÉSAR, Regina Escudero. *Relações públicas comunitárias: uma exigência da sociedade civil brasileira.* 1991. Dissertação (Mestrado em Comunicação Social) – Instituto Metodista de Ensino Superior, São Bernardo do Campo, SP.

CHAUÍ, Marilena de Sousa. *Cultura e democracia: o discurso competente e outras falas.* 7. ed. São Paulo: Cortez, 1997.

FAIRCLOUGH, Normam. *Discurso e mudança social.* Brasília: Ed. UnB, 2001.

FREIRE, Paulo. *Pedagogia do oprimido.* 17. ed. Rio de Janeiro: Paz e Terra, 1987.

_____. *Educação como prática da liberdade.* 19. ed. Rio de Janeiro: Paz e Terra, 1989.

_____. *Pedagogia da indignação: cartas pedagógicas e outros escritos.* São Paulo: Ed. Unesp, 2000.

FRÊITAS, Ariádne Castilodo de. *O canto polifônico da sedução no discurso político.* 2000. Dissertação (Mestrado em Lingüística Aplicada) – Universidade de Taubaté, SP.

HABERMAS, Jürgen. *Mudança estrutural na esfera pública.* Rio de Janeiro: Tempo Brasileiro, 1984.

MCLAREN, Peter. *Multiculturalismo revolucionário: pedagogia do dissenso para o novo milênio.* Porto Alegre: Artes Médicas Sul, 2000.

PÊCHEUX, M. Análise de discurso: três épocas. In: GADET, Françoise; HAK, Tony (orgs.). *Por uma análise automática do discurso: uma introdução à obra de M. Pêcheaux.* Campinas: Unicamp, 1983, p. 311-8.

PERUZZO, Cicilia M. Krohling. *Relações públicas no modo de produção capitalista.* 2. ed. São Paulo: Summus, 1986.

_____. Relações públicas, movimentos populares e transformação social. *Revista Brasileira de Comunicação*, São Paulo, Intercom, n. 2, p. 124-33, jul./dez. 1993.

_____ (org.). *Comunicação e culturas populares.* São Paulo: Intercom, 1995.

SOUZA, Maria Luíza de. *Desenvolvimento de comunidade e participação.* 3. ed. São Paulo: Cortez, 1991.

# 5. Dimensões e perspectivas das relações públicas comunitárias

*Margarida Maria Krohling Kunsch*

Este capítulo, registrando algumas iniciativas brasileiras, acadêmicas e profissionais de relações públicas comunitárias levadas a efeito a partir dos anos 1980, discorre sobre os aportes teóricos que as fundamentam. Apresentam-se noções básicas sobre o conceito de comunidade em uma perspectiva sociológica, destacando as dimensões deste segmento e suas frentes de atuação. Analisam-se alguns requisitos ou princípios para a prática das relações públicas comunitárias e os possíveis caminhos para formação de um profissional, ou gestor de comunicação, mais preparado para atuar em uma realidade social contemporânea que ultrapasse as fronteiras do mundo corporativo.

Há exatos vinte e dois anos, publicávamos o artigo "Relações públicas comunitárias: um desafio" (Kunsch, 1984). Desafio, por quê? Exatamente porque, na época, punha-se total ênfase no papel das relações públicas a serviço, tão-somente, dos segmentos empresariais e governamentais. Propugnávamos, então, a necessidade de nossa área assumir efetivamente a sua função social, por meio de ações que levassem o profissional a se engajar, por exemplo, no processo de comunicação alternativa das organizações populares, cuja articulação era cada vez mais forte.

A atuação de relações públicas a serviço dos interesses empresariais era então toda baseada na transferência, para o nosso meio, de conceitos da bibliografia estrangeira. Textos de autores norte-americanos como Eric Carlson, Harwod Childs, Edward Bernays e Bertrand Canfield, entre outros, serviram por muitos anos de paradigma para os estudos e as práticas no Brasil, tendo sido seus conceitos sistematicamente assimilados por nossos acadêmicos e profissionais. Assim, até por volta dos anos 1980, a

166                                    Margarida Maria Krohling Kunsch

literatura brasileira sobre relações públicas, via de regra, era toda centrada em uma perspectiva pragmática e preocupada em como as empresas deviam se relacionar com seus públicos para melhorar sua "imagem" e ser bem-aceitas, estabelecendo-se condições favoráveis para a venda de seus produtos e serviços.

Foi no início da década de 1980 que se passou a debater as relações públicas sob uma nova ótica, preconizando sua utilização também a serviço dos interesses populares e comunitários. Isso se deu graças ao avanço que então já havia alcançado a comunicação alternativa, em decorrência dos esforços empreendidos por defensores das liberdades democráticas e por entidades como a Intercom – Sociedade Brasileira de Estudos Interdisciplinares da Comunicação e a União Cristã Brasileira de Comunicação Social (UCBC). Tais organizações promoviam ciclos de estudos e congressos com debates voltados, sempre, para uma temática de resistência ao governo autoritário, pondo em destaque as classes subalternas e os direitos humanos, e apregoando a exigência de uma nova ordem para o campo da comunicação social. Precisamente em 1980, a UCBC, em seu IX Congresso Anual, abordou a comunicação popular. Na ocasião, tivemos a oportunidade de participar de um painel sobre relações públicas do serviço dos interesses populares[1], junto do sindicalista Anísio Teixeira, a José Queiroz, da Universidade Católica de São Paulo, e de Cicilia Peruzzo, que então estava desenvolvendo sua dissertação de mestrado *Relações públicas no modo de produção capitalista* (1986). Esse evento fez germinar uma nova esperança de vida para essa área e ocasionou o surgimento de diversas outras iniciativas nesta mesma direção.

Mencione-se, por exemplo, a que viríamos a desenvolver com colegas de magistério e alunos do último ano de Relações Públicas da Faculdade de Comunicação Social do Instituto Metodista de Ensino Superior, em São Bernardo do Campo. Tratava-se de um projeto voltado para a comunidade, em uma tentativa concreta de viabilizar uma nova alternativa para as relações públicas. Pretendíamos demonstrar que as técnicas e os

---

1 Nossa intervenção nesse painel foi publicada em artigo no jornal *O Público*, da ABRP-SP (Kunsch, 1981).

Dimensões e perspectivas das relações... 167

instrumentos da área podiam ser aplicados também a outras esferas da sociedade que não somente as empresariais e governamentais. No artigo mencionado no início (Kunsch, 1984), relatamos essa experiência, assim como outras levadas a efeito por outras escolas na época.

Em outro texto, que publicamos depois, "Propostas alternativas de relações públicas" (Kunsch, 1987), reforçávamos essa mesma proposta e sugeríamos outras possibilidades para atuação da área, por exemplo, junto das organizações sindicais. E já na primeira edição de nosso livro *Planejamento de relações públicas na comunicação integrada* (Kunsch, 1986), também propúnhamos uma visão abrangente para a área, enfatizando sua aplicação nas "organizações" em um âmbito ampliado, que vai além do conceito mais restrito de "empresas"[2].

Com isso, foi crescendo no meio universitário o interesse em torno dos fundamentos daquilo que, aos poucos, passava a configurar-se como "relações públicas comunitárias", cada vez mais distanciadas daquela visão tradicional de ações desenvolvidas pelas empresas "para" a comunidade, em uma perspectiva muito mais assistencialista e funcionalista. Cicilia Krohling Peruzzo e esta autora eram freqüentemente convidadas a proferir palestras sobre essa temática em faculdades e escolas de comunicação social de diferentes regiões do país.

Gradativamente, a abordagem dessa temática foi sendo objeto de projetos desenvolvidos por "agências experimentais", formadas por alunos do último ano dos cursos universitários da área; de monografias de estudantes de graduação e de pós-graduação *lato sensu*; assim como de dissertações de mestrado e teses de doutorado em nível de pós-graduação *stricto sensu*. Muitos capítulos da presente coletânea são justamente resultantes de estudos levados a efeito nessa direção, expressando o quanto o Brasil tem avançado nesse segmento e sinalizando perspectivas promissoras de um incessante crescimento, dentro do novo contexto político, econômico e social que estamos vivenciando.

---

2 Na 4ª edição da obra (Kunsch, 2003), revista, atualizada e ampliada, precisamente no capítulo 3, discorremos mais concretamente sobre essa nova abrangência das relações públicas e o seu papel para o fortalecimento da dimensão institucional e social das organizações.

## Sociedade e comunidade

Quais seriam os aportes teóricos para dimensionar as relações públicas comunitárias? Em que âmbito elas se situam? Quais seriam os pressupostos básicos dos estudos e da prática a elas vinculados? Quais os contextos envolvidos? Como pensar essa temática em uma sociedade complexa como a de hoje? Os conceitos clássicos de sociedade e comunidade atendem às novas demandas? Estas são questões que consideramos centrais quando se fala em relações públicas comunitárias.

Se examinarmos a literatura corrente, encontraremos uma infinidade de terminologias para caracterizar a sociedade e a comunidade. O intuito, aqui, não é fazer uma revisão bibliográfica exaustiva do que já escreveram os principais autores, sobretudo os sociólogos, mas apenas apresentar uma visão geral desses conceitos fundamentais e, ao mesmo tempo, chamar a atenção para a complexidade dessa abordagem, ante a polissemia dos termos e dos seus inúmeros significados.

Um dos estudos clássicos sobre sociedade e comunidade é o do sociólogo alemão Ferdinand Tönnies, *Gemeinschaft und Gesellschaft* (comunidade e sociedade), de 1887[3]. Esse autor do século XIX conceituava comunidade em oposição à sociedade. Para ele, comunidade era um agrupamento muito mais próximo e "puro", como a família, a aldeia e o convívio do meio rural. Sociedade, por outro lado, representava grupos sociais urbanos de relações econômicas e políticas em um contexto muito mais complexo, mecânico e sujeito a pressões, leis e normas.

Para R. MacIver e Charles Page (1973, p. 117-31), o termo "comunidade" refere-se a "uma área da vida social assinalada por um certo grau de coesão social. As bases da comunidade são localidade e sentimento de comunidade". O que caracteriza uma comunidade, para esses autores, "é que a vida de alguém pode ser totalmente vivida dentro dela. Não se pode viver inteiramente dentro de uma empresa comercial ou de uma igreja". O critério básico para a existência de uma comunidade

---

3 Em Fernandes (1973), o leitor poderá conferir o artigo "Comunidade e sociedade como entidades típico-ideais", do próprio Tönnies (1973, p. 96-116).

estaria, então, "em que todas as relações sociais de alguém podem ser encontradas dentro dela". Enquanto isso, a sociedade seria "um sistema de costumes e processos, de autoridade e auxílio mútuo, de muitos agrupamentos e divisões, de controles de comportamento humano e das liberdades. [...] É a teia das relações sociais. E está sempre mudando".

Max Weber (1987, p. 77), entre muitos outros autores que trabalharam essa temática, como Auguste Comte, Karl Marx, Émile Durkheim entre outros, enfatiza a ação e a relação social na sua visão conceitual desses termos:

> Chamamos de comunidade a uma relação social na medida em que a orientação da ação social – seja no caso individual, na média ou no tipo ideal – se baseia em um sentido de solidariedade: o resultado de ligações emocionais ou tradicionais dos participantes. A relação social de sociedade, por outro lado, é o resultado de uma reconciliação e de um equilíbrio de interesses motivados por juízos racionais, quer de valores, quer de fins.

Talcott Parsons (1969, p. 21-3) analisa o conceito de sociedade e comunidade no âmbito do sistema social: "Uma sociedade é um tipo de sistema social, em qualquer universo de sistemas sociais e que atinge o mais elevado nível de auto-suficiência, como um sistema, com relação aos seus ambientes". Para o autor, "o núcleo de uma sociedade, como um sistema, é ordem normativa padronizada através da qual a vida de uma população se organiza coletivamente".

Todos esses conceitos expressam as percepções que caracterizaram uma época, mas, com a evolução da história, foram sofrendo modificações e críticas de outros estudiosos. Em face das grandes transformações mundiais ocorridas no final do século passado, com as quais convivemos quando se fala hoje em sociedade e comunidade, são inúmeros os olhares e as concepções. Por exemplo, quando se arrola entre as características da comunidade a proximidade física e geográfica, como fica a questão das comunidades virtuais? E as várias maneiras de caracterizar sociedade com base na dinâmica da história e de suas revoluções industrial, pós-industrial, moderna, pós-moderna, tecnológica, digital etc.? Apenas a título de ilustração, apresentamos a seguir um pequeno recorte do pensamento predominante de alguns autores a respeito de diferentes formas de ver a sociedade de uma perspectiva mais complexa do que definitória.

Peter Drucker (1995) aborda as transformações da sociedade capitalista das origens até a chamada sociedade do conhecimento. Krishan Kumar (1997) trata das variadas mudanças ocorridas da sociedade pós-industrial à sociedade pós-moderna, e traz reflexões para um novo olhar sobre o conceito de modernidade à luz do terceiro milênio. Domenico De Masi (1999), ao analisar a sociedade pós-industrial, reúne o pensamento de vários autores, mostrando o quanto é complexo o tema.

No estudo da sociedade globalizada da contemporaneidade, destaca-se, por exemplo, Octávio Ianni, cientista social brasileiro dos mais conceituados. Em *Teorias da globalização* (1996, p.189-207), discorrendo sobre os novos paradigmas das ciências sociais, ele fala do desafio de pensar o mundo como uma sociedade global, no lugar das sociedades nacionais.

Em relação à chamada sociedade da informação, do conhecimento ou digital, são inúmeros os autores que vêm trabalhando essa temática, como Don Tapscott e Art Caston (1995) e Pierre Lévy (2001), por exemplo. Mas queremos destacar a significativa contribuição de Manuel Castells com seus três volumes sobre a sociedade-rede (1997, 1998 e 1999) e *A galáxia da internet* (2003). O autor chama a atenção para a força da revolução tecnológica da informação, que está modificando a base material da sociedade em ritmo acelerado, e analisa o poder da internet como meio de comunicação para organizar a sociedade.

São muitos os estudiosos que analisam a sociedade midiática, mediatizada, transparente e da comunicação. Em *Enigmas da modernidade-mundo*, Octávio Ianni (2000, p. 155) reflete sobre o poder da mídia na sociedade contemporânea, usando a metáfora do "príncipe eletrônico". Ele estabelece uma relação entre o príncipe de Maquiavel e o moderno príncipe de Gramsci. Gianni Vattimo, em *A sociedade transparente* (1991), fala do advento da sociedade da comunicação e do papel preponderante que exercem os *mass media*, fazendo que tenhamos uma sociedade transparente e complexa ao mesmo tempo. Em *La utopía de la comunicación* (2000, p. 63), Philippe Breton destaca a sociedade da comunicação, totalmente constituída por redes de informação e autoreguladas politicamente[4].

A sociedade complexa está em inúmeras obras de Edgar Morin, principal expoente nos estudos sobre ela. Citem-se, por exemplo, *Introdução ao pensamento complexo* (2001) e "Epistemologia da complexidade" (1996). Gilles Deleuze e Felix Guattari, no livro *Mil platôs: capitalismo e esquizofrenia* (1995), apropriam-se do paradigma do rizoma (elemento da botânica) para nomear a "sociedade rizomática", que atua como uma rede descentralizada, desterritorializada e como uma forma democrática e construtiva das relações sociais, sem se prender às hierarquias e às convenções tradicionais da visão de sociedade e comunidade. Outra reflexão mais localizada nos aspectos dos problemas sociais e políticos da realidade brasileira é a que traz Renato Janine Ribeiro (2000), abordando a "sociedade contra o social ou a sociedade privatizada".

Para o sociólogo polonês Zygmunt Bauman, no livro *Comunidade: a busca por segurança no mundo atual* (2006), a comunidade é hoje um conceito central para os debates sobre a natureza e o futuro de nossas sociedades. Envolvendo a idéia de um lugar aconchegante, onde nos sentimos de alguma forma protegidos, ela pode ser um novo nome para o paraíso perdido. Mas trata-se de um paraíso que ainda esperamos encontrar, pois a verdade é que a vida em comunidade parece privar-nos da liberdade individual. A tensão entre esses valores é difícil de ser superada. Entretanto, sempre é possível avaliar oportunidades e riscos para aprendermos a viver em comunidade.

Todas essas considerações, ainda que bastante panorâmicas, servem de pano de fundo para as relações públicas comunitárias. Situar a sociedade onde estamos insertos constitui condição *sine qua non* para análises de contexto, reflexões e o planejamento de ações propositivas de intervenção social mediante essa atividade[5].

---

4 Pode-se consultar também Dênis de Moraes (2003), que traz a contribuição de vários co-autores.

5 Vale a pena ver também os artigos da obra *Por uma outra comunicação: mídia, midialização cultral e poder*, organizada por Dênis de Moraes (2003).

## Relações públicas comunitárias

Deixemos claro, de início, que relações públicas comunitárias autênticas são muito mais do que um trabalho "para" a comunidade, nos moldes tradicionais, por meio de ações sociais paternalistas. Elas pressupõem uma atuação interativa, em que o profissional é, antes, um articulador e um incentivador, mais do que um simples transmissor de saberes e aplicador de técnicas aprendidas na universidade. Ele não deve ser um mero "consultor", que não vivencia as necessidades da comunidade. As relações públicas comunitárias implicam sua participação "na" comunidade, dentro dela e em função dela. Melhor ainda será se ele for um "agente orgânico" surgido no seio da própria comunidade.

O profissional deve saber encarar com sinceridade os problemas e os conflitos da comunidade. Ele não pode defender apenas os interesses da empresa a que estiver vinculado, por meio de um departamento de comunicação ou de uma assessoria contratada. Se a empresa a que serve, por exemplo, está fazendo algo que prejudica a comunidade, é necessário, antes de mais nada, que ele proponha medidas para sanar o problema e informe os líderes locais e a imprensa sobre essas providências, mediante instrumentos de relações públicas, como visitas às instalações, entrevistas, materiais impressos, portal corporativo, campanhas de utilidade pública etc. Todas essas ações comunicativas têm de estar fundamentadas na verdade e na transparência, sendo, até onde necessário e possível, analisadas junto com a comunidade. Como disse Andrade (1982, s.p.),

> é ingênuo, se não perigoso, enfrentar as pressões populares, refugiando-se na triste e obsoleta "política do caramujo". As reações dos públicos têm de ser conhecidas, depois plenamente estudadas e identificadas, dentro de um programa de ação ajustada, e revisada, para atender seus justos reclamos. Os valores econômicos somente poderão ser justificados e preservados pela sua adaptação flexível e contínua às aspirações dos públicos.

Dimensões e perspectivas das relações...

A comunidade constitui hoje um público estratégico relevante para as organizações. Pode-se afirmar que estas já evoluíram muito no seu relacionamento com a comunidade. Os *cases* de comunicação organizacional e relações públicas premiados por entidades respeitadas da área representam ações proativas e transformadoras, não mais marcadas pela tradicional visão assistencialista que caracterizava a atuação social das empresas. Tomando como base as considerações feitas até aqui, apresentamos, na seqüência, alguns princípios que consideramos o mínimo indispensável para a eficácia da atividade de relações públicas comunitárias.

## Reconhecer a complexidade social e ter visão de mundo

É necessário superar uma visão de sociedade e comunidade que não dá mais conta de entender a complexidade contemporânea. Conforme mencionamos, já está superado o conceito reducionista de sociedade, que a restringe à população que habita determinado território, cumprindo leis e normas, articulando-se em torno de direitos e deveres etc. O mesmo se diga do conceito de comunidade, que hoje tem denotações e conotações bem mais amplas que as vigentes até pouco tempo atrás, com a criação, por exemplo, das chamadas "comunidades virtuais". Diz, a propósito, Manuel Castells (2003, p. 105):

> A noção de "comunidades virtuais", proposta pelos pioneiros da interação social na internet, tinha uma grande virtude: chamava atenção para o surgimento de novos suportes tecnológicos para a sociabilidade, diferentes de formas anteriores de interação, mas não necessariamente inferiores a elas. Mas induziu também a um grande equívoco: o termo "comunidade", com todas as suas fortes conotações, confundiu formas diferentes de relação social e estimulou discussão ideológica, entre aqueles nostálgicos da antiga comunidade, especialmente limitada, e os defensores entusiásticos da comunidade de escolha possibilitada pela internet.

Se há quase trinta anos Cândido Teobaldo de Souza Andrade (1978) ainda dizia que a comunidade "pode vir a ser" um público importante para as relações públicas, na atualidade ela já representa um dos principais públicos para qualquer organização. Alguns aspectos do conceito, então apresentado pelo autor, continuam tendo pleno sentido, como a coesão, o consenso e a cooperação em torno de interesses e aspirações comuns. Mas os estudos sobre a comunidade e seu relacionamento com as organizações hoje se vêem ampliados e aprofundados.

Na contemporaneidade, quando se trata de relações públicas comunitárias, deve-se considerar novas configurações e novos conceitos, tais como "capital social", "comunidade virtual", "redes sociais", "redes digitais" etc. Rogério da Costa (2005, p. 5), no artigo "Por um novo conceito de comunidade: redes sociais, comunidades pessoais, inteligência coletiva"[6], traz interessantes reflexões nessa direção. Com base em importantes autores, ele analisa as transformações por que passa o conceito de comunidade em razão da explosão das comunidades virtuais no ciberespaço e do dinamismo das redes de comunicação. Esse fato, segundo Costa,

> nos remete a uma transmutação do conceito de "comunidade" em "rede social". Se solidariedade, vizinhança e parentesco eram aspectos predominantes quando se procurava definir uma comunidade, hoje eles são apenas alguns dentre os muitos padrões possíveis das redes sociais. Atualmente, o que os analistas estruturais procuram avaliar são as formas nas quais padrões estruturais alternativos afetam o fluxo de recursos entre os membros de uma rede social.

Assim, quando se fala em relações públicas comunitárias, deve-se levar em conta as comunidades virtuais e as diversas redes sociais que vêm sendo construídas em torno das redes digitais na internet.

Os *chats*, os *blogs* e o *orkut* são exemplos das inúmeras possibilidades de determinados grupos constituírem comunidades em torno de

---

6 Sugerimos consultar o artigo na íntegra (Costa, 2005). Disponível também na Base Scielo Brasil, na internet.

Dimensões e perspectivas das relações...

interesses específicos. Foi o jornalista norte-americano Howard Rheingold quem, no livro *Comunidade virtual* (1996), formulou o conceito que intitula o trabalho. Para ele, não se trata apenas de mediar contatos pelo computador. Uma verdadeira comunidade virtual supõe a existência de um grupo que participa interativamente em torno de idéias compartilhadas para atingir diversos fins. Costa (2005, p. 77 e 82) analisa a contribuição do autor, dizendo que

> Rheingold (1996) não só constatou a emergência das comunidades virtuais, como também viu nelas uma relação mais profunda, motivado em especial pela questão do excesso de informação que já caracterizava a jovem web. Com efeito, um dos problemas da rede era o da "oferta demasiada de informação e poucos filtros efetivos passíveis de reterem os dados essenciais, úteis e do interesse de cada um". [...] Mas, enquanto os programadores se esforçavam para desenvolver agentes inteligentes que realizassem a busca e filtragem de toneladas de informações que se acumulavam na rede, Rheingold já detectava a existência de "contratos sociais entre grupos humanos – imensamente mais sofisticados, embora informais – que nos permitem agir como agentes inteligentes uns para os outros".

Assim, o tema das relações nas comunidades ultrapassa fronteiras geográficas, envolvendo as redes sociais criadas no ciberespaço, que também têm o poder de provocar mudanças comportamentais, implicando novas formas de atuação para as relações públicas e para a comunicação das organizações. No trabalho comunitário, o profissional de relações públicas deve verificar como se processa a dinâmica social integrativa dos seus membros, seja no entorno fisicamente delimitado, seja no ciberespaço. Em qualquer um dos casos, ele não pode mais encarar a comunidade de forma estanque, como um simples aglomerado de pessoas, sem o mínimo de participação ativa de seus componentes na construção de ideais comuns.

## Dominar as teorias, as técnicas e os instrumentos de relações públicas

Como em qualquer área de conhecimento, o profissional de relações públicas deve estar habilitado para exercer suas funções. Ele tem de conhecer profundamente seu campo e estar apto a aplicar os instrumentos em função da realidade com que vai lidar. Em trabalhos de dimensão comunitária, é fundamental que ele se preocupe com a comunicação simétrica de mão dupla, criando canais de diálogo, estabelecendo políticas de portas abertas, procurando conhecer o perfil dos públicos, realizando pesquisas de opinião, desenvolvendo planos de ação[7], tudo de forma participativa. É nesse sentido que se deve ver o conceito de comunidade de Andrade (1978) que citamos acima.

## Ter a educação libertadora como norteadora das ações

Os profissionais de relações públicas devem se comportar como agentes de transformação, deixando de repetir incessantemente o discurso sistêmico normalmente assimilado em sua formação universitária. Segundo Paulo Freire (1979, p. 66), deve-se levar em conta "a concepção problematizadora e a superação da contradição educador-educando: ninguém educa ninguém – ninguém se educa a si mesmo – os homens se educam entre si, mediatizados pelo mundo". Cicilia Krohling Peruzzo (1986, p. 121) explicita essa visão do grande pensador brasileiro: "As relações públicas a serviço da classe dominada se inserem na concepção 'libertadora' da educação. Esta problematiza, desmistifica a realidade, desocultando-a. 'Em lugar do homem-coisa, adaptável, luta pelo homem-pessoa, transformador do mundo.'" Trata-se de abandonar o que Freire chama de "extensionismo". Se um trabalho de relações públicas comunitárias deve ser feito "com" a comunidade e não "para" ela, o profissional da área deve, antes de mais nada, "descer às bases", estabelecendo com elas um processo empático. Plenamente engajado na comunidade e ajustado a seus interesses e às suas necessidades, será capaz de desenvolver um trabalho participativo, fugindo de uma atividade que seja mera extensão de uma "educação bancária".

---

7 Na parte IV deste livro, abordo o tema "Planejamento e gestão estratégica de relações públicas comunitárias".

## Valorizar a cidadania e a solidariedade humana

Como indivíduo e cidadão, o profissional de relações públicas deve cultivar conscientemente a solidariedade e outros valores humanos e sociais, para ajudar a construir uma sociedade mais justa. Ele precisa ter a ética como um princípio balizador, evitando envolver-se com projetos e programas que visem pura e simplesmente retornos mercadológicos e egoístas das empresas promotoras.

# Principais frentes de atuação das relações públicas comunitárias

As frentes de atuação são amplas. Tudo dependerá das realidades sociais com as quais depararemos. Os diversos capítulos da terceira e quarta partes da presente coletânea apresentam formas possíveis de atuação nessa área no âmbito de uma diversificada tipologia de organizações e movimentos sociais.

São, por exemplo, inúmeras as possibilidades de mediação entre os três setores da sociedade. Elas estão presentes no primeiro e no segundo, mas, sobretudo, no terceiro setor, que compreende um vasto campo de atuação – ONGs; fundações; associações e institutos voltados para a melhoria da vida das pessoas, o atendimento de crianças, adolescentes e idosos, portadores de deficiência, famílias carentes ou em situação de risco, refugiados, presos, minorias raciais e muitos outros grupos esquecidos pelo poder público e pela sociedade em geral.

No âmbito do Estado, quantas ações construtivas poderiam ser realizadas para contemplar as necessidades da população e dos cidadãos! É notório como o poder público subestima o potencial das relações públicas, priorizando a propaganda e a assessoria de imprensa, deixando de realizar ações comunicativas proativas e empreendedoras com vistas ao desenvolvimento integral da sociedade.

No trabalho de parceria entre o público e o privado, a área de relações públicas poderá desempenhar um importante papel. Por meio ou junto do terceiro setor, ela poderá promover mediações entre o Estado e a iniciativa privada, repensando-se o conteúdo, as formas, as estratégias, os instrumentos, os meios e as linguagens das ações comunicativas com os mais diferentes grupos envolvidos, a opinião pública e a sociedade.

Nas organizações privadas, a comunidade passa a ser, hoje, um dos públicos estratégicos mais considerados. A responsabilidade social e a cidadania corporativa, tão presentes no discurso empresarial, não podem ser vistas tão-somente como instrumentos a serviço de ganhos mercadológicos e de imagem institucional. Nem, muito menos, como mais um modismo. Elas precisam ser frutos de uma filosofia de gestão. As organizações devem mostrar que assumem de fato uma prática responsável e comprometida com a melhoria da qualidade de vida das pessoas e com a diminuição das desigualdades sociais. As relações públicas têm papel importante nesse contexto. Só assim elas estarão cumprindo sua função social, ao lado de outras funções estratégicas e administrativas.

## Referências

ANDRADE, Cândido Teobaldo de Souza. *Psico-sociologia das relações públicas.* Petrópolis: Vozes, 1975.

_____. *Dicionário profissional de relações públicas e comunicação.* São Paulo: Saraiva, 1978.

_____. Relações públicas na sociedade em mudança: sua responsabilidade social; adaptação do ensino da comunidade à realidade brasileira. In: Congresso Universitário de Relacões Públicas, V, e Ciclo de Estudos Superiores de Relações Públicas, V, 1982, São Bernardo do Campo (SP). *Anais...* São Paulo, ABRP, 1982, s.p. [Mimeo]

BAUMAN, Zygmunt. *Comunidade: a busca por segurança no mundo atual.* 2. ed. ampliada. Rio de Janeiro: Zahar, 2006.

BRETON, Philippe. *La utopía de la comunicación: el mito de la aldea global.* Tradução de Paula Mahler. Buenos Aires: Nueva Visión, 2000.

CASTELLS, Manuel. *La era de la información – Economía, sociedad y cultura. La sociedad red.* v. 1. Tradução de Carmen Martínez Gimeno. Madri: Alianza, 1997.

_____. *La era de la información – Economía, sociedad y cultura. El poder de la identidad.* v. 2. Tradução de Carmen Martínez Gimeno. Madri: Alianza, 1998.

_____. *La era de la información – Economía, sociedad y cultura. Fin de milenio.* v. 3. Tradução de Klauss B. Gerhardt e Roneide V. Majer. São Paulo: Paz e Terra, 1999.

Dimensões e perspectivas das relações...	179

_____. *A galáxia da internet*: *reflexões sobre a internet, os negócios e a sociedade*. Tradução de Maria Luiz X. de A. Borges. Rio de Janeiro: Zahar, 2003.

COSTA, Rogério da. Por um novo conceito de comunidade: redes sociais, comunidades pessoais, inteligência coletiva. *Interface – Comunicação, Saúde, Educação*, Botucatu, Unesp, v. 9, n. 17, mar./ago. 2005.

DE MASI, Domenico (org.). *A sociedade pós-industrial*. Tradução de Anna Maria Capovilla *et al*. São Paulo: Senac, 1999.

DELEUZE, Gilles; GUATTARI, Felix. *Mil platôs: capitalismo e esquizofrenia*. v. 1. Tradução de Aurélio Guerra Neto e Célia Pinto Costa. Rio de Janeiro: 34, 1995.

DRUCKER, Peter. *Sociedade pós-capitalista*. Tradução de Nivaldo Montingelli Jr. 4. ed. São Paulo: Pioneira, 1995.

FERNANDES, Florestan (org.). *Comunidade e sociedade: leituras sobre problemas conceituais, metodológicos e de aplicação*. São Paulo: Nacional / Edusp, 1973.

FREIRE, Paulo. *Pedagogia do oprimido*. 7. ed. Rio de Janeiro: Paz e Terra, 1979.

_____. *Extensão ou comunicação?* 5. ed. Rio de Janeiro: Paz e Terra, 1980.

IANNI, Octávio. *Teorias da globalização*. 2. ed. Rio de Janeiro: Civilização Brasileira, 1996.

_____. *Enigmas da modernidade-mundo*. Rio de Janeiro: Civilização Brasileira, 2000.

KUMAR, Krishan. *Da sociedade pós-industrial à pós-moderna*. Tradução de Ruy Jungmann. Rio de Janeiro: Zahar, 1997.

KUNSCH, Margarida M. Krohling. Relações públicas: como servir aos interesses populares. *O Público*, São Paulo, ABRP-SP, a. III, n. 13, p. 3, mar./abr. 1981.

_____. Relações públicas comunitárias: um desafio. *Comunicação & Sociedade*, São Bernardo do Campo, PósCom-IMS, v. 6, n. 11, p. 131-50, jun./dez. 1984.

_____. Propostas alternativas de relações públicas. *Revista Brasileira de Comunicação*, São Paulo, Intercom, n. 57, p. 48-58, 2º sem. 1987.

_____. *Planejamento de relações públicas na comunicação integrada*. 4. ed. revista e ampliada. São Paulo: Summus, 2003.

LÉVY, Pierre. *O que é o virtual?* Tradução de Paulo Neves. 4. reimpr. Rio de Janeiro: 34, 2001.

MACIVER, Robert M.; PAGE, Charles H. Comunidade e sociedade com níveis de organização social. In: FERNANDES, Florestan. (org.). *Comunidade e sociedade: leituras sobre problemas conceituais, metodológicos e de aplicação*. São Paulo: Nacional/Edusp, 1973.

MORAES, Dênis de (org.). *Por uma outra comunicação: mídia, mundialização cultural e poder*. Rio de Janeiro: Record, 2003.

_____. *Sociedade midiatizada*. Rio de Janeiro: Mauad, 2006.

MORIN, Edgar. Epistemologia da complexidade. In: SCHNITMAN, Dora Fried (org.). *Novos paradigmas, cultura e subjetividade*. Porto Alegre: Artes Médicas, 1996, p. 274-89.

_____. *Introdução ao pensamento complexo*. 3. ed. Lisboa: Instituto Piaget, 2001.

PARSONS, Talcott. *Sociedades: perspectivas evolutivas e comparativas*. Tradução de Dante Moreira Leite. São Paulo: Pioneira, 1969.

PERUZZO, Cicilia M. Krohling. *Relações públicas no modo de produção capitalista*. 2. ed. São Paulo: Cortez, 1986.

RHEINGOLD, Howard. *Comunidade virtual*. Lisboa: Gradiva, 1996.

RIBEIRO, Renato Janine. *A sociedade contra o social: o alto custo da vida pública no Brasil*. São Paulo: Companhia das Letras, 2000.

TAPSCOTT, Don; CASTON, Art. *Mudança de paradigma: a nova promessa da tecnologia da informação*. Tradução de Pedro Catunda. São Paulo: Makron Books, 1995.

TÖNNIES, F. Comunidade e sociedade como entidades típico-ideais. In: FERNANDES, Florestan (org.). *Comunidade e sociedade: leituras sobre problemas conceituais, metodológicos e de aplicação*. São Paulo: Nacional/Edusp, 1973.

VATTIMO, Gianni. *A sociedade transparente*. Tradução de Carlos Aboim de Brito. Lisboa: Edições 70, 1991.

WEBER, Max. *Conceitos básicos de sociologia*. Tradução de Rubens E. F. Frias e Gerard Georges Delaunay. São Paulo: Moraes, 1987.

# 6. Relações públicas e as questões sociais nos três setores da sociedade

*Maria José da Costa Oliveira*

> Analisa-se a relação entre o Estado, a sociedade civil e o mercado na construção da cidadania, procurando-se identificar o papel da área de relações públicas nesse contexto. Examina-se o panorama social e a atuação do governo, do terceiro setor e das empresas. Além de pesquisa bibliográfica, utilizam-se os resultados de uma pesquisa de campo realizada em Campinas (SP), com a qual se buscou constatar como empresas, entidades e governo se comportam diante das questões sociais e a perspectiva de ação integrada entre esses três setores. O capítulo se encerra com uma abordagem mais específica acerca do papel de relações públicas ante as questões sociais.

A cidadania tem sido cada vez mais destacada como tema de debate junto dos diferentes setores da sociedade. Isso, naturalmente, é conseqüência do atual panorama social, em que se evidenciam problemas como desemprego, fome, trabalho infantil, desigualdade social, criminalidade, violência e condições subumanas de sobrevivência para uma parcela significativa da população.

A esses problemas somam-se ainda corrupção, insegurança e desconfiança generalizada, seja no governo, seja nas empresas ou na sociedade como um todo, revelando a necessidade de reflexão sobre questões-chave, que mostrem possibilidades para a integração dos diferentes setores sociais em favor de uma verdadeira e consistente política social.

Aqui se destaca a importância de as relações públicas estarem diretamente envolvidas com a construção da cidadania, fixando sua função social de práxis voltada para a transformação social, no estabelecimento da integração entre Estado, sociedade e mercado. Com essa perspectiva social, a área ganha uma nova dimensão, pois a interlocução entre os diversos setores da sociedade é imprescindível para a ação integrada. É da integração entre os diferentes setores que emergem também as noções de espaço público e de cidadania. Entretanto, constata-se ausência de participação da sociedade civil e inexperiência democrática, em decorrência das diferenças culturais, dos preconceitos e da falta de valorização sobre o que cada parceiro pode oferecer de melhor e o respeito às suas limitações.

## Relações públicas interligadas às questões sociais

As transformações pelas quais passa a sociedade têm se refletido, evidentemente, na área de relações públicas, exigindo mesmo a adoção de conceitos mais abrangentes, novos paradigmas e, conseqüentemente, um novo posicionamento dos profissionais. Ao mesmo tempo, identificamos em muitas definições de relações públicas a preocupação com os aspectos que se tornam essenciais para o exercício pleno da cidadania, ou seja, transparência, responsabilidade social, diálogo, confiança, entre outros. Assim, analisar o papel das relações públicas no contexto social, o que elas representam e podem representar para a sociedade constitui-se um aspecto básico dentro deste trabalho.

Lembramos, de início, que no contexto da cidadania as relações públicas podem ser consideradas uma função intimamente ligada à educação com fim social, porque se propõem, justamente, estabelecer a relação entre organização e públicos de forma consciente, transparente, ética e baseada na confiança.

As relações públicas mantêm interface com outras áreas ligadas à educação com fim social. Este tem envolvido as organizações do primeiro, segundo e terceiro setores, que estão voltando sua atenção para o atendimento às necessidades sociais. A valorização das parcerias, as iniciativas cidadãs, as campanhas de solidariedade, a justiça social e a qualidade de vida estabelecem uma relação de causa e efeito entre as ações de impacto social e o processo de democratização e cidadania, levando não só as organizações do primeiro e segundo setores, como também as associações civis a buscar uma interlocução com os diferentes públicos.

Podemos dizer que essas inovações no formato organizacional e no conteúdo da ação são constituídas com base em uma visão social e em uma política pública intimamente relacionada com a filosofia de relações públicas, formando um cenário propício para o envolvimento e desenvolvimento da área.

Na implementação de políticas sociais e públicas, alguns espaços para a participação dos entes sociais têm sido identificados. Para Scherer-Warren (1999, p. 64) esses espaços compreendem:

- Canais institucionais: incluem múltiplos espaços para parcerias entre as esferas estatal e civil, com atribuições de planejamento e fiscalização na utilização de recursos em políticas sociais, tais como conselhos setoriais (crianças e adolescentes, saúde, educação etc.), fóruns intersetoriais (orçamento participativo, plano diretor etc.), coordenadorias específicas (mulher, idosos, deficientes etc.), programas de serviço (mutirões habitacionais, urbanização de áreas carentes etc.).
- Campanhas emergenciais: têm contado com parcerias entre a sociedade civil, o Estado e o mercado, destacando-se a participação voluntária de múltiplos sujeitos sociais, como ocorreu com a Ação da Cidadania contra a Fome, a Miséria e pela Vida.
- Ações sociais voluntárias locais: destinam-se a combater carências, discriminações ou realizar programas educativos entre as populações-alvo específicas, contando com a participação de organizações voluntárias, tais como ONGs, entidades filantrópicas, religiosas e cidadãos voluntários.
- Fóruns: contribuem com reflexões e propostas para a formulação de políticas sociais e públicas. Existem fóruns mais permanentes e outros mais conjunturais, como seminários estratégico-alternativos, conferências etc. Contam com a participação de membros de ONGs, de associações locais, de movimentos específicos, sindicatos, partidos, universidades, igrejas e cidadãos interessados.

Podemos considerar, portanto, que são amplas as possibilidades de participação na definição das políticas públicas, implicando, essa participação em geral, integração entre os diferentes setores da sociedade.

Não podemos, porém, ignorar as dificuldades que existem para implementação de parcerias entre os setores sociais. Scherer-Warren (1999, p. 65) chega a situá-las no campo da cultura política, exemplificando: "por um lado, o poder público tende a se orientar por práticas políticas tradicionais; por outro, a sociedade civil encontra-se incipientemente organizada". Tais dificuldades acabam se revelando um desafio ao profissional de relações públicas, que, por trabalhar relacionamentos, administra conflitos e pode contribuir para a consolidação de uma participação cidadã nas políticas públicas.

Entretanto, para que as relações públicas tenham uma atuação determinante e contribuam efetivamente com a construção da cidadania, assessorando o desenvolvimento de uma política de responsabilidade social e colaborando para a integração de diferentes setores da instituição, é preciso que se estabeleça um consenso em torno de sua inerente responsabilidade nesse sentido, de forma que os profissionais assumam sua parte no processo de edificação de uma sociedade que alcance o equilíbrio entre igualdade, liberdade e fraternidade, pilares de uma sociedade próspera.

Aliás, a busca de equilíbrio entre as relações sociais é a base de um modelo apresentado por James Grunig e Todd Hunt, defendido por alguns estudiosos como o ideal e mais adequado na busca da excelência em relações públicas. Caracterizado como simétrico de duas vias, ele inclui características como "dizer a verdade, interpretar o cliente e o público, a administração entendendo os pontos de vista dos funcionários e vizinhos, assim como os funcionários e vizinhos entendendo os pontos de vista da organização" (Grunig e Hunt, 1984).

Conforme nossa análise, o modelo simétrico de duas vias é o que vai ao encontro dos objetivos de colaborar com a instituição da cidadania, mesmo porque é ele que apresenta uma comunicação equilibrada, ajustando a relação entre a organização e seus públicos e promovendo o diálogo.

## Ética e investimento social

Para alcançar o equilíbrio nas relações sociais, a atividade de relações públicas deve, evidentemente, estar fundamentada nos princípios de bem comum, justiça e democracia, o que significa conquistar a credibilidade das organizações (governos, entidades, empresas) ante seus públicos, utilizando verdade e transparência, colaborando dentro de um processo de transformação social para a mudança de mentalidade dos públicos.

Essa contribuição que as relações públicas podem dar ao processo de mudança depende diretamente da capacitação dos profissionais responsáveis por sua prática. Aliás, Roberto Porto Simões (1995) vai além e, em uma consideração bastante pertinente, afirma que a função e a atividade do relações-públicas deve ser ética e estética. Pondera ele que

> tudo o que é realizado pela organização, incluindo o que está afeto ao profissional de relações públicas, deve sê-lo segundo os princípios da arte do bem viver (ética), que, em si própria, contém os princípios da filosofia da harmonia do comportamento (estética).

Parece-nos muito adequado incluir essa conclusão de Simões quando falamos do papel das relações públicas na construção da cidadania, pois, afinal, nada mais ético e estético que a adoção de políticas sociais por parte das organizações (públicas e privadas).

Diante do impulso da cobrança de uma sociedade mais consciente, mais exigente, que tem mais acesso à informação começa a ter noção do que é democracia, e as organizações e a área de relações públicas passam a adotar uma postura proativa, em que as virtudes sociais são incorporadas às políticas organizacionais e cuja transparência já não parece tão utópica quanto há alguns anos.

A responsabilidade social assumida explícita e consistentemente já não parece tão distante da realidade. Há mesmo alguma resistência, por parte de empresas que contam com tal política, em divulgar suas ações, com receio de que isso expresse mais um objetivo mercadológico do que uma preocupação social. Pelo menos é isso o que indica o Centro de Estudos em Administração do Terceiro Setor (Ceats-USP), que, em pesquisa realizada no primeiro semestre de 1999, em nível nacional, constatou que

> a prática de divulgação das ações de investimento social da empresa, por meio de ferramentas de marketing e comunicação, é um tema controverso. Poucos concordam sobre a localização exata do limite entre a busca legítima de reconhecimento público da postura socialmente responsável de uma empresa e a manipulação intencional do investimento social com a finalidade de auferir ganhos de imagem junto à opinião pública e ao público consumidor. Embora esteja em curso um processo rápido de aceitação do papel social das empresas pela opinião pública, o brasileiro tende a "desconfiar de esmola" e buscar as "verdadeiras intenções" das empresas que investem no campo social. Talvez por esse motivo, muitas empresas com práticas consistentes de investimento social têm adotado políticas de comunicação institucional de sua atuação social, no mínimo, cautelosas. (Ceats, 1999, p. 31)

O investimento social beneficia as organizações, agregando valor à imagem delas, sendo que nenhuma empresa investiria no social se isso não lhe trouxesse algo em troca. Além disso, aquelas empresas que investem na questão social adquirem um diferencial que as destaca em relação aos concorrentes, influenciando a preferência do consumidor.

Entretanto, sabemos que o ideal é a nossa sociedade alcançar um estágio de exigência em que atuar socialmente seja tão natural que deixe de se tornar um diferencial, passando a ser uma condição para a permanência das organizações no mercado.

Hoje, além de merecer a preferência do consumidor, outros benefícios são alcançados pelas empresas que instituem uma sólida política social, como maior comprometimento e produtividade dos funcionários e melhoria de imagem ante a comunidade.

Pode-se alegar que a empresa só investe em políticas sociais porque ganhará algo em troca, ainda que não seja um ganho exclusivamente mercadológico e imediato. Contudo, contribuir para a construção de uma sociedade melhor beneficia a todos e, seja por meio das empresas, de organizações públicas e de outros tipos de organização, ou mesmo pela atuação de cada pessoa da sociedade, cada qual tem como elemento de motivação o benefício que esse investimento ou essa ação lhe proporcionará.

## Funções e atividades sociais de relações públicas

São inúmeras as atividades que o profissional de relações públicas disponibiliza para desenvolver políticas sociais dentro das organizações. Além das mais conhecidas e rotineiras, adaptadas às questões sociais, ele pode usar novos instrumentos, condizentes não só com a imposição do atual panorama social, como também com as novas tecnologias e as novas exigências da sociedade.

Entre as atividades mais condizentes com a questão social, mencione-se a elaboração do balanço ou relatório social, instrumento que representa uma forma de prestação de contas da atuação das organizações que assumem explicitamente sua responsabilidade social. Esse instrumento é um veículo estratégico, para que diferentes públicos das organizações tenham acesso aos dados de investimento social.

Outra atividade típica das políticas sociais é o envolvimento do público interno das organizações no trabalho voluntário, que tem sido incentivado pelo oferecimento de apoio financeiro ou instrumental às entidades com as quais os empregados colaboram, pela instituição de prêmios e valorização dos que atuam socialmente, ou ainda permitindo que os empregados utilizem parte de seu horário de trabalho em atividades voluntárias. Esse tipo de ação constitui uma estratégia que propicia criar um relacionamento mais saudável entre as organizações e seu público interno, além de colaborar para o preparo dos empregados no confronto com situações diferentes daquelas que vivenciam no dia-a-dia e desenvolver sua responsabilidade como cidadãos, conscientes não apenas de seus direitos, mas também de seus deveres perante a sociedade. Cada empregado que se engaja em um trabalho voluntário transforma-se em um agente de relações públicas da empresa ante a comunidade, pois é visto como seu representante e, em seu nome, pode contribuir para a elevação de seu conceito.

Atividades de incentivo à educação também compõem o rol de propostas que podem contar com a assessoria de um profissional de relações públicas. Esse incentivo pode se dar com programas de complementação dentro das próprias escolas, ou mesmo ser aplicado nas empresas. Em alguns casos, as organizações chegam a criar fundações que se destinam a essas tarefas.

A criação de um conselho comunitário, constituído por lideranças locais, também é uma alternativa interessante para que o profissional de relações públicas possibilite e viabilize a interlocução das organizações com a comunidade, que, por sua vez, pode revelar suas principais necessidades.

A elaboração de projetos sociais, seja por parte das entidades sociais, seja por parte das empresas, como também dos órgãos governamentais, pode contar com a assessoria do profissional de relações públicas, apto a planejar e desenvolver a parceria entre os diferentes setores da sociedade.

Outra atividade estratégica para as organizações, dentro dessa perspectiva social, refere-se à busca de certificações, como é o caso da Social Accountability (SA) 8000, além de outras normas, certificações e selos que expressam o compromisso social das organizações.

Para obter a certificação SA 8000, a empresa deve cumprir, em todo o seu processo de produção, um conjunto de requisitos que abrangem diversos aspectos sociais, como não se envolver com o emprego de pessoas com menos de quinze anos de idade e promover a educação para trabalhadores jovens em idade escolar. No caso, a organização assume compromissos formais e precisa assegurar-se de que os seus fornecedores também respeitarão as normas, promovendo um envolvimento em cadeia.

Como a norma exige melhoria contínua e transparência, mantendo dados publicamente disponíveis, tudo indica a necessidade da atuação do relações-públicas, assessorando as organizações em sua implementação, treinando e envolvendo os públicos, divulgando-a e prestando contas das ações sociais por meio do balanço ou relatório social, instrumento essencial dentro desse processo.

## Relações públicas e *accountability*

Entre as preocupações do profissional de relações públicas dentro do contexto aqui apresentado, vale destaque para um conceito que tem sido alvo de atenção por parte de estudiosos e dirigentes de organizações das mais variadas características. Trata-se da conquista da *accountability*. Segundo Simone Coelho (2000, p. 171),

> uma pessoa ou instituição é *accountable* quando é responsável por decisões e pelas conseqüências de suas ações e inações, [sendo], portanto, um exemplo para outros. Aquele que é *accountable* aceita a responsabilidade e mantém sua integridade, evitando a "aparência de improbidade" e resguardando (no caso de uma organização) sua reputação.

O termo pode referir-se a pessoas físicas ou jurídicas. Em qualquer um dos casos, "a sociedade espera que o *accountable* seja um modelo de responsabilidade moral" (Coelho, 2000, p. 171). Frederic Mosher (*apud* Campos, 1990, p. 33) apresenta a *accountability* como sinônimo de responsabilidade objetiva ou obrigação de responder por algo. Assim, acreditamos que o termo está muito próximo da noção de comprometimento social, envolvendo todos os aspectos que dele decorrem. Ser considerado *accountable* é contar com alto nível de credibilidade perante a sociedade e os mais diversos públicos. Trata-se de um conceito com o qual as organizações hoje precisam se preocupar, pois seu relacionamento com os diversos públicos vem exigindo delas uma postura ética que desperte confiança. E isso vale para todos os setores da sociedade.

O terceiro setor, por exemplo, goza de maior confiança ante os públicos, até porque é de sua natureza executar tarefas que produzem pouco ou nenhum lucro e exigem compaixão e solidariedade com os indivíduos, destinando-lhes atenção direta e aconselhamento, com a aplicação de regras de conduta moral e de responsabilidade pessoal (Osborne; Gaebler, 1995). Portanto, para que esse tipo de organização exista e se consolide, ser *accountable* é uma condição *sine qua non*. Para Coelho (2000, p. 173),

> quando uma organização do terceiro setor é tida como *accountable*, isso significa que ela é idônea, que presta contas aos seus membros ou à comunidade a que serve e que está estreitamente vinculada aos interesses destes, preservando sua reputação e idoneidade.

Para que uma organização seja considerada *accountable*, ela deve: ser transparente, expondo seus objetivos e resultados e permitindo o acesso a eles; ser íntegra, responsabilizando-se por suas ações de impacto positivo ou negativo, ou mesmo pela falta de ações, por suas decisões e conseqüências; prestar contas à opinião pública, sendo, portanto, aberta à fiscalização em todos os aspectos gerenciais. É uma postura que, segundo Coelho (2000, p. 173), "vai além da obediência a regras formais. A lei pode prover um caminho-padrão de procedimentos, mas não necessariamente um caminho ético".

A conquista da *accountability* requer, antes de mais nada, a clara definição da missão e dos objetivos da organização. Segundo Robert Lawry (*apud* Coelho, 2000, p. 173), "as organizações devem ser responsáveis por suas ações ou inações sempre tendo em vista a missão, produzindo relatórios de todas as atividades e justificando as decisões tomadas e as formas de gerenciamento de recursos materiais e financeiros".

Assim, acreditamos que uma atribuição significativa que a área de relações públicas pode e deve assumir, ante as organizações dos diferentes setores sociais, refere-se à conquista da *accountability*. Aliás, na relação entre o primeiro, o segundo e o terceiro setores, isso permitiria um avanço na efetivação da parceria, essencial à construção da cidadania, mas ainda carente de maior transparência, visibilidade e consistência.

Coelho (2000) considera fundamental o estabelecimento de mecanismos de controle e avaliação, principalmente na relação entre Estado e terceiro setor. Entretanto, dada a ampliação da participação das empresas nas questões sociais, julgamos útil estender essa necessidade de controle também a elas. Analisando especificamente a relação entre Estado e terceiro setor, Coelho (2000, p. 149) destaca que

> uma questão que decorre diretamente dessa discussão é o significado de *accountability* e sua importância para o processo relacional. A rigor, toda a discussão sobre controle, avaliação e estabelecimento de parâmetros para essa relação justifica-se por um motivo simples, as verbas governamentais que serão repassadas ao setor.

Acreditamos e defendemos que o caminho para a cidadania passa necessariamente pela intensificação das relações entre os diferentes setores da sociedade. Entretanto, ao pensar nisso, surgem discussões sobre suas bases éticas e econômicas. É preciso, então, primeiro promover uma ampla reestruturação na administração pública, no que se refere a processos, forma de gestão e, principalmente, moralização, para depois promover a participação de toda a sociedade. Tal mudança também terá de ser promovida baseando-se nos indivíduos, conscientizando-os sobre sua responsabilidade civil, e junto dos outros setores, promovendo-se a responsabilidade social. Conforme Coelho (2000, p. 150), é preciso "conquistar a anuência da opinião pública em torno da idéia de que essa alternativa é um dos caminhos viáveis para o provimento das necessidades sociais".

Cada setor da sociedade precisa fazer-se conhecer nos outros setores, pois só assim será possível identificar seus reais propósitos, suas dificuldades, seus recursos, tomando-se ciência de suas capacidades e limitações. A partir daí, é possível estabelecer uma relação de confiança, base para a estruturação de uma política pública que leve à maior cooperação e ao maior comprometimento de cada setor da sociedade. Mesmo assim, não podemos subestimar a capacidade dos brasileiros de começar a exercer a cidadania.

# Considerações finais

Procuramos enfatizar o papel de relações públicas colaborando com a instituição de políticas públicas, capazes de promover a construção da cidadania baseando-se, primeiramente, no atendimento às questões sociais. Esperamos ter demonstrado que o envolvimento dos diferentes setores da sociedade é imprescindível. Claro que para isso é preciso levar em conta as culturas de cada setor, com peculiaridades que precisam ser consideradas quando se pretende criar uma integração entre eles, em prol de um objetivo comum.

Verificamos que a área possui uma íntima ligação com a responsabilidade social e, com isso, tem a obrigação de participar ativamente da definição das políticas sociais das organizações, a ponto de envolver seus diferentes públicos.

Percebemos que as atividades que as relações públicas podem desenvolver no campo social são inúmeras, envolvendo desde as já tradicionalmente conhecidas, como também aquelas que fazem parte de um novo cenário econômico, político, social e cultural.

Entendemos que toda análise feita sobre o papel de relações públicas enfatiza a filosofia da área atrelada à função social, defendida, por muitos, como a justificativa para o seu próprio surgimento.

As ações de relações públicas que buscam a *accountability* e a prestação de contas com a elaboração de relatórios ou balanços sociais, bem como de ações e justificativas internas e externas para a participação de todos nas políticas públicas, incluindo as atividades relacionadas à imprensa, têm por objetivo o envolvimento de organizações e indivíduos na conquista da confiança. Seus incentivos são atitudes éticas, de solidariedade, de participação, de transparência, de responsabilidade social, civil e pública, não só para que uma melhor reputação de todos os envolvidos e comprometidos seja conquistada, como, principalmente, para que a democracia seja instituída e a cidadania, exercida.

Além disso, a própria identificação da missão das organizações e a busca de seu atendimento por todos os públicos envolvidos fazem também parte do rol de atividades que a área de relações públicas pode desenvolver, colaborando para a aproximação entre os entes sociais e, conseqüentemente, para o atendimento das questões sociais de forma mais eficaz.

Todo esse panorama que vem valorizando a atuação conjunta do primeiro, segundo e terceiro setores da sociedade é bastante propício para posicionar, de uma vez por todas, a área de relações públicas de maneira estratégica para a sociedade.

Definições da área reforçam uma noção clara do papel social que ela deve desempenhar. No entanto, só com a transformação do cenário socioeconômico e político, que passou a valorizar a cidadania e todas as questões sociais dela decorrentes, encontraremos um momento propício para fixar as relações públicas como atividade intimamente comprometida com a educação com fim social, tendo como modelo normativo o simétrico de duas vias, proposto por Grunig e Hunt.

Para isso, é necessário que os profissionais da área assumam o desafio de cumprir seu papel social, aliando competência técnica com uma sólida base ética.

## Referências

CAMPOS, Ana Maria. Accountability: quando poderemos traduzi-la para o português? *Revista de Administração Pública*, Rio de Janeiro, v. 24, n. 2, p. 30-50, fev./abr. 1990.

CEATS - Centro de Estudos em Administração do Terceiro Setor. *Estratégias de empresas no Brasil: atuação social e voluntariado*. São Paulo: Ceats-USP, 1999.

COELHO, Simone de Castro Tavares. *Terceiro setor: um estudo comparado entre Brasil e Estados Unidos*. São Paulo: Senac, 2000.

GRUNIG, James; HUNT, Todd. *Managing public relations*. Nova York: Holt, Rinehart & Winston, 1984.

OSBORNE, David; GAEBLER, Ted. *Reinventando o governo: como o espírito empreendedor está transformando o setor público*. 7. ed. Brasília: MH Comunicação, 1995.

SCHERER-WARREN, Ilse. *Cidadania sem fronteiras: ações coletivas na era da globalização*. São Paulo: Hucitec, 1999.

SIMÕES, Roberto Porto. *Relações públicas: função política*. 3. ed. São Paulo: Campus, 1995.

# 7. Pressupostos teóricos e aplicados da responsabilidade social corporativa

*Fernanda Gabriela Borger*

As empresas devem hoje concorrer em um ambiente de negócios cada vez mais complexo. Já não é suficiente oferecer qualidade e preço competitivo ou obedecer a leis e pagar impostos. As organizações bem-sucedidas são cada vez mais pressionadas para avaliar profundamente o impacto das suas operações dentro e fora das paredes institucionais e verificar cuidadosamente a influência de suas políticas e ações sobre funcionários, clientes, comunidade e a sociedade como um todo. Delineia-se uma nova trajetória para elas, na transição para modelos de gestão que envolvem ética e responsabilidade social corporativa em sua estratégia, suas políticas e seus processos.

A responsabilidade social corporativa é um tema complexo, que tem despertado grande interesse por parte dos meios de comunicação em geral, por diversos segmentos da sociedade, incluindo o meio empresarial, assim como as entidades civis e governamentais. É incontestável o crescimento do movimento da responsabilidade social no mundo e no Brasil, e também são inegáveis sua importância para a gestão empresarial e sua contribuição para o desenvolvimento da sociedade. Em nosso país, temos visto a mobilização e disseminação da responsabilidade social na sociedade civil pela atuação de organizações do terceiro setor, além do crescimento das iniciativas voluntárias das empresas, nacionais e multinacionais, de diversos setores, adotando códigos de conduta, incluindo princípios éticos na gestão, transformando iniciativas isoladas em esforços sistemáticos – em uma espécie de processo de auto-regulamentação.

Pressupostos teóricos e aplicados da...

A responsabilidade social tem sido interpretada como a contribuição voluntária das empresas com a comunidade, sem ser considerada parte integrante de sua gestão. A mídia tem divulgado os projetos e investimentos sociais das empresas, como as parcerias com entidades filantrópicas e com governos, em projetos de educação ambiental, de reciclagem de lixo, de preservação de ecossistemas, entre outros. Outra interpretação da responsabilidade social é a que a associa às obrigações da empresa quanto a danos causados por suas operações e pelo descumprimento das leis, situações que afetam sua imagem, seu prestígio, sua marca.

Responsabilidade social é um conceito complexo e dinâmico, porque as questões éticas, ambientais e sociais são intrincadas e voláteis, sendo bastante difícil precisar o que é um comportamento socialmente responsável, com uma percepção clara do que é certo ou errado, preto ou branco. O conceito depende do momento histórico e varia de cultura para cultura, constituindo-se em um desafio para a gestão empresarial, na busca de modelos teóricos para seu engajamento social.

O tema da responsabilidade social nos leva a muitas perguntas dentro de um processo de reflexão crítica. Qual é, afinal, o papel das empresas na sociedade? Quais as implicações da responsabilidade social em seu desempenho? Quais os limites da responsabilidade social? Neste capítulo pretendemos apresentar os principais conceitos da responsabilidade social corporativa, com base na reflexão sobre a função das empresas na sociedade e de como seus modelos de gestão integram a dimensão ética, social, ambiental e econômica dos negócios e das práticas.

## O papel das empresas na sociedade e a responsabilidade social corporativa

O debate sobre o papel das empresas na sociedade é tão antigo quanto as próprias noções de empresa e negócios. De início, a própria instalação de uma grande empresa em determinada localidade já era considerada uma ação que trazia em seu bojo o cumprimento de uma responsabilidade social. Afinal, geravam-se empregos, o dinheiro circulava, a economia local era dinamizada por meio de numerosos negócios paralelos, resultantes das necessidades da empresa, e garantiam-se condições mínimas de sobrevivência a uma parcela significativa da população.

Com o correr do tempo, porém, tais aspectos começaram a ser encarados como obrigações mínimas de uma empresa, e não como manifestações de uma consciência social por parte de sua administração. Os movimentos sindicais e trabalhistas ganharam vulto no século XX e passaram, praticamente, a definir as condições de trabalho. O mínimo que se exigia de uma empresa era que ela gerasse lucros para os seus acionistas e fizesse girar a economia à sua volta. Com o desenvolvimento tecnológico, a ampliação gigantesca dos recursos de produção e a evolução de máquinas e ferramentas, outros aspectos da influência da atividade industrial passaram a ser questionados, como o cuidado com o meio ambiente em que a empresa se encontrava, os benefícios trabalhistas que ela decidia conceder espontaneamente para melhorar a qualidade de vida de seus funcionários, eventuais apoios que ela se dispunha a dar a projetos locais para contribuir com a educação, a saúde etc.

No entanto, não existe um consenso em relação ao papel das empresas na sociedade e, conseqüentemente, às obrigações sociais que elas devem assumir. Assim, por exemplo, Milton Friedman, uma das estrelas do neoliberalismo, argumentava enfaticamente que os negócios deviam limitar sua responsabilidade social à maximização dos lucros e à obediência às leis, opinião expressa em artigo no *New York Times Magazine* em 13 set. 1970, um dos mais citados nos ensaios sobre ética e capitalismo. Na sua perspectiva, ele retrata os negócios como uma autoprocura do lucro; outras considerações sociais são de responsabilidade da sociedade e não dos negócios. Se a busca da eficiência econômica pelos negócios entra em conflito com as preocupações sociais, então é prerrogativa da máquina política e social restringir os negócios sob a forma de sanções legais que afetam as decisões econômicas.

A organização da sociedade é vista pelos economistas neoclássicos como uma divisão em grandes áreas funcionais, cada uma delas com sua função: a função política está a cargo das organizações políticas, como sindicatos e representantes dos trabalhadores que apóiam e defendem seus interesses; a função social cabe ao governo, que responde pelo bem-estar geral; e a função econômica compete aos negócios, que são responsáveis pela maximização do lucro pela manutenção de uma competição pujante. A independência dessas três esferas protegeria a liberdade individual e a competitividade do mercado.

Esse modelo pressupõe que as questões éticas estão na esfera individual; já na sociedade, elas se manifestam por meio de normas e padrões de conduta social estabelecidos, que se refletem no arcabouço legal e jurídico. Quando essas normas e esses padrões são violados, tornando intoleráveis alguns aspectos dos negócios, cabe à sociedade, por intermédio de suas instituições legais, coagir as empresas a cumprir as regras e os padrões legalmente estabelecidos.

Os defensores da visão clássica da responsabilidade social corporativa empresarial estão conscientes da importância dos empregados, dos clientes, dos consumidores e do público em geral para a operação da empresa. O que negam é a idéia de que as empresas são moralmente obrigadas a agir ou a deixar de agir porque os impactos de suas ações afetam esses grupos de interesse. É obrigação das empresas respeitar o direito de cada grupo no limite em que estes se estabelecem, como direito das partes nas trocas de mercado e pelas regras do jogo. A responsabilidade social limita-se à atuação voluntária e filantrópica das empresas, separada da operação de seus negócios e motivada pela benemerência.

Não faltam críticas à posição de Friedman e à visão neoclássica das empresas, acusadas por sua desconexão em relação à esfera política e social. O público começou a expressar suas preocupações com o comportamento social delas quanto aos problemas sociais e ambientais, exigindo dessas empresas maior envolvimento em sua solução.

Atualmente, é inegável que as atividades e as operações das empresas afetam a sociedade como um todo. As questões ultrapassaram os limites internos das organizações, tendo surgido novas questões, como a preservação do meio ambiente, a eqüidade para grupos em desvantagem (mulheres, minorias visíveis, portadores de deficiência etc.), a segurança, a estabilidade no emprego e o tratamento justo entre administradores, proprietários e força de trabalho. O que se verifica é que não existe mais uma linha divisória entre problemas que estão fora e dentro das empresas: as soluções devem ser compartilhadas com a sociedade de forma geral, devendo as empresas contribuir ativamente com as soluções, sob o risco de serem questionadas, cobradas e processadas pelos seus atos.

Assim, as relações entre a sociedade e as empresas baseiam-se em um contrato social que vai evoluindo conforme as mudanças sociais e as conseqüentes expectativas da sociedade. Nesse contrato, a sociedade legitima a existência das empresas, reconhecendo suas atividades e estabelecendo limites legais para a sua atuação. Por conseqüência, elas são obrigadas a assumir suas responsabilidades e a responder às exigências da sociedade, cumprindo o papel que delas é esperado. Com freqüência a responsabilidade está presente nas políticas, nos valores e nas crenças formal ou informalmente declarados pela alta direção das empresas. Em princípio, as empresas são responsáveis pelas conseqüências de suas operações, incluindo os impactos diretos, assim como as externalidades que afetam terceiros, o que envolve toda a cadeia produtiva e o ciclo de vida dos seus produtos e serviços.

A abrangência da responsabilidade social corporativa é ilimitada, mas algumas respostas podem ser obtidas das teorias e dos conceitos desenvolvidos pelos acadêmicos da área de gestão de negócios. Os principais modelos são: a visão estrutural e funcional de Carroll (1979), conhecida como "pirâmide da responsabilidade social", a *corporate responsiveness*[1] e a teoria dos *stakeholders*, que permitiria uma análise mais complexa e uma melhor compreensão das relações da empresa com a sociedade.

O modelo da pirâmide da responsabilidade social a define e a estrutura em quatro dimensões: econômica, legal, ética e filantrópica. Trata-se

---

1 Termo de difícil tradução para o português. Corresponde a "capacidade de resposta". Para Frederick, *"corporate responsiveness"* é definida como a capacidade de responder às pressões sociais; é a habilidade das empresas em responder de maneira responsável aos novos desafios (Frederick, 1978, *apud* Wood, 1996).

de uma definição abrangente, pela qual é vista como um conjunto de dimensões da interdependência entre empresas e sociedade, incluindo uma variedade de responsabilidades, que, no caso das empresas, vão além de gerar lucros e obedecer às leis, envolvendo também gerar renda e empregos, buscar um comportamento ético e atuar junto da comunidade.

O modelo da pirâmide social demonstra a abrangência do papel das empresas na sociedade, mas acaba enfocando mais o conteúdo e o debate ideológico da responsabilidade social empresarial do que a orientação do comportamento social das empresas. O fato é que é intrincado definir o que constitui um comportamento socialmente responsável, principalmente quando isso envolve esferas de atuação fora do controle da empresa, e depende do julgamento de grupos e indivíduos quanto ao que é ético, moral e socialmente responsável.

Por isso, adota-se uma visão pragmática orientada para atender aos agentes sociais que se relacionam com as empresas: a de *"corporate responsiveness"*, que é a adaptação do comportamento corporativo às necessidades sociais; a empresa deve agir responsavelmente, atendendo às expectativas da sociedade de como os negócios devem funcionar. Trata-se de um processo articulado de "corresponder" em etapas, de um estágio reativo para um estágio antecipatório e preventivo (Robert Ackerman e Raymond Bauer, 1976, *apud* Carroll, 1979).

A teoria dos *stakeholders* procura definir a responsabilidade social amplamente em relação aos grupos de interesses que afetam as corporações ou são afetados pela atuação destas. Ela incorpora a idéia de que as organizações têm uma obrigação com os grupos constituintes da sociedade, e não só com acionistas e funcionários. O conceito de *stakeholder* atenta para o fato de que a atividade empresarial não é somente uma transação de mercado, mas uma rede de relações cooperativas e competitivas de um grande número de pessoas organizadas de várias maneiras. A empresa é uma organização na qual e pela qual muitos indivíduos e grupos empreendem esforços para atingir seus fins.

O modelo dos *stakeholders* personaliza as responsabilidades sociais, delineando os grupos específicos ou as pessoas que os negócios devem considerar na orientação da responsabilidade e atuação social. Ele dá nome e face aos membros da sociedade ou aos grupos mais importantes para os negócios (Freeman, 1984, *apud* Carroll, 1999, p. 284). Sua premissa é que o engajamento compromissado é representado pela adoção dos princípios da responsabilidade social, por sua integração nas atividades e práticas gerenciais diárias da empresa, entendendo-se que o papel das empresas na sociedade inclui a responsabilidade nas suas dimensões econômica, legal, ética e política.

O conceito de responsabilidade social empresarial está associado ao reconhecimento de que as decisões e os resultados das atividades das companhias alcançam um universo de agentes sociais muito mais amplo do que o composto por seus sócios e acionistas. Muitas das decisões e atividades dos negócios têm conseqüências para a comunidade local, para o meio ambiente e para muitos outros âmbitos da sociedade. Essas conseqüências vão muito além do mercado e, portanto, são de interesse de uma sociedade mais ampla, não direta e necessariamente envolvida com a relação comercial.

O papel das empresas inclui a geração de lucros, mas também obedecer às leis e regulamentações, considerar o impacto não-mercadológico de suas decisões e procurar maneiras de melhorar a sociedade, por uma atuação orientada para conseqüências de suas operações, incluindo tanto os impactos diretos quanto os indiretos, o que envolve toda a cadeia produtiva e o ciclo de vida dos serviços.

Devem ser consideradas as conseqüências das relações com clientes e fornecedores, da produção com qualidade e de sua adequação à satisfação dos usuários, as contribuições para o desenvolvimento da comunidade, os investimentos em pesquisa tecnológica, a conservação do meio ambiente mediante intervenções não-predatórias, a participação dos trabalhadores nos resultados e nas decisões das empresas, o respeito ao direito dos cidadãos, a não-discriminação de gêneros, raças, idades, etnias, religiões, ocupações e preferências sexuais, e o investimento em segurança do trabalho e no desenvolvimento profissional.

# Gestão da responsabilidade social corporativa

A responsabilidade social corporativa deve ser vista como parte da cultura, da visão e dos valores da empresa, requerendo uma filosofia e um compromisso articulados na afirmação da missão, manual dos empregados, marketing e comunicação com todos.

Se ela faz parte integral dos negócios e do processo de tomada de decisão, deve ser declarada em todos os documentos que expressam a missão, os valores, os princípios e os objetivos sociais da empresa. As empresas precisam definir o que apóiam, o que desejam das relações com as partes interessadas e o que esperam em troca, desenvolvendo uma série de valores e princípios éticos que sustentem o crescimento das mútuas relações. Desenvolver a missão social de uma empresa implica compartilhar a visão de que a organização vai além da maximização de lucros. Valores e princípios éticos definem como as relações com as partes interessadas serão desenvolvidas, provêem o contexto dentro do qual as políticas, práticas, processos e decisões éticas serão tomadas.

A missão não é suficiente para criar um clima moral desejado; ela fornece um indicador forte da filosofia da administração que, provavelmente, será observado pelos empregados e por outros grupos afetados pela atuação da empresa e terá sustentação mediante os processos organizacionais que transformarão o discurso em prática.

O engajamento na responsabilidade social leva a mudanças nas empresas – a estrutura organizacional, os sistemas de avaliação e o ambiente estão na esfera da direção empresarial. Incorporá-la é administrar as relações contratuais e institucionais da empresa para atender às demandas e expectativas das partes interessadas, relações essas que definem a arquitetura organizacional das corporações – os processos decisórios, de gestão e de avaliação de desempenho e resultados. A responsabilidade social corporativa envolve a discussão de todos os aspectos organizacionais, a revisão das políticas, diretrizes e procedimentos da gestão empresarial com a participação dos *stakeholders*.

O processo de alinhamento da organização implica estruturas para remover barreiras e adicionar incentivos e mecanismos de suporte para desenvolver as relações de cooperação com as partes interessadas. Se os processos de comunicação são limitados, criam-se dificuldades para implementar programas e ações sociais, que são protelados e para cuja execução não se viabilizam os recursos, bem como não se criam condições e ambiente para a responsabilidade social corporativa, e não há incentivos para a colaboração.

É preciso promover um ambiente que permita o diálogo, o fluxo de informações, a discussão dos problemas, a admissão do erro como uma oportunidade para a reflexão, e não apenas premiar o sucesso e punir as falhas, mas reconhecer que o ambiente é complexo, a incerteza é inevitável, e é importante conhecer outros pontos de vista. Criar uma cultura organizacional orientada para a responsabilidade social corporativa exige mudanças de valores, sistemas e padrões de conduta, e, certamente, resistências serão encontradas – a cultura do segredo, da exclusão e de manutenção do poder sobre as operações. As pessoas precisam se convencer de que vale a pena investir tempo e energia na responsabilidade social corporativa, estar conscientes, motivadas e confiantes.

Deve-se diminuir ou eliminar a distância entre o que a organização e a administração dizem e o que realmente fazem. O processo de construção das relações presume o estabelecimento de objetivos conjuntos, o compartilhamento de informações e recursos, a busca de soluções conjuntas. As relações são mutuamente definidas e têm como base os contratos implícitos, os quais se fundamentam na confiança, na integridade e na credibilidade. Mas esses valores são construídos no decorrer do processo. São necessários a transparência e o compromisso das empresas para proporcionar um ambiente de confiança e troca e a participação efetiva dos *stakeholders*.

A responsabilidade social corporativa deve ser integrada ao planejamento de longo prazo e à estratégia geral da empresa. A estratégia consiste no mapa para forjar as relações com os *stakeholders* e reorientar as relações existentes. Se não há uma estratégia, a empresa não tem uma atitude proativa. A estratégia identifica os *stakeholders* relevantes e as questões-chave sociais e ambientais, define as prioridades e os objetivos para cada *stakeholder* e formula um plano de ação.

Adotar códigos de conduta, princípios, normas e estratégias não é suficiente. É preciso relatar como tudo isso foi implementado nas práticas gerenciais diárias para os *stakeholders* que têm interesse em conhecer o desempenho da responsabilidade social corporativa em determinada empresa, assim como se ela está considerando a sua visão e suas expectativas e se leva em conta a sua percepção quanto aos resultados.

É fundamental ter um sistema de avaliação independentemente da qualidade das relações com os *stakeholders*, descobrir que ações e processos trouxeram bons resultados e o que deve ser aperfeiçoado. A avaliação sistemática é um instrumento de melhoria e de aprendizado contínuo; é improvável que uma organização sem um método sistemático para compreender o que tem e o que não tem de atingir consiga sucesso na consecução de seus objetivos e metas.

Os sistemas tradicionais de avaliação, porém, não são suficientes para analisar o desempenho das empresas quanto a atender às exigências mais amplas da sociedade, como os impactos ambientais ou as influências sociais e culturais nas comunidades locais.

A diferença entre os processos tradicionais de avaliação do desempenho financeiro e econômico das empresas e aqueles que verificam o desempenho social é que estes não podem se basear apenas em abordagens quantitativas. São também necessárias abordagens qualitativas para analisar os processos e procedimentos, como as auditorias de qualidade e ambiental, e, ainda, a inclusão da percepção dos *stakeholders* em relação ao comportamento social da empresa, o que torna o processo de avaliação muito mais complexo.

Assim, é necessário estabelecer métodos de avaliação, verificação e demonstração que atendam aos requisitos das empresas e dos *stakeholders*, determinando meios de avaliar o desempenho e os indicadores capazes de mensurá-los. Não há uma lista de indicadores que sirva para todas as empresas, mas eles precisam estar relacionados aos objetivos e às ações sociais, que, definidos pelo planejamento estratégico, devem ser relevantes e compreendidos pelos *stakeholders*.

Finalmente, em decorrência dos mecanismos de avaliação e prestação de contas, revisam-se as práticas adotadas, verificam-se os sucessos e as falhas e inicia-se o processo novamente, para a melhoria contínua, de modo a chegar a um modelo colaborativo da empresa com os *stakeholders*.

O comportamento social difere de organização para organização. O desenvolvimento da gestão de responsabilidade social corporativa é complexo porque as organizações são compostas por muitas pessoas com diferentes posições na hierarquia, crenças, valores e interesses divergentes, bem como por muitos processos que requerem coordenação, além da influência exercida pelo ambiente institucional, social, cultural e econômico, gerando expectativas e padrões de comportamento diferentes para os indivíduos, as entidades e os agentes sociais que interagem com as empresas.

A responsabilidade social corporativa exige que as empresas considerem fatores essenciais na sua gestão o comportamento ético, a transparência e o respeito às partes interessadas, sem sacrifício do desempenho econômico, social e ambiental.

## Considerações finais

As empresas que estão incluindo a dimensão social e ambiental na gestão ainda são poucas e raras. São empresas pioneiras, que estão assumindo a liderança de um processo de mudança que atinge seu ambiente interno, mas não se restringe às suas paredes institucionais, envolvendo também o governo e a sociedade civil. Elas reconhecem sua relação com aqueles que as afetam ou são por ela afetados. Demonstram que a responsabilidade social corporativa é mais do que uma série de iniciativas, gestos ou práticas motivadas pelo marketing social, por relações públicas ou por outros benefícios. Permeando múltiplas atividades, as iniciativas podem ser tomadas por diferentes setores da empresa, mas devem ser expressões de um esforço sistemático para atingir as metas e os objetivos sociais. Políticas, processos, práticas e programas são vistos como partes inte-

Pressupostos teóricos e aplicados da...

grantes das operações de negócios e do processo de tomada de decisão, sempre com o apoio da alta administração.

As razões das empresas para adotar um nova postura e um comportamento socialmente responsável são várias. Entre elas podemos apontar a moralidade – a responsabilidade social pode ser vista como uma obrigação moral da gestão empresarial. Outra razão seria a pressão da sociedade, representada pelos movimentos liderados pelas organizações não-governamentais, associadas a causas sociais, ambientais e políticas, que não aceitam um comportamento irresponsável das empresas e exercem a sua cidadania pelo consumo responsável, exigem que os governos adotem políticas e legislações que protejam os direitos humanos, promovam melhores condições de trabalho e preservem o meio ambiente para as gerações presentes e futuras. A pressão exercida pelos movimentos sociais e ambientais tem o poder de transformar a obrigação moral em obrigação legal. Hoje o aparato jurídico-legal, tanto nos países do Norte como do Sul, está exigindo um ajuste no comportamento das empresas para atender aos requisitos legais, cada vez mais restritos para a proteção ambiental e social.

E, finalmente, um bom motivo para incorporar a responsabilidade social e ambiental é que essa decisão traz resultados para o desempenho empresarial, melhora a imagem da empresa, contribui para captar novos segmentos de mercado, reduz custos e amplia a eficiência operacional, podendo transformar-se em uma oportunidade para a inovação e um ganho de competitividade.

## Referências

BNDES. *Empresas, responsabilidade corporativa e investimento social*. Relato Setorial n. 2. Rio de Janeiro: BNDES – Área Social da Gerência de Estudos Setoriais (AS/Geset), mar. 2000.

BOATRIGT, John R. *Ethics and the conduct of business*. Nova Jersey: Prentice Hall, 1997, p. 343-65.

BORGER, Fernanda Gabriela. *Responsabilidade social: efeitos da atuação social na dinâmica empresarial*. 2001. Tese (Doutorado em Administração) – Universidade de São Paulo, Faculdade de Economia e Administração, São Paulo, SP.

CARROLL, Archie B. Corporate social responsibility. *Business and Society*, Chicago, v. 38, p. 268-95, set. 1979.

COLLINS, Denis. The quest to improve the human condition: the first 1,500 articles published in Journal of Business Ethics. *Journal of Business Ethics*, Dordrecht, vol. 26, p. 1-73, jul. 2000.

SVEDSEN, Ann. *The stakeholder strategy*. São Francisco: Berrett-Koehler Publishers, 1998.

WHEELER, David; SILLANPÄÄ, Maria. *The stakeholder corporation: a blueprint for maximizing stakeholder value*. Grã-Bretanha: Pitman Publishing, 1997.

WOOD, Donna J.; RAYMOND, Jones. Research in corporate social performance. In: BURLINGAME, Dwight F.; YOUNG, Dennis R. (orgs.). *Corporate philantropy at the crossroads*. Indiana: Indiana University Press, 1996, p. 41-6.

# III

# FRENTES DE ATUAÇÃO
# E DIMENSÕES PRÁTICAS
# DAS RELAÇÕES PÚBLICAS
# COMUNITÁRIAS

*A sociedade civil, quando compreendeu a impossibilidade de o Estado resolver grande parte dos problemas estruturais que rondam a sociedade, passou a intensificar antigas práticas de solidariedade por uma nova ótica. Foi o despertar da co-responsabilidade pelos rumos do país e de seu povo. Esta consciência de que os destinos da sociedade podem estar nas mãos do próprio povo fez que os indivíduos privados, organizados em entidades privadas, viessem a atuar de maneira a garantir o interesse público, seja na forma de organizações não-governamentais ou nas próprias empresas privadas.*

ANA LUCIA ROMERO

# 1. Comunicação pública e as novas dimensões para as relações públicas

*Mariângela Haswani*

A administração pública, principalmente os órgãos legislativos e executivos – estaduais, federais e de municípios com mais de 200 mil habitantes – está entre as organizações brasileiras que mais contratam profissionais de relações públicas, graças à demanda de suas ações em cerimoniais e eventos. Apesar disso, a incipiência de nossa comunicação pública estatal aparece na insatisfação de cidadãos, organizações e mídia com o teor, a qualidade e a quantidade das informações. Este texto propõe a inserção de competências profissionais em uma nova dimensão, mais estratégica, com base em estudos e projetos desenvolvidos na administração pública e nas universidades italianas.

No Brasil, quando se procura, nos meios de comunicação de massa ou meios alternativos, alguma comunicação governamental direcionada para o interesse da sociedade em geral ou de segmentos comunitários específicos, o que se encontra são muitas lacunas. Exceto nas ocasiões de extrema gravidade – como a proliferação do cólera, no início dos anos 1990, e da dengue, nos últimos oito anos –, a propaganda estatal tem se limitado a divulgar a inauguração de obras e o sucesso de algumas ações governamentais[1].

A tarefa de comunicar assuntos de interesse público migra, cada vez mais, das mãos do Estado para as organizações do terceiro setor. A maioria dos autores que trata desse tema e de temas correlatos atribui a

---

1 As campanhas de vacinação (contra a poliomielite e contra a gripe, para idosos) e a propaganda esclarecedora dos tribunais eleitorais (superior e regionais) constituem uma rara presença estatal na mídia, com temas de prestação de serviços, formação para a cidadania e orientação para uso dos serviços públicos, mesmo com o crescimento desse tipo de informação nas tevês dos legislativos.

mudança à falência do Estado ou à transformação do perfil do Estado nos últimos trinta anos. Essa abordagem, sozinha, pode fazer sentido em muitos países, mas não no Brasil.

Isso porque, até os anos 1970, o povo e suas organizações não apareciam na história do Brasil como atores sociais. Com raras exceções[2], o que se tem são as elites relatando suas performances e feitos heróicos como solistas absolutos dos acontecimentos. Desse modo, a impressão é de que o país nasceu, cresceu e passou por transformações graças, exclusivamente, ao concurso do poder público instituído e aos atores privados da aristocracia ou, na abordagem atual proposta pela sociologia, ao primeiro e segundo setores. Outro aspecto relevante, já no ponto de partida da análise, é a trajetória política desses grupos, com lideranças cooptadas pela distribuição de benesses estatais[3] na Colônia e nos dois Impérios, acuadas em "currais" na Velha República e duramente perseguidas a partir do golpe militar de 1964.

A abordagem histórica como base para uma reflexão sobre a comunicação estatal de temas de interesse público e a sugestão de modelos de comunicação – incluindo as relações públicas – passíveis de aplicação à realidade contemporânea brasileira constituem o corpo do presente artigo.

## A história para poucos

Aos olhos dos relatos e na formação do que Raymundo Faoro (1998, p. 4) chama de "estamento burocrático brasileiro", a participação e a própria existência das comunidades ficam invisíveis, ofuscadas pela aliança tácita entre as oligarquias e o poder oficial constituído. As origens da nebulosa fronteira ainda hoje existente entre o que é público e o que é privado estão na distante formação do Estado português:

---

2 Autores como Caio Prado Jr. e Nelson Werneck Sodré são alguns dos raros historiadores em cujas obras o povo protagoniza a vida social.

3 É importante notar que a noção de Estado, tal como é entendida hoje, só passa a existir a partir da Revolução Burguesa.

A coroa conseguiu formar [...] imenso patrimônio rural [...] cuja propriedade se confundia com o domínio da casa real, aplicado o produto nas necessidades coletivas ou pessoais, sob as circunstâncias que distinguiam mal o bem público do bem particular, privativo do príncipe.

Essas circunstâncias descritas por Faoro evoluíram ao longo dos séculos. Transformações ocorreram no seu modo de expressão, mas o público e o privado mantiveram, na essência, uma relação promíscua, em que o Estado – representado, após a chegada de Cabral, pela Coroa – lançava mão de toda sorte de benesses públicas para cooptar a minoria representada pela nobreza, pelo clero e pela aristocracia econômica, a fim de obter apoio político para a Metrópole. No Brasil Colônia,

> o alheamento do comando ao povo comandado – alheamento político e cultural – será definitivo, irrevogável, permanente. Mais forte do que a emancipação à autoridade civil e ao tropismo à direção do pontífice revelou-se a integração na ordem da rede burocrática: o padre cedeu à prisão do padroado e à dependência econômica, funcionário também ele em um universo de funcionários.
> Uma imensa cadeia, formada aos pés do rei e alongada na colônia, penetra em todas as atividades. O plantio da cana, a extração de madeiras, a lavra das minas obedeciam aos interesses fiscais do Estado. A consciência do homem, sua palavra e suas expressões políticas estavam à mercê dos censores, censores informais ligados ao padre e ao funcionário. A burguesia se enobrece com a compra de cargos, o pardo se afidalga com o uniforme das forças paramilitares. O cargo domestica turbulências dispersas, imantando, na sua dignidade, a submissão ao soberano. O velho e tenaz patrimonialismo português desabrocha em uma ordem estamental cada vez mais burocrática no seu estilo e na sua dependência (Faoro, 1998, p. 202).

Ao chegar ao Rio de Janeiro, D. João VI organizou o poder reproduzindo a estrutura administrativa consolidada em Portugal e, temendo a oposição política de grupos locais consolidados, cooptou os fugitivos desempregados, colocando-lhes na boca uma teta do Tesouro. [...] O eixo da política era o mesmo, secularmente fundido: o reino deveria servir à camada dominante, ao seu desfrute e *gozo*. Os fidalgos ganharam pensões, acesso aos postos superiores os oficiais da Armada e do Exército, empregos e benefícios os civis e eclesiásticos (Faoro, 1998, p. 250-1).

Desse modo, os movimentos sociais suficientemente fortes para esboçar qualquer forma de crítica ou combate à política da corte recém-chegada tiveram suas lideranças neutralizadas pela sedução do poder.

As insurreições e "guerras" que precederam a Independência geraram, após 1922, uma crise política que durou vinte anos e aniquilou as tímidas tentativas de mudança.

> O regime colonial não se extingue, moderniza-se; os remanescentes bragantinos se atualizam, com a permanência do divórcio entre o Estado, monumental, aparatoso, pesado e a nação, informe, indefinida, inquieta. Uma ordem metropolitana, reorganizada no estamento de aristocratas improvisados, servidores nomeados e conselheiros escolhidos, se superporia a um mundo desconhecido, calado, distante [em que permaneciam as comunidades] (Faoro, 1998, p. 289).

As relações de poder pouco mudaram com a Constituição de 1824, que trouxe no seu sistema órgãos de controle criados à imagem e semelhança da configuração monárquica. O conceito de soberania popular, criado no seio do nascente conceito de "esfera pública"[4], nascido na França e desenvolvido durante cem anos, foi adotado no Brasil em menos de uma década e, de certo modo, concedido ao povo como dádiva da elite. Teria sido uma boa ocasião para os movimentos sociais fazerem valer seus interesses e se apresentarem como forças políticas. Mas, dos embates políticos do período, o que resultou foi um parlamentarismo de aparência,

---

4 Esfera pública, para Habermas (1984), é o espaço em que indivíduos privados se reúnem para discutir questões de interesse público e são capazes de construir e sustentar uma discussão política de caráter crítico. O conceito define o âmbito de atuação das organizações do terceiro setor.

porque era a Coroa quem mantinha os comandos político e administrativo, por meio do Poder Moderador.

O século entre o primeiro e o segundo reinado trouxe ajustes apenas superficiais a esse enraizado sistema político. A camada dirigente permaneceu aristocrática na sua função e fechada na perpetuidade hereditária que as leis garantiam. Nesse contexto, filhos da elite buscavam na Europa o bacharelado, cujo objetivo não era o exercício da profissão, mas o emprego e, por meio dele, o estamento burocrático, que valorizava socialmente pelo prestígio do mando político. Os grupos menos influentes da população não tinham acesso ao diploma, consolidando, continuamente, o abismo que já separava a aristocracia das demais camadas da população.

O que o autor chama patronato não é, na realidade, a aristocracia, o estamento superior, mas o aparelhamento, o instrumento em que aquela se expande e se sustenta, em grande parte graças à inércia dos excluídos da burocracia: "sua permanência não convence as inteligências, mas domestica as vontades". Citando José de Alencar, na sua obra *O sistema representativo*, de 1868, Faoro (1998, p. 389-92) diz que

> não é menos curiosa a maneira por que a burocracia fabrica a opinião pública no Brasil. Os jornais, como tudo neste Império, vivem da benevolência da administração. No instante em que o governo quiser com afinco, a folha diária de maior circulação descerá da posição que adquiriu. Basta trancar-lhe as avenidas oficiais e subvencionar largamente outra empresa com o fim de hostilizá-la.

Esse quadro assume aspectos mais "democráticos" no caso do Império e no raiar da Velha República. O voto direto, embora instituído, trazia às urnas entre 11% (1881), 3,4% (1898) e 2,3% (1926) da população transitando pela legislação – pendular, ao aceitar ou não o voto dos analfabetos –, garantindo, desse modo, o movimento de restrição à participação popular. Paralelamente, o eixo político se deslocara para os estados,

> incólumes, os grandes, cada dia mais, à interferência do centro, garantindo-se e fortalecendo-se este com o aliciamento dos pequenos,

em um movimento que culmina na política dos governadores. Dentro de tal seqüência é que se afirma o *coronelismo*, em um casamento, cujo regime de bens e relações pessoais será necessário determinar, com as oligarquias estaduais (Faoro, 1998, p. 621).

O coronel era um homem rico, que ostentava os bens e exercia o poder político. Apesar disso, seu poder não vinha da fortuna, mas do fato de ser um aliciador eleitoral, função acentuada com a passagem do regime imperial para o republicano. Sua tarefa, naquele momento, era converter a opinião republicana, minoritária, em opinião dominante, substituindo a farsa eleitoral monárquica pela farsa eleitoral republicana.

Com Getulio Vargas, a Nova República tem o poder reformulado. A segregação imposta historicamente ao povo pelas elites fortaleceu os movimentos, estimulados pelo anarquismo e pelo comunismo, que chegavam com os imigrantes e com as notícias, veiculadas pelos meios de comunicação, notadamente o rádio, vedete do momento. Nesse contexto e com a estatização de setores considerados estratégicos, o poder estatal sentia-se em condições de comandar a economia, ainda baseada na formação de uma comunidade burocrática, "agora mais marcadamente burocrática que aristocrática", mas ainda de caráter estamental, superior e capaz de arbitrar as classes. A primeira tentativa é de disciplinar, jurídica e socialmente, os movimentos operários, sob tutela governamental, uma vez que os grupos dominantes os viam como ameaças à ordem pública.

A situação dos movimentos operários sob controle estatal permaneceu até o enfraquecimento do regime militar, no fim dos anos 1970. A idéia de comunidade como grupo social organizado teve momentos significativos como nos quilombos, no Caldeirão dos Jesuítas[5] e em Canudos, mas apenas aquela herdada dos primeiros imigrantes japoneses e italianos que chegaram ao Brasil sobreviveu, graças à segregação natural, no isolamento na zona rural. No período militar, os movimentos da Igreja Católica, sob a proteção de objetivos religiosos e assistencialistas,

---

5 A comunidade conhecida como Caldeirão dos Jesuítas foi organizada por Padre Cícero na região do Crato, no Ceará, a partir de 1922, tendo sido exterminada por forças estatais em 1938. O episódio foi estudado por Aragão (1993), Lima (1986) e Lopes (1991).

Comunicação pública e as novas dimensões...                    215

promoveram a formação política de comunidades eclesiais, sem despertar desconfianças ou perseguições das forças de repressão; alimentaram o embrião das organizações comunitárias, hoje consolidadas nas pastorais (da juventude, da terra, da criança, entre outras).

Desse modo, com apenas quarenta anos de liberdade para emergir, a sociedade civil já não engatinha. Ensaia os primeiros passos em busca de auto-afirmação, com vistas a ações de interesse público; organizada em movimentos de natureza diversa, abre um extenso leque de relacionamentos, em que o sujeito Estado ainda tem lugar de destaque.

## Interesse público

O primeiro registro escrito da palavra "interesse" data do século XV, conforme o *Índice do vocabulário do português medieval*, citado por Houaiss (2000, p. 1633), significando:

> 1. aquilo que é importante, útil ou vantajoso, moral, social ou materialmente *(um serviço de interesse público)* 2. estado de espírito que se tem para com aquilo que se acha digno de atenção, que desperta a curiosidade, que se julga importante *(escutar com interesse) (falta de interesse)* 3. qualidade daquilo que retém a atenção, que prende o espírito *(um romance cheio de interesse)* 4. importância dada a alguma coisa *(um assunto de interesse capital)*.

Ao que tudo indica, porém, a origem remota das discussões sobre o tema situa-se em pelo menos três séculos antes de Cristo, com o pensamento de Platão. Para ele, o belo e o bem compunham os universos da alma e do saber. E o bem só poderia se realizar na verdade e na justiça, só possíveis na *pólis* verdadeira e justa, comandada por governantes capazes de escolher sempre o que julgassem mais vantajoso para a comunidade (Platão, 1979, p. 222-3).

Não obstantes as divergências pontuais, a maioria dos autores contemporâneos parece convergir para um dos pressupostos platônicos: interesse público é interesse comum. Chaparro (1987, p. 73) conta que a

Associação Filosófica Americana patrocinou, nos anos 1960, um projeto de pesquisa sobre interesse público, com a participação de dezenove cientistas de diferentes áreas e correntes teóricas. No último capítulo do livro que contém esses estudos[6], Wayne Leys (*apud* Friedrich, 1964, p. 141) conseguiu fazer uma síntese do que afirmaram os diversos autores, "chegando a dois sentidos principais do termo *interesse público*":

- Um sentido formal – qualquer que seja o objeto de uma ação governamental devidamente autorizada, o interesse público manifesta-se nas decisões geradas pela intenção ou vontade do governante. Trata-se de uma concepção utilitária ou agregativa que, nos efeitos, eleva ao máximo os interesses particulares.
- Um sentido substantivo, localizado no objeto que deve ser procurado na ação governamental.

Pode-se observar que, nos dois sentidos que a síntese apresenta, o poder público constituído aparece como protagonista de análises ou ações. Ora, se o Estado reúne em si todas as formas oficiais de representação, constatar que a informação de interesse público é sistematicamente negligenciada é reforçar uma dessas idéias: o Estado realmente não prioriza a informação de interesse público; o Estado caminha para a falência generalizada e com ela as possíveis providências em comunicação; ou o Estado está em transformação e outros temas são mais relevantes no momento.

Lasswell participou do projeto da Associação Filosófica Americana e, para ele, as definições de interesse público e de interesse privado devem ser dimensionadas em cada contexto social, político, econômico, religioso, administrativo ou cultural, mas com vínculo a processos de escolha ou decisão, inclusivos ou exclusivos.

Outros autores contribuíram com a pesquisa norte-americana, enriquecendo a discussão. Na ciência política, Cassinelli (1964, p. 55)

---

6 A obra que contém os artigos desses dezenove cientistas foi editada por Carl J. Friedrich – *O interesse público* (Rio de Janeiro, Edições O Cruzeiro, 1964). O livro foi originariamente editado em inglês, nos Estados Unidos, sob o título *Nomos V: the public interest* (Atherton Press, 1962).

entende que "o interesse público é o mais alto padrão ético aplicável aos assuntos políticos. Aqueles que usam a expressão estão sempre se referindo aos supremos objetivos morais de uma associação política, muito embora possam não ter plena consciência disso". Nas ciências econômicas, Musgraves (1964, p. 117) afirma que "interesse público é a soma dos interesses privados. [...] O povo é o conjunto dos consumidores; servi-los com eficiência é atender ao interesse público".

Não obstante a relevância do trabalho dos pesquisadores citados, parece mais apropriado adotar, nesta reflexão, a visão jurídica, que reúne um pouco das demais definições quando aborda *público* como "propriedade do que pertence à coletividade" e *interesse* como "o direito de obter vantagem de alguma coisa"[7].

## Um cenário e muitos atores à procura de um roteiro

Antes de tratar da comunicação estatal, é importante lembrar que a comunicação pública, em seus diversos processos, envolve atores públicos e privados na perspectiva de ativar a relação entre o Estado e os cidadãos, visando à promoção do crescimento civil e social. Seu objeto são temas de interesse geral e sua finalidade é contribuir para a realização de tal interesse. Os atores que divulgam esta modalidade de comunicação são, em primeira instância, os sujeitos institucionais – o Estado e as suas administrações –, na perspectiva de promover transparência e maior eficácia das ações dos poderes públicos, mas também de sensibilizar os cidadãos para o envolvimento nos problemas de maior significado para o desenvolvimento civil da sociedade.

Por outro lado, se a finalidade principal da comunicação pública é a realização do interesse geral, entre os seus atores devem se considerar, também, os sujeitos privados do terceiro setor. Nos anos mais recentes eles têm ativado processos de informação e de comunicação com os

---

7 As definições, extraídas do *Dicionário jurídico* (Rio de Janeiro, Barrister's, 2. ed., 1985) de Maria Chaves de Melo, aparecem citadas em Chaparro (1987, p. 91).

cidadãos sobre temas socialmente relevantes, cumprindo o papel de suplementação das estruturas públicas. Na área acadêmica, autores como Cicilia Peruzzo[8] e instituições dedicadas às causas do terceiro setor[9] têm apresentado importante contribuição, ao tratar os movimentos sociais como receptores de informações, geradores de respostas às ações a eles destinadas e, ainda, como divulgadores dos diversos aspectos da exclusão e do direito dos movimentos sociais à comunicação.

A comunicação pública estatal não tem a mesma sorte. Talvez intimidados pelas disputas políticas que dificultam e até impedem a implementação do planejamento e de ações de comunicação no seio do Estado, e pelos sucessivos escândalos envolvendo as verbas públicas a ela destinadas, os estudiosos da comunicação não têm mostrado empenho em ocupar esse espaço praticamente vazio no universo acadêmico.

A reflexão aqui proposta aborda o Estado como emissor de informações, com base na definição de Norberto Bobbio (1995, p. 86): "o governo democrático é o poder público em público"[10]. Ele lembra que um dos princípios fundamentais do Estado constitucional é a publicidade, que as situações de "segredo de Estado" são exceções e devem ser justificadas e, como toda medida excepcional, limitadas no tempo.

Visto por esse prisma, o Estado brasileiro é bastante generoso. A publicidade oficial, da União, dos estados e da maioria dos municípios é sempre farta e veiculada em todos os meios disponíveis. Trata, geralmente, da divulgação de obras inauguradas, de projetos bem-sucedidos e de grande repercussão pública.

Franca Faccioli (2000, p. 43) entende, porém, que "visibilidade e publicidade [...] não compreendem, necessariamente, um fluxo comu-

---

8 Cicilia Maria Krohling Peruzzo vem se tornando referência entre os estudiosos da comunicação dos movimentos sociais. As abordagens vão das questões da exclusão ao direito à comunicação, sob o prisma da cidadania.

9 A Associação Brasileira das Organizações Não-Governamentais (Abong) e o Grupo de Institutos, Fundações e Empresas (Gife) são algumas das organizações que promovem eventos e publicações insertos nos debates das ações do terceiro setor, no Brasil.

10 No original, "il governo della democrazia come il governo del potere pubblico in pubblico".

Comunicação pública e as novas dimensões...

nicativo. O Estado que informa os cidadãos sobre aquilo que faz não atua em um processo de comunicação com eles"[11]. Para que isso aconteça, é necessário que a informação seja compartilhada em um processo bilateral de emissão, transmissão, recepção e interpretação. Mas, mesmo sem compartilhar a informação emitida pelo Estado, sob quaisquer formas, a publicidade constitui condição básica para o desenvolvimento de um processo de comunicação entre o Estado e a sociedade.

A ativação dos processos de comunicação das instituições muda profundamente as relações entre o Estado e os cidadãos porque cobra respostas de relacionamento e de troca em um contexto sempre caracterizado pela dimensão da autoridade[12]. A experiência de orçamento participativo[13] – implementada na cidade de Porto Alegre (RS) por Olívio Dutra em 1989 e consolidada em sucessivos mandatos de diferentes partidos políticos – é um exemplo raro de quebra da unilateralidade do Estado, com a participação da sociedade civil organizada nas decisões oficiais e a conseqüente, e indispensável, comunicação de duas mãos. Na campanha que o elegeu, Dutra apresentava propostas centradas no transporte coletivo e em sistemas de saúde, áreas de grande visibilidade e repercussão ante a população. Mas, logo no primeiro ano de implantação do orçamento participativo, as associações de bairro da capital gaúcha surpreenderam o governo, elegendo como prioridade para investimento dos recursos municipais as obras de saneamento básico – dificilmente priorizadas porque, não obstante sua inquestionável necessidade, ficam embaixo da terra: não geram as imagens grandiosas que tanto impressionam a opinião pública.

---

11 "Visibilità e pubblicità, tuttavia, non comprendono necessariamente um flusso comunicativo. Lo Stato che informa i cittadini di quello che fa non attua un processo di comunicazione con essi."

12 É de Miguel Reale (1994, p. 336) a distinção entre público e privado, sob a ótica da Filosofia do Direito: se a relação é de coordenação, trata-se, geralmente, de direito privado; se a relação é de subordinação, trata-se, geralmente, de direito público.

13 No orçamento participativo, grupos organizados da sociedade civil decidem, em reuniões oficiais com a prefeitura, como devem ser empregadas as verbas públicas destinadas a obras e serviços em suas comunidades e/ou regiões.

Outro aspecto é a distinção entre regras e competências diversas dos sujeitos considerados. A publicidade das ações e das escolhas administrativas e políticas é um dever das instituições estatais para garantir sua visibilidade e legitimação, correção, objetividade e integridade das informações que fornecem. No entanto, parece impossível falar de comunicação de interesse público sem considerar o papel do terceiro setor, tendo em conta o *boom* inovador e promocional que desenvolve. Ele é, provavelmente, o ator mais ativo da arena pública e também o parceiro das administrações para a realização de iniciativas e intervenções de interesse comum.

Mesmo considerando que o termo "comunicação pública" não é consenso entre os pesquisadores do assunto, Franca Faccioli (2000, p. 43) considera mais oportuno seu emprego do que "comunicação institucional" ou *comunicação de interesse geral*, porque a dimensão da esfera pública é, em relação ao Estado, ao mesmo tempo, sujeito e fim das suas mensagens.

## Caminhos da comunicação para um Estado emissor

O panorama apresentado indica a existência de muitos públicos envolvidos em diversas situações nas quais a comunicação pública originada no Estado desponta como ponto de partida para os demais setores, cujo objetivo é o interesse coletivo.

Diante disso, sugerir reflexões capazes de apontar novas dimensões para as relações públicas implica adotar um esquema de articulação da comunicação pública que leve em conta os sujeitos que a ativam, os objetos de que se ocupa e as finalidades que se propõem, como ponto de partida na adoção de estratégias apropriadas ao universo brasileiro. A proposta de Faccioli, fincada na experiência de outros pesquisadores italianos, aponta duas grandes linhas de análise e ação: a comunicação da instituição pública[14] e a comunicação de solidariedade social[15].

---

14 Definição de Mancini (1996).

15 Definição de Stefano Rolando, adotada por Franca Faccioli (2000, p. 44).

A primeira se constitui dos sujeitos institucionais e compreende um vasto campo de aplicação, de onde despontam três aspectos principais: a *comunicação interna*, que se realiza no interior de cada setor ou entre setores diversos; a *comunicação externa*, que se volta para os cidadãos, individualmente ou em grupos organizados; e a *comunicação externa*, realizada pelos meios de comunicação de massa.

Os três aspectos estão estreitamente ligados e operam em uma perspectiva de interação e de troca, requerendo competência e profissionalismo específico e dirigindo-se a diferentes *targets*.

A comunicação interna volta-se para o que Faccioli chama de "operadores institucionais", cuidando da circulação das informações no interior de um setor e entre setores diversos. Ocupa-se, ainda, da formação e do agendamento do pessoal, visando ao envolvimento e à motivação dos operadores às finalidades do setor. A comunicação interna é também a base para realizar o processo de modernização e de adequação da estrutura pública que leve em conta as exigências dos usuários.

A comunicação externa destinada aos cidadãos ocupa-se, primeiramente, de difundir as informações de utilidade pública, de facilitar o acesso dos usuários às instituições e aos serviços, e de solicitar a participação deles nas instâncias decisórias das políticas públicas. Tem, ainda, a tarefa de sensibilizar os cidadãos sobre seus deveres em relação às instituições. Outro caminho é o de facilitar aos usuários o diálogo com as administrações na utilização dos serviços. Dar visibilidade a uma administração que funciona e ajuda os próprios usuários no seu percurso burocrático contribui, também, para diminuir a distância entre os cidadãos e as instituições e dar legitimidade a elas.

A comunicação externa realizada pelos meios de comunicação de massa tem por objeto principal divulgar como operam as instituições e, em particular, quais resultados é possível conseguir. Sendo ela o resultado das escolhas e das políticas da cúpula institucional, esta tenderá a privilegiar os tons espetaculares mais próximos à comunicação política, na perspectiva de ativar um processo de promoção da imagem da instituição, por meio dos casos de sucesso do comando político que a preside.

A comunicação de solidariedade social é promovida pelo terceiro setor, que se move na perspectiva de sensibilizar a opinião pública sobre temas de particular interesse social, relevantes para alcançar os resultados dos quais a coletividade pode se beneficiar. Exemplos são as campanhas contra a violência do movimento Viva Rio e o SOS Mata Atlântica na área ambiental, para lembrar apenas alguns casos que testemunham o constante interesse do terceiro setor por temas importantes para a sociedade. O objetivo principal das atividades de informação e de comunicação é criar uma consciência difundida a respeito dos âmbitos de interesse comum e desenvolver um tecido de solidariedade na esfera pública, para resolver problemas que atingem a todos.

Embora singela e até conhecida dos estudiosos da comunicação organizacional, esta classificação sistematizada na Itália e adotada após as reformas administrativas do Estado pode constituir, no Brasil, um passo importante para que a comunicação pública, em geral, e as relações públicas, em particular, iniciem uma trajetória inovadora na construção de um Estado emissor de informações responsável, parceiro e de olhos voltados estrategicamente para o interesse público.

# Referências

ARAGÃO, Batista. *Tragédias que envergonham o Ceará*. Fortaleza: Imprensa Universitária, 1993.

ARENA, Gregório. *Il nuovi diritti all'informazione*. 2. ed. Milão: Twin Book, 2003.

ARISTÓTELES. *A política*. Rio de Janeiro: Ed. de Ouro, 1965.

BOBBIO, Norberto. *Il futuro della democrazia*. Turim: Einaudi, 1995.

CHAPARRO, Manuel C. *A notícia (bem) tratada na fonte: novo conceito para uma nova prática de assessoria de imprensa*. 1987. Dissertação (Mestrado em Ciências da Comunicação) – Escola de Comunicações e Artes da Universidade de São Paulo, São Paulo.

_____. *Linguagem dos conflitos*. Coimbra: Minerva Coimbra, 2001.

DALLARI, Dalmo de Abreu. *Elementos de teoria geral do Estado*. 24. ed. São Paulo: Saraiva, 2003.

Comunicação pública e as novas dimensões...    223

FACCIOLI, Franca. *Communicazione pubblica e cultura del servizio*. Roma: Carocci, 2000.

FAORO, Raymundo. *Os donos do poder: formação do patronato político brasileiro*. 2 v. 13. ed. São Paulo: Globo, 1998.

FREYRE, Gilberto *Sobrados e mucambos: decadência do patriarcado rural e desenvolvimento do urbano*. 2. ed. Rio de Janeiro: José Olympio, 1951.

FRIEDRICH, Carl J. *O interesse público*. Rio de Janeiro: Edições O Cruzeiro, 1964.

GUARESCHI, Pedro A. *Comunicação e poder*. Petrópolis: Vozes, 1981.

HABERMAS, Jürgen. *Mudança estrutural da esfera pública: investigações quanto a uma categoria da sociedade burguesa*. Rio de Janeiro: Tempo Brasileiro, 1984.

HOUAISS, Antônio. *Dicionário Houaiss da Língua Portuguesa*. Rio de Janeiro: Objetiva, 2000.

LIMA, G. O. *Caldeirão 50 anos: uma história, uma esperança*. Juazeiro do Norte: Comissão de Pastoral da Terra, 1986. [Brochura]

LOPES, Régis. *Caldeirão*. Fortaleza: Eduece, 1991.

MANCINI, Paolo. *Manuale di comunicazione pubblica*. Roma-Bari: Laterza, 1996.

NORONHA, C. A. O Estado e a informação. In: MEDINA, Cremilda (org.). *O jornalismo na Nova República*. São Paulo: Summus, 1987.

PINHO, Ruy Rebello. *Instituições de direito público e privado*. 18. ed. São Paulo: Atlas, 1992.

PLATÃO. *Diálogos - A república*. 2. ed. Rio de Janeiro: Ediouro, 1979.

POULANTZAS, Nicos. *Poder político e classes sociais*. São Paulo: Martins Fontes, 1977.

QUINTÃO, Aylê-Salassié. F. Divulgação governamental: uma história da relação com o poder. In: SINDICATO dos Jornalistas Profissionais do Distrito Federal. *Jornalismo de Brasília: impressões e vivências*. Brasília, SJPDF: 1993.

REALE, Miguel. *Lições preliminares de Direito*. 21. ed. São Paulo: Saraiva, 1994.

ROLANDO, Stefano. *Teoria e tecniche della comunicazione pubblica*. 2. ed. Milão: Etas, 2003.

SÃO PAULO – Secretaria Municipal do Planejamento. *Guia de serviços públicos da cidade de São Paulo - 2002*. São Paulo, 2000. 404 p. il. Inclui mapas.

# 2. Relações públicas e as novas fronteiras entre o público e o privado

*Ana Lucia Romero Novelli*

Uma das características do mundo contemporâneo tem sido a incessante busca de novas formas de relacionamento entre os diversos atores sociais. Como parte desse processo, a interação entre Estado, mercado e sociedade civil tem sido marcada por uma sintonia cada vez mais crescente na busca da redefinição de suas próprias fronteiras e seus objetivos. Nesse novo cenário, as relações públicas devem refletir a interconexão existente entre o público e o privado com base na compreensão do papel da esfera pública e na opinião pública em nossa sociedade.

Entre as várias características das sociedades contemporâneas que marcam sua especificidade em relação aos períodos anteriores, um aspecto merece destaque devido ao seu impacto na forma de relacionamento entre os diversos atores sociais: o enfraquecimento das tradições como balizadores do comportamento social, seja no âmbito individual ou coletivo. Se, por um lado, modelos tradicionais aprisionavam os indivíduos em comportamentos preestipulados socialmente, por outro, aliviavam grandes doses de incertezas e inseguranças que, hoje, rondam o imaginário social.

Nos dias atuais, não é preciso nem esperado que os comportamentos ou relacionamentos sigam rígidos padrões tradicionais. Os indivíduos racionalmente podem fazer outras escolhas sem que isso represente qualquer espécie de afronta social. Por essa perspectiva, muitas são as potencialidades de uma sociedade considerada pós-tradicional. Para Giddens (1997, p. 130), a sociedade pós-tradicional é um ponto final; mas é também um início, um universo social de ação e experiência verdadeiramente novo. Que tipo de ordem social ela é ou pode se tornar? [...] É uma sociedade em que os elos sociais têm efetivamente de ser feitos e não herdados do passado – nos âmbitos pessoal e coletivo esse é um empreendimento pesado e difícil, mas também um empreendimento que contém a promessa de grandes recompensas.

Esse abandono das tradições e a busca por outras possibilidades trazem a potencialidade de novas conformações sociais mais justas e inclusivas. Não cabem mais na atualidade comportamentos do tipo "isto é assim e pronto". Questionar uma tradição significa solicitar sua explicação discursiva, e as ações, quando questionadas, devem ser esclarecidas e discutidas sob pena de inviabilizar as relações pessoais.

Essa constante interação entre a desconstrução do passado e a reconstrução do presente tem se tornado uma das principais marcas dos nossos dias. São os tempos de modernidade líquida, de acordo com Bauman (2001), que por analogia define a sociedade contemporânea como algo sem forma predefinida e extremamente flexível, ao contrário dos períodos anteriores, em que formas rígidas eram as responsáveis pelo contorno social.

Em uma sociedade mais flexível e em constante mutação, conceitos fortemente estruturados, pertencentes à lógica tradicional, estão sendo questionados e atualmente se encontram em fase de novas definições, como é o caso da fronteira entre o que é o público e o privado. Essa questão, aparentemente de simples resposta, está longe de obter consenso e, com freqüência, figura entre as grandes polêmicas atuais.

## A sociedade contemporânea é pública e privada

Para compreender um pouco mais essa redefinição de fronteiras, é preciso analisar a evolução desses conceitos ao longo do tempo e de sua inserção social. O conceito de público, oriundo do período greco-romano, referia-se a *pólis* grega, que era o espaço comum a todos os cidadãos livres, enquanto o privado pertencia à esfera do *oikos*, referente à privacidade de cada indivíduo em sua casa.

Somente com a produção jurídica dos direitos individuais, presentes no direito romano, a esfera do privado começa a se valorizar, mesmo assim mantendo-se rigidamente separada da esfera do público. Para Hanna Arendt (1993, p. 66), "a pólis era para os gregos, como a res-pública para os romanos, em primeiro lugar a garantia contra a futilidade da vida individual, o espaço protegido contra essa futilidade e preservado à relativa permanência, senão à imortalidade dos mortais".

Nesse sentido, a concepção grega de uma existência que contemple a esfera do público e do privado não poderia ser aplicada à realidade que se instaurou na Idade Média com o feudalismo. A privacidade entendida como o domínio autônomo individual perdeu seu limite, até mesmo pela falta de distinção entre o lugar privado – a casa – e o espaço público, como a praça. Os interesses e as atividades que poderiam estar ligados à ação privada confundiam-se com os interesses e as funções públicas, pois, no feudalismo, a organização econômica do trabalho social estava centralizada exclusivamente no âmbito da casa, caracterizando a indivisibilidade entre o público e o privado.

Com a decadência do regime feudal, o ressurgimento do comércio e as novas condições econômicas e sociais, a esfera de reconhecimento público gradativamente passou a se deslocar do domínio feudal para as cidades e cortes dos monarcas. Assimilou novos elementos oriundos da influência do próprio comércio, da vida urbana, da riqueza e dos valores da nova classe emergente, a burguesia, até o momento em que, definitivamente, a sociedade civil se separou do Estado e resgatou os conceitos das esferas pública e privada.

O Estado absolutista trouxe para si o sentido do público que passou a ser compreendido no âmbito das instituições e ações estatais, dos funcionários, da burocracia e do próprio monarca. O privado, em contraposição, ressurgiu na esfera de produção e da vida familiar dos indivíduos que não pertencem à esfera do Estado. O Iluminismo, por sua vez, procurou o equilíbrio entre as esferas do público e do privado, pois mesmo sem, ainda, uma clara noção do espaço do privado a esfera pública burguesa atuou como local social de intermediação entre os diversos atores sociais e suas instituições.

> De um lado, Estado e sociedade civil; de outro, interesses privados dos indivíduos na vida familiar, social e econômica. Surgiam o cidadão e suas demandas, bem como as preocupações com a vida pública, os interesses comuns e a formação de consensos contra formas sociais ou públicas de poder arbitrário (Dupas, 2003, p. 29).

Por esta breve exposição, percebe-se o quanto os conceitos de público e privado vão assumindo novos contornos de acordo com a formação social do momento. Em termos de organização social, o surgimento do Estado Moderno marcou uma clara divisão entre o público e o privado. No momento em que o Estado assumiu a principal função pública de ser o responsável pelo bem comum e zelar pelo interesse de todos, os indivíduos e as empresas, caracterizados como pertencentes ao domínio do privado, tornaram-se livres desta obrigação social para cuidar exclusivamente de seus interesses particulares. E assim tem sido nos últimos séculos.

No entanto, essa realidade tem mudado profundamente nas últimas décadas e, atualmente, esses conceitos estão passando novamente por uma redefinição. A estrutura da sociedade contemporânea tende a diluir a distinção moderna entre o público e o privado, em que o público correspondia ao domínio do Estado e o privado, ao domínio da família e da produção privada do mercado. Para as sociedades ocidentais, o antigo Estado-nação, que cuidava sozinho de todas as necessidades da população e supria suas carências, não existe mais na prática. A diminuição dos recursos financeiros disponíveis e a globalização dos mercados impactaram na capacidade dos Estados de resolver grande parte dos problemas estruturais que rondam as sociedades, principalmente aquelas mais carentes e desestruturadas, como é o caso dos países periféricos.

Por outro lado, a sociedade civil, quando compreendeu essa impossibilidade do Estado, passou a intensificar antigas práticas de solidariedade e caridade com base em uma nova ótica e em escala crescente. Foi o despertar da co-responsabilidade da sociedade pelos rumos do país e de seu povo. Esta consciência de que os destinos da sociedade podem estar nas mãos do próprio povo fez que os indivíduos privados, organizados em entidades privadas, viessem a atuar de maneira a garantir o interesse público, seja na forma de organizações não-governamentais seja nas próprias empresas privadas.

Tal situação tem como resultado o fato de que a atuação política dos indivíduos deslocou-se do âmbito tradicionalmente reconhecido como público e passou a ser uma iniciativa da sociedade por meio da ação dos indivíduos reunidos em organizações não-governamentais e das empresas que assumem parte de sua responsabilidade social ante as comunidades em que estão insertas.

Complementando as transformações em curso, a sociedade de informação e suas tecnologias da informação e comunicação também tendem a radicalizar a interconexão atual entre o privado e o público. Os relacionamentos sociais configuram-se como um sem-número de encontros e conexões virtuais e temporárias, e a vigilância constante tornou-se uma das palavras de ordem. Tecnologicamente é possível conhecer o dia-a-dia dos cidadãos que estão insertos nesse novo mundo, seja por suas transações financeiras, seja pelo registro sistemático das câmeras de segurança, muitas vezes instaladas em locais públicos sem a percepção da população.

Desta forma, o que a sociedade moderna compreendia ser o domínio do público e do privado, atualmente, tem assumido novas configurações. A interpenetração de suas fronteiras, inevitável em uma sociedade flexível e não-tradicional, pode resultar potencialmente em algo novo e transformador. Mais interessante do que a busca incessante por delimitações rígidas de fronteiras parece ser a compreensão dos processos e movimentos da sociedade (Estado, mercado e indivíduos) que ora se configuram como público, ora como privado e, muitas vezes, como público e privado. Compreender esta especificidade contemporânea é um dos principais desafios para o aprimoramento dos relacionamentos institucionais e regimes democráticos centrados na participação e vontade geral da sociedade.

## A esfera pública como espaço de mediação entre o público e o privado

Entendida como o campo de negociação entre os interesses e as posições sociais contrárias, passando necessariamente por formas culturais e simbólicas de formação da opinião, a esfera pública é o espaço de circulação das idéias e opiniões vigentes na sociedade.

> Ela exprime a existência de um lugar privilegiado e constitutivo da forma democrática, onde se manifesta a tensão entre um princípio simbólico de legitimidade da formação do poder político e de legitimação de sua atividade e a existência de laços sociais de desigualdade e dominação que se objetivam dentro de um campo social autônomo, concorrente e interdependente (Floris, 1995, p. 128).

Por se tratar de um espaço social privilegiado, a esfera pública sempre desempenhou papel de destaque na inter-relação entre o público e o privado, e foi exatamente no período em que a sociedade retomou essa diferenciação, no século XVIII, que o fenômeno da esfera pública burguesa se assumiu como instância mediadora entre o público, formado por pessoas privadas atuando politicamente, e o Estado.

Jürgen Habermas (1984), analisando o papel da esfera pública na sociedade, identificou estreita sintonia entre as mudanças estruturais ocorridas ao longo do tempo e a evolução da imprensa. Sua abordagem crítica demonstra que o desvirtuamento do propósito original e revolucionário da esfera pública está intimamente ligado à inserção de interesses privados no espaço público, por meio de novas formas de comunicação que se tornaram possíveis graças às mudanças ocorridas no papel da imprensa para a sociedade.

Historicamente, a imprensa de opinião foi decisiva para a constituição da esfera pública burguesa, durante a Revolução Francesa. Foi por meio da imprensa de opinião que escritores e partidos políticos puderam expressar publicamente suas idéias e argumentos, tornando-a, aos poucos, a porta-voz e condutora da opinião pública. A imprensa de opinião, para Jürgen Habermas (1984), desenvolvia-se com a politização do público, prolongando e aprofundando suas discussões. Era uma instituição que pertencia à propriedade privada e se destinava à discussão de assuntos de interesse público desde o ponto de vista privado de determinados grupos de pessoas.

Com a estruturação definitiva do Estado Liberal de Direito e a institucionalização de uma esfera pública politicamente ativa – os parlamentos –, a imprensa se liberta de sua função crítica e assume seu caráter de empreendimento comercial. A esfera pública começa a perder o seu potencial transformador e revolucionário e passa a desempenhar a função de manutenção do *status quo*. Por volta de 1830, inicia-se a inserção de anúncios publicitários nos jornais, o que possibilita uma nova base de cálculos financeiros para a empresa jornalística. Como um típico empreendimento capitalista avançado, o jornal subordina sua política empresarial e editorial a pontos de vista da economia de mercado.

A base de sustentação financeira da empresa jornalística, que até então compreendia a comercialização da notícia, passa a ser gradativamente substituída por uma nova ordem, em que a receita se origina da negociação dos espaços publicitários.

O desenvolvimento da propaganda comercial esteve muito ligado ao próprio desenvolvimento do capitalismo industrial, pois, na mesma época em que, por meio dela, penetrava na esfera pública a concorrência horizontal dos interesses dos donos de mercadorias entre si, os fundamentos do capitalismo concorrencial já influenciavam os partidos políticos, pela concorrência vertical entre os interesses conflituosos de classe. É por esses mecanismos que a representação pública de interesses privados consegue um caráter político.

No entanto, só com o surgimento da atividade de relações públicas, no início do século XX, o anúncio econômico chega a ter consciência do seu caráter político. A esfera pública assume um caráter político na medida em que se torna imperativa a necessidade de informar e conduzir a opinião pública, aspecto até então não enfatizado pela propaganda comercial.

Essa nova postura fez que a esfera pública burguesa assumisse novas configurações. A propaganda comercial tem como interlocutores as pessoas privadas como consumidores; de maneira diferente, o destinatário das relações públicas é a opinião pública, ou seja, são as pessoas privadas como público.

As relações públicas provocaram a interpenetração entre a notícia e o anúncio. A propaganda já não era identificada como a auto-representação de um interesse privado. Ela passa a delegar a seu objeto a autoridade de um objeto de interesse público, a respeito do qual o público de pessoas privadas pode formar livremente sua opinião, como é o caso dos *press releases* que invadem a área jornalística do jornal sem demarcar claramente sua função de divulgação.

Todas essas mudanças na forma de comunicação da sociedade descaracterizaram a função ideal da esfera pública e propiciaram a sua refeudalização. Na teoria de Habermas, a esfera pública é compreendida como uma esfera neutra, onde os cidadãos reservam seus interesses privados à esfera privada e viabilizam, na esfera pública, uma discussão racional, constituída por um público homogêneo que produz um consenso. No entanto, de acordo com Hans Verstraeten (1996), a esfera pública é, por definição, o lugar de reprodução das hegemonias encontradas na sociedade e, dessa maneira, nunca foi nem será neutra. A situação atual demonstra mesmo a impossibilidade de existência de uma única esfera pública homogênea. A pluralidade de esferas públicas que convivem cotidianamente é uma opção muito mais viável para as condições atuais.

Retomando a discussão da fronteira do que é público e do que é privado, Verstraeten aborda a questão da neutralidade. A afirmação original de Habermas aponta que na esfera pública deveriam ser tratados apenas assuntos pertinentes ao interesse público, mas na dinâmica do início do século XXI as fronteiras estão cada vez mais tênues e a interpenetração entre as duas esferas é inevitável. Esse tema tem sempre sido levantado em momentos críticos e tem sido usado com freqüência para legitimar ou deslegitimar certos problemas sociais, a exemplo do que aconteceu com o movimento feminista, que tentou ser encarado como um assunto da esfera privada.

Em análise sobre o papel da esfera pública para o funcionamento da democracia na atualidade, Sérgio Costa (1997) observa a existência de duas tendências: a esfera pública pluralista e a esfera pública discursiva.

De acordo com a corrente teórica dos pluralistas, a democracia é exercida por meio de grupos organizados que se limitam mutuamente, sendo função da esfera pública intermediar temas e opiniões dos vários grupos a fim de possibilitar a formação das opiniões públicas decorrentes desse processo. Segundo Costa (1997, p. 181), "neste modelo, a imagem da esfera pública é a de um mercado de opiniões no qual os diferentes interesses organizados se encontram em permanente concorrência por um recurso escasso: a atenção pública". A finalidade da participação dos grupos na formação da opinião pública torna-se relevante devido à possibilidade de influência nos processos decisórios.

A perspectiva discursiva assume que a esfera pública não é apenas um palco para os atores manipularem a opinião pública. No contexto democrático, ela tem o papel enfático de "atuar como instância intermediadora entre os impulsos comunicativos gerados no mundo da vida e os colegiados competentes que articulam, institucionalmente, o processo de formação da vontade política (parlamento, conselhos etc.)" (Costa, 1997, p. 182).

A existência de uma esfera pública para a apresentação, discussão e resolução das questões de interesse público, bem como a elaboração de uma vontade coletiva expressa por meio da opinião pública, são elementos imprescindíveis para a lógica social contemporânea. Nesse sentido, interesses públicos e privados encontram na esfera pública campo fértil de negociação e interlocução. Não mais a esfera pública única e determinista da perspectiva habermasiana, que, ao perder o referente da imprensa libertária, viu-se envolta no princípio da dominação hegemônica; mas sim

Relações públicas e as novas fronteiras...

a esfera pública plural e discursiva, que inclui a multiplicidade de atores e novas tecnologias da comunicação, que permitem o acesso democrático de grandes parcelas da sociedade antes excluídas pela imprensa tradicional. Como não poderia deixar de ser, uma esfera pública mais flexível resultante de uma sociedade menos tradicional.

## As relações públicas e as parcerias possíveis entre o público e o privado

A ação das relações públicas em uma sociedade pós-tradicional, com fronteiras difusas entre o público e o privado, precisa ser cada vez mais enfática na perspectiva de construir novas redes de relacionamentos que sejam sustentáveis e positivas para todos os atores envolvidos. Com base em uma proposta de atuação inovadora, em que a área tenha consciência de seu papel como agente de comunicação na esfera pública, muitas são as possibilidades de contribuição.

Se em determinado momento histórico as relações públicas se colocaram a favor da desmobilização da esfera pública, de acordo com a análise de Habermas, atualmente, elas, cientes de seu papel ativo na esfera pública, podem, ao contrário, contribuir decisivamente para o seu fortalecimento ao estimular o diálogo entre os vários setores da sociedade.

Ao ter por opção o público e, conseqüentemente, a opinião pública como destinatário, as relações públicas assumem papel de destaque na sociedade contemporânea, uma vez que a opinião pública se tornou um dos principais atores políticos de nossa sociedade e fonte de legitimação do poder democrático.

> Enquanto a legitimidade que está associada ao princípio da autoridade é frágil porque se apóia em uma imposição externa e visível e tende naturalmente para o autoritarismo puro e simples, pelo contrário, aquela que deriva da "opinião pública" é muito mais poderosa na medida em que se trata de uma imposição aparentemente interna: é aquela que os próprios indivíduos reconhecem porque faz apelo somente ao raciocínio e à persuasão (Champagne, 1996, p. 50).

Com o desenvolvimento cada vez mais acelerado dos meios de comunicação de massa, a opinião pública foi assumindo novos contornos e ganhando novos espaços na sociedade. A democracia atual, embalada por disputas simbólicas, estimula a existência de uma esfera pública conduzida pelos grandes veículos de comunicação para explicitar sua visão do mundo. Nesse espaço são forjadas as lutas de poder, sempre amparadas e legitimadas pela expressão concreta da opinião pública.

Em relação aos novos contornos e conexões existentes entre o público e o privado, os chamados de primeiro, segundo e terceiro setor, ou seja, Estado, mercado e sociedade civil, respectivamente, têm constantemente se interpenetrado em função de suas ações concretas e a favor de interesses maiores da sociedade como um todo. Demarcar claramente a fronteira de onde começam o Estado e a iniciativa privada quando se analisa um projeto social do terceiro setor, que é executado por pessoas privadas – ou seja, que não pertencem aos quadros do funcionalismo estatal –, que estão atuando em nome de uma organização privada não-lucrativa, com financiamento parcial do Estado para executar uma ação de interesse público, não é uma tarefa fácil se os conceitos de público e privado estiverem ancorados na dicotomia Estado e sociedade. O mesmo ocorre quando se analisa a ação empresarial sob a perspectiva da responsabilidade social, em que a iniciativa privada abandona seu referencial de lucro e produtividade para investir em ações não-lucrativas de interesse público.

Entre algumas possibilidades de parceria que têm ocorrido em nossa sociedade, percebem-se movimentos em todos os sentidos:

• Parceria entre o Estado e as organizações não-governamentais: ações de caráter público, desenvolvidas por entidades privadas da sociedade civil, com financiamento total ou parcial do Estado, como as entidades ligadas à prevenção da Aids no Brasil ou mesmo as organizações da sociedade civil de interesse público (Oscips), que atuam com base em contratos de gestão com o Estado na prestação de serviços públicos.

• Parceria entre o Estado e as instituições privadas do mercado: ações empresariais de responsabilidade social conduzidas de forma independente ou por meio de subvenções do Estado, como a dedução de imposto de renda, a exemplo das leis de incentivo à cultura.

• Parceria entre o Estado e as instituições privadas do mercado: o Estado estimula as empresas a participar de iniciativas estatais que visem ao bem público e social, como ocorreu com o Programa Fome Zero e algumas campanhas de utilidade pública veiculadas pela mídia nacional ("O melhor do Brasil é o brasileiro" e "Sou brasileiro e não desisto nunca").

• Parceria entre o Estado e as instituições privadas do mercado: o Estado propõe a criação das parcerias público-privadas (PPPs) configurando uma nova modalidade de contratação, em que a iniciativa privada se torna parceira do Estado na prestação de serviços públicos com obrigações contratuais para os dois setores.

• Parceria entre as organizações não-governamentais e as instituições privadas do mercado: ações de cooperação que ocorrem sem a participação do Estado, como a parceria direta de uma empresa que prefere não desenvolver internamente as atividades de responsabilidade social e sim apoiar uma entidade criada para esse fim.

• Parceria entre as organizações não-governamentais: ações conjuntas de duas ou mais ONGs visando à otimização dos serviços oferecidos à sociedade, como a criação de redes de informação para o terceiro setor.

Por esse breve cenário percebem-se a complexidade desses relacionamentos e a necessidade de uma nova forma de fazer comunicação, que seja capaz tanto de estimular parcerias sólidas e confiáveis entre os setores sociais, quanto de garantir a participação dessas parcerias na esfera pública, a fim de que ganhem amplitude de expressão.

Esse é o desafio das relações públicas na atualidade. Com base em seu potencial transformador, elas têm a condição de estimular e manter o relacionamento construtivo entre os atores sociais, seja de uma organização para com seus públicos específicos, seja entre organizações e instituições existentes na sociedade.

Se as práticas privadas de apoio social – por exemplo, as ações de responsabilidade social das empresas – trazem o resultado perverso da despolitização da questão social e a desqualificação do poder público como instituição capaz de regular o conflito interno na sociedade – por meio da discussão das políticas públicas que criam compromissos e maior qualidade para a prática da cidadania –, as relações públicas, com uma ação concreta na esfera pública, podem resgatar o papel do público e da opinião pública como elementos de agregação de valor aos relacionamentos e às parcerias necessárias para a melhor vivência social.

## Referências

ARENDT, Hannah. *A condição humana*. 6. ed. Rio de Janeiro: Forense Universitária, 1993.

BAUMAN, Zygmunt. *Modernidade líquida*. Rio de Janeiro: Zahar, 2001.

CHAMPAGNE, Patrick. *Formar a opinião: o novo jogo político*. Petrópolis: Vozes, 1996.

COSTA, Sérgio. Contextos da construção do espaço público no Brasil. *Revista Brasileira de Ciências Sociais*, v. 12, n. 35, p. 121-34, out. 1997.

DUPAS, Gilberto. *Tensões contemporâneas entre o público e o privado*. São Paulo: Paz e Terra, 2003.

FIGUEIREDO, Rubens; CERVELLINI, Sílvia. Contribuições para o conceito de opinião pública. *Opinião Pública*, Campinas, Cesop/Unicamp, v. III, n. 3, p. 115, dez. 1995.

FLORIS, Bernard. L'entreprise sous l'angle de l'espace public. In: PAILLIART, Isabelle (org.). *L'espace public et l'entreprise de la communication*. Grenoble: Ellug, 1995, p. 128.

GIDDENS, Anthony; BECK, Ulrich; LASH, Scott. *Modernização reflexiva*. São Paulo: Unesp, 1997.

GRUNIG, James; HUNT, Todd. *Managing public relations*. Nova York: Holt, Rinehart of Winston, 1984.

HABERMAS, Jürgen. *Mudança estrutural da esfera pública: investigações quanto a uma categoriada sociedade burguesa*. Tradução de Flávio R. Corte. Rio de Janeiro:Tempo Brasileiro, 1984.

SENNETT, Richard. *O declínio do homem público*. São Paulo: Companhia das Letras, 1988.

VERSTRAETEN, Hans. The media and the transformation of the public sphere. *European Journal of Communication*, v. 11, n. 3, p. 347-70, set. 1996.

# 3. Relações públicas no terceiro setor

*Mauren Leni de Roque*

Este trabalho apresenta sucintamente algumas contribuições para a constituição de princípios e estratégias que vêm consolidando o terceiro setor. As demandas sociais contemporâneas refletem novos problemas e novos valores, exigindo atualização dos instrumentos disponíveis para seu enfrentamento, bem como a participação de toda a sociedade. A mudança de atitude é fundamental para destituir o sentido de competição que orienta as organizações e substituí-lo por cooperação. A comunicação é um recurso destacado para tornar tal mudança possível. Por sua competência no tratamento com os diferentes públicos, as relações públicas aparecem como o campo de conhecimentos privilegiado para promover, por processos comunicativos, uma nova ordem social mais cooperativa e solidária.

"Filantropia", "responsabilidade social", "desigualdade" e "cooperação" são termos novos no mundo da ciência. Eles remetem à consciência social de que, em um cenário político-econômico mundial marcado por assimetrias, a universidade pode contribuir para a inserção e o fortalecimento de uma nova ordem, mais justa e participativa. Essa consciência legitimou o campo de estudos do terceiro setor, como uma das mais exemplares iniciativas de atuação interdisciplinar, permitindo a troca de conhecimentos e experiências entre pesquisadores e militantes de áreas distintas, como economia, educação, administração e a comunicação, entre outros.

As universidades brasileiras, por meio de disciplinas, cursos, projetos e programas de iniciação científica, graduação, extensão, especialização e pós-graduação, têm crescentemente desempenhado o papel de atores sociais em favor do bem comum e do bem público. Neste trabalho, procuramos mostrar como a academia vem contribuindo para fomentar a idéia e as iniciativas em torno do terceiro setor e, especialmente, apontar por que as relações públicas podem se somar a esse campo específico de conhecimento.

Entendemos que tal recorte é oportuno, já que as disciplinas humanísticas que incorporam a formação profissional de relações públicas estão empenhadas em desenvolver e legitimar novos princípios e novos métodos de abordagem e interpretação de realidade. Pelo caráter interdisciplinar de que se revestem, pelo histórico de compromissos nem sempre afinados com os interesses da coletividade e pelo desafio que representa a globalização das organizações e dos mercados, as relações públicas não devem se furtar ao mesmo propósito. Colher subsídios nas áreas de origem pode acelerar seu processo de inserção no emergente campo de trabalho do terceiro setor.

## Terceiro setor: significado, origens e o papel da universidade

A expressão "terceiro setor" designa um grande número de entidades e articulações entre o público e o privado, que vão desde associações esportivas, fundações com denominações de instituições privadas, como bancos e indústrias, até grupos móveis de assistência e organizações filantrópicas destinadas a atender grupos restritos e hiperlocalizados.

Segundo Rubem César Fernandes (1994, p. 128-30), o terceiro setor ultrapassa o institucional e se estende por uma variedade de atividades, incluindo serviços e funções múltiplas que visam "alcançar a totalidade das circunstâncias afetas à vida" ao "sublinharem os pontos em que os mais diversos domínios se comunicam. Em boa parte desse campo, a distinção [entre] público e privado não é plenamente assimilada". O importante "não é a estrutura, mas os processos descentralizados de comunicação e de tomada de decisões".

Como novo ator social, o terceiro setor representa "o conjunto de agentes privados públicos, cujos programas objetivam atender direitos sociais básicos e combater a exclusão social e, mais recentemente, proteger o patrimônio ecológico..." (Szazi, 2003, p. 22). A expressão "terceiro setor" refere-se "ao conjunto de organizações e iniciativas privadas que visam à produção e a serviços públicos". Essas organizações são constituídas por indivíduos que se propõem expandir a idéia corrente de esfera "pública", ao introduzir o pressuposto democrático segundo o qual a "vida pública" comporta tanto o governo quanto os cidadãos unidos em atividades para o bem comum (Fernandes, 1994, p. 21).

Quando as organizações desse setor se denominam "não-governamentais" ou "sem fins lucrativos", a intenção é retoricamente explicitar a distinção (não a negação) entre a entidade e o governo, bem como seu comportamento em relação ao lucro. Uma variedade de designações pertinentes ao terceiro setor permanecem sendo utilizadas como correlatas, a saber caritativas, filantrópicas, solidárias, de base, associativas, independentes. Qualquer que seja a designação, o que importa é que "as experiências que animam o terceiro setor induzem à crença de que há, sim, coisas positivas e mesmo portentosas a fazer. Apesar das chances em contrário, acontecem coisas por lá que surpreendem os mais céticos interlocutores" (Fernandes, 1994, p. 22 e 143).

As iniciativas civis que dão forma ao terceiro setor crescem em todo o mundo. Sua expansão recente, com impulso nos anos 1970, encontra origem muito anterior, no século XVI, com a Reforma Protestante, que "abriu as hierarquias sagradas para a participação dos fiéis" e alcançou as lutas das classes trabalhadoras durante o século XIX (Fernandes, 1994, p. 16). Se nos detivermos na história do Brasil e examinarmos os movimentos sociais que, desde a colonização, vêm agrupando homens, mulheres, religiosos, escritores em torno de causas legítimas comuns, veremos que os valores que permeiam as iniciativas do terceiro setor germinavam ali.

Uma das contribuições pioneiras, no Brasil, ao terceiro setor pode ser encontrada no trabalho do médico, pesquisador e renomado homem público Josué de Castro, que na obra *Geografia da fome* (1946) apontou as raízes da desigualdade brasileira, tomando como objeto de estudo o homem pernambucano e quebrando a "conspiração do silêncio" em torno do assunto (Soares, 2003, p. 7). O seu legado foi tão importante que, após mais de meio século, o livro continua sendo reeditado, traduzido, discutido e adotado por acadêmicos e planejadores sociais aqui e no mundo (Andrade, 2003, p. 73).

Mesmo assim, só entre 1992 e 1994, uma ampla mobilização cívica e de ética na política denominada Ação da Cidadania contra a Fome, a Miséria e pela Vida resultou na primeira tentativa brasileira de implantação de uma política nacional de combate à fome e à miséria, durante a presidência de Itamar Franco (Valente, *apud* Belik *et al.*, 2003, p. 23).

O legado de Paulo Freire também contribuiu para o processo gradativo de atenção às desigualdades sociais, de que a fome se tornara o exemplo mais crucial. Sua maneira de encarar a alfabetização, como promoção da autonomia dos mais pobres, transcendeu os limites da academia, por se dirigir ao pedagogo baseando-se na experiência dos educandos destituídos; ao articular o ensino à aprendizagem, deslocou o professor do estrado para a carteira do aluno, ampliando naquele a sua capacidade de enxergar o outro e neste o potencial sobre a própria realidade.

A universidade foi e continua sendo o *locus* por excelência da constituição do terceiro setor. Ao efetuar um olhar retrospectivo sobre a campanha civilista para fundação da Universidade de São Paulo, Leopoldo e Silva (2001, p. 300) constatou que seus articuladores conferiram à noção de público o estatuto de um valor, que a universidade pública foi concebida "como o lugar apropriado para a discussão e a construção de valores". A esse respeito, escreveria mais tarde um dos mais renomados professores dessa instituição, o economista Paul Singer (2001, p. 311):

> Para os que acreditam que a sociedade é mais do que uma coleção de indivíduos, que o progresso pressupõe a cooperação mais do que a competição entre as pessoas e que a igualdade de direitos, de oportunidades e de resultados é um valor importante, a universidade deve instruir, mas sobretudo formar cidadãos e produzir conhecimentos que sirvam à luta por estes valores.

De que maneira a universidade pode produzir conhecimento e formar cidadãos que cooperem com a vontade coletiva, lutem por igualdade de direitos e compartilhem oportunidades? Para Ferreira (2005, p. 13-4), aumentando o nível de conhecimento da população e produzindo conhecimentos com aplicabilidade prática na redução das desigualdades sociais.

Tanto em um como no outro caso, o autor identifica duas visões de realidade que se antagonizam, quando a universidade discute que tipo de conhecimento permitirá o controle das assimetrias sociais: se o dos acadêmicos, que "denunciam as condições estruturais causadoras das desigualdades sociais brasileiras e que propõem uma postura crítica à sociedade capitalista", ou o dos menos radicais, "propensos a pensar soluções técnicas [...] a curto prazo, às vezes de forma paliativa, suscitando críticas do primeiro grupo" (Ferreira, 2005, p. 16-7).

As organizações do terceiro setor encontram-se na órbita da crítica da ala "radical", já que "um grande número dessas entidades, às vezes por opção, às vezes pela força dos mecanismos que as financiam, [...]" contribuem para a legitimação do *status quo*, "mantendo o poder nas mãos das elites", "sem oferecer soluções de transformações estruturais" e contribuindo indiretamente para o sucessivo desmonte do Estado em favor da ordem neoliberal (Ferreira, 2005, p. 13-4 e 18).

Qualquer que seja a crítica a ser feita ao terceiro setor como instrumento de desoneração do compromisso do Estado com o cidadão, Ferreira (2005, p. 18) reconhece que a aproximação das instituições sem fins lucrativos com o meio universitário vem "produzindo os exemplos mais exitosos de produção de conhecimento acadêmico voltado à redução das desigualdades sociais".

A busca do bem coletivo responde pelas crescentes intervenções sociais de pró-reitorias de ação comunitária de universidades brasileiras. Reflete essa preocupação o trabalho realizado desde 1988 pelo Núcleo de Extensão Comunitária (Necom) da Universidade Católica de Santos: há dezoito anos, ele desenvolve um trabalho sistemático com professores e estagiários voluntários, em apoio a ações de cidadania junto de populações carentes, por entender que o papel da universidade é o da construção de uma sociedade mais igualitária, solidária e justa (Santos, 1999, p. 15 e 17).

Os projetos de extensão do Necom dirigem-se, segundo a coordenadora Carmem Carvalho Lima (2003, p. 38),

> ao homem concreto, ligado a um espaço social e a um tempo histórico. Falamos da sociedade real onde transcorre sua existência, onde a pessoa se cria e cria a cultura, entendida como trabalho, organização social. A extensão supõe que o homem [e] a comunidade participem, desenvolvam e transformem essa cultura na direção de um viver mais humano e mais digno.

Atualmente, cursos de graduação incluem oportunidades de atuação no terceiro setor, pela presença de conteúdos teóricos e práticos focados na melhoria das condições da população e articulados com o público e o privado. Como incentivo, algumas instituições validam a prestação voluntária de serviços comunitários pelos alunos, para efeito de integralização de créditos de formação acadêmica.

O economista e professor José Pascoal Vaz (2001, p. 43, 48-9) acredita que a desigualdade social constitui a "primeira das violências coletivas". Em sua visão, a universidade deve fomentar valores, organizar o conhecimento social, reproduzi-lo, ampliá-lo e devolvê-lo à sociedade, de maneira a produzir o máximo de acréscimo no seu bem-estar com o máximo de eqüidade.

Nas escolas de administração, a temática do terceiro setor ganhou impulso em decorrência da reforma do papel do Estado, que no Brasil se verificou a partir dos anos 1970 e desencadeou na década seguinte processos de descentralização política e administrativa, de privatização de setores antes de exploração estatal e de paulatina retomada do Estado democrático de direito.

Idéias surgidas para solucionar problemas de gestão e testadas para avaliar seu impacto sobre a lucratividade das empresas começaram a afetar a maneira de as organizações do terceiro setor atuarem. Graças a conhecimentos em administração, as organizações filantrópicas passaram a reconhecer que a intenção e a boa vontade não substituem organização, compromisso com resultados, avaliação de desempenho e uma noção de lucro a longo prazo, reconhecido como indispensável à solução de problemas sociais (Drucker, 1992, p. 11, 134 e 147).

O crescimento do terceiro setor também impôs considerar o voluntário "levando em conta questões como seu grau de comprometimento [...] com aspectos vitais da gestão, como valores, missão e cultura da organização" (Tachizawa, 2002, p. 35).

## Filantropia empresarial, terceiro setor e relações públicas

A presença no Brasil de organizações produtivas multinacionais, com sua experiência em gestão e em filantropia empresarial, contribuiu para o fornecimento, a comparação e a adaptação de programas filantrópicos trazidos das unidades de origem. Os executivos brasileiros das empresas estrangeiras aqui instaladas e, por diferentes motivos, também os das empresas nacionais passaram a inserir na contabilidade das empresas os números que explicitam a relação entre ações de responsabilidade social, confiança na marca pelo mercado e lucro.

Não pode ficar esquecido um dado perverso quando se examina o papel das multinacionais no país e como ele acabou por dar fomento às atividades do terceiro setor. Durante os anos 1980, no Brasil e no mundo, as multinacionais padeciam de um "problema retórico", representado pelo hiato entre a maneira como eram percebidas pela opinião pública e a maneira como gostariam de ser "percebidas, entendidas e acreditadas". Para Halliday (1989, p. 17), "a relação entre as multinacionais e seus interlocutores através do mundo [era] conflituosa".

À época, as multinacionais usavam a propaganda institucional como instrumento de declaração pública de valores e crenças, imaginando que conquistariam a opinião pública quando afirmassem a transcendência da missão que creditavam a si. Os anos 1980 foram "de chumbo" para elas, com os movimentos sindicalistas escancarando que os operários experimentavam realidades não declaradas, enquanto a imprensa e a opinião pública discutiam o que havia de verdade na retórica do patronato.

Como salienta Peruzzo (2005, p. 21 e 40), conteúdos que durante os anos 1980 permaneceram restritos aos meios de comunicação alternativos de movimentos sociais hoje são reconhecidos na mídia de massa, refletindo a tendência à consolidação da democracia e à participação cidadã.

A comunicação que passa a criar valor tanto para a sociedade quanto para a organização é estratégica, estando "cada vez mais orientada por um pensamento mestiço, que se vale dos conhecimentos e das práticas de comunicação, ciências humanas, biológicas e das inúmeras tecnologias da informação" (Nassar, 2005, p. 15).

A comunicação praticada em relações públicas tem deixado de ser operacional, paliativa, educativa, intervencionista, normativa, passando a ocupar lugar de destaque na "viabilização dos negócios", o que representa uma profunda alteração nos processos de gestão da comunicação (Nassar, 2005, p. 17-8).

Em alguns casos, o empenho na viabilização dos negócios concorre para a promoção do profissional de marketing, em detrimento do assessor de comunicação social (Van Raij, 2006, p. 122); em outros, encontra no transmarketing um novo, mais amplo e mais desafiador papel para o exercício das relações públicas, papel esse que se pauta pela antecipação dos fatores que permeiam o relacionamento da organização com o ambiente externo e, por isso mesmo, conduz ao estreitamento das relações com o marketing social (Fortes, 1999).

O reconhecimento de que a comunicação empresarial se tornou estratégica é um dos fatores responsáveis pelo comprometimento corporativo com o terceiro setor. A comunicação passou a ser vista como recurso para promover uma nova forma de relação entre o Estado, a iniciativa privada e os cidadãos, devendo se dar na maneira de um processo mútuo e contínuo de mudança e renegociação (Solito, 2005, p. 191).

A capacidade de negociação é fundamental quando se trata de vencer resistências, obter ressonância na mídia, garantir conquistas prometidas, justificar opções, conquistar colaboradores, sensibilizar públicos, comprometer o setor político, estimular a participação comunitária, medir os níveis de expectativa dos atores sociais envolvidos, assegurar uma interpretação adequada das ações e estratégias adotadas, tornar claros missão e objetivos, administrar recursos envolvidos, estabelecer interfaces e parcerias.

Além disso, o exercício da comunicação estratégica exige de seus praticantes paciência, planejamento, disciplina, estudo e determinação (Torquato, 2002, p. 7). Para os profissionais de relações públicas que desejam atuar no terceiro setor, paciência e determinação são fundamentais, porque nele as conquistas ocorrem de forma lenta, difícil e sutil; além disso, os apelos ao ingresso no circuito de trabalho em áreas glamourizadas atuam para identificar o profissional que opta pelo terceiro setor como alguém dotado de habilidades de pouca importância no mercado de trabalho convencional.

Parafraseando Chaparro (2002, p. 23), a comunicação no terceiro setor exige competências decorrentes do fato de que as instituições produzem notícias, o que leva à necessidade de saber "como agregar atributos jornalísticos a fatos e falas que produzem". O desempenho eficaz do profissional de relações públicas no terceiro setor dependerá de sua capacidade de estabelecer diálogo com os públicos, sendo a "veracidade e a significação ética dos fatos [...] ingredientes decisivos para o sucesso" da comunicação de relações públicas nas instituições do terceiro setor.

Planejamento supõe método e método implica orientação valorativa. O êxito das ações de relações públicas no terceiro setor depende de uma postura política não dogmática, mas aberta a todos os envolvidos. Os interesses que permeiam uma organização produtiva ou um órgão público não podem se sobrepor ao compromisso com a verdade nem à compreensão mútua dos atendidos.

A atuação no terceiro setor é, por sua própria natureza, resultado de negociação. Assim, as propostas devem permitir respostas legítimas a eventuais questionamentos. Como decorrência e como prevenção, todos os agentes envolvidos necessitam estar comprometidos com o processo desencadeado, bem como perfeitamente cônscios de seu papel e dos objetivos das ações propostas.

A coleta de informações é fundamental para a atuação no terceiro setor, e a pesquisa-ação se presta a esse fim,

> por seu caráter participativo e pelo fato de promover ampla interação entre pesquisadores e membros representativos da situação investigada. [...] Em países como o Brasil [...], a pesquisa-ação pode ser pensada e aplicada nos dois contextos: o das populações carentes e o das organizações ou instituições (Thiollent, 1997, p. 22-3).

Ao profissional de relações públicas atuante no terceiro setor, cabem uma atitude e um comportamento favoráveis ao diálogo e à cooperação transparentes, não só por se tratar de uma exigência nesse campo, mas porque a atividade não conseguiu ficar livre da crítica que alguns ainda lhe fazem: freqüentemente as relações públicas aparecem associadas a interesses escusos.

Em entrevista à imprensa, o atual presidente do Tribunal Superior Eleitoral, Marco Aurélio Mello, chegou a referir-se à alegada "batalha de comunicação institucional", que deflagrou a favor do voto consciente nas eleições de 2006, justificando-se com a frase: "Não sou relações públicas, mas defensor de um interesse coletivo" (Oesp, 2006, p. A6). O magistrado referia-se à tendência das relações públicas de formar alianças com a mídia para proteger o poder corporativo, não se restringindo a desenhar "um mundo satisfatório com as corporações no papel de atendentes benignas, mas a uma atividade com profundas conseqüências políticas e econômicas" (Bagdikian, 1993, p. 11, 184-5, 194).

Uma alternativa para impedir que as corporações ampliem poder político e econômico é confiar em sua responsabilidade social. Adotando o espírito de cooperação, e não de competição, elas contribuiriam para a sobrevivência de todos (Bagdikian, 1993, p. 293).

As ciências que contribuem para a formação do profissional de relações públicas têm passado por profundas modificações, graças a

Relações públicas no terceiro setor

aportes que questionam a competição e privilegiam o sentido de cooperação e a noção de solidariedade. Como campo de estudos interdisciplinar, as relações públicas podem apropriar-se desses novos saberes, redirecionando a profissão para áreas em que a ação comunicativa seja instrumento de correção de assimetrias sociais.

Uma tarefa dessa envergadura exige comprometimento e coragem, mas, sobretudo, a capacidade de leitura da realidade que o profissional consiga desenvolver. Para tanto, sua formação não pode prescindir de um alto grau de exigência no domínio da palavra, por seu vigoroso potencial de dizer e desdizer, muito mais do que incautamente suspeitamos.

## Referências

ANDRADE, Manuel Correia de et al. *Josué de Castro e o Brasil*. São Paulo: Fundação Perseu Abramo, 2003.

BAGDIKIAN, Ben Haig. *O monopólio da mídia*. São Paulo: Scritta, 1993.

BELIK, Walter et al. Políticas de combate à fome no Brasil. In: ANDRADE, Manuel Correia de et al. *Josué de Castro e o Brasil*. São Paulo: Fundação Perseu Abramo, 2003.

CASTRO, Josué de. *Geografia da fome*. Rio de Janeiro: O Cruzeiro, 1946.

CHAPARRO, C. Informação, bem social. In: MYERS-SQUIBB Brasil S.A. *Fontes abertas*. São Paulo: Bristol/Myers Squibb Brasil S.A., 2002.

DRUCKER, Peter F. *Administrando para o futuro*. 4. ed. São Paulo: Pioneira, 1992.

FERNANDES, R. César. *Privado, porém público*. 2. ed. Rio de Janeiro: Relume Dumará, 1994.

FERREIRA, João S. Whitaker. Redução das desigualdades sociais: e o papel da universidade? *Leopoldianum. Revista de Estudos e Comunicações*, Santos (SP), Universidade Católica de Santos, a. 31, n. 83/84/85, jan./dez. 2005.

FORTES, Waldyr Gutierrez. *Transmarketing: estratégias avançadas de relações públicas no campo do marketing*. São Paulo: Summus, 1999.

HALLIDAY, T. L. *A retórica das multinacionais*. São Paulo: Summus, 1989.

LIMA, Carmem L. D. C. O papel da extensão na universidade. *Leopoldianum. Revista de Estudos e Comunicações*, Santos (SP), Universidade Católica de Santos, a. 28, n. 78, jun. 2003.

NASSAR, Paulo. Comunicação estratégica: um conceito em evolução. In: Aberje. *Comunicação interna: a força das empresas*. vol. 3. São Paulo: Aberje, 2005.

O ESTADO DE S. PAULO. Não sou relações públicas, mas defensor de um interesse coletivo. *O Estado de S. Paulo*, p. A6, 20 ago. 2006.

PERUZZO, Cicilia Maria Krohling. Direito à comunicação comunitária, participação popular e cidadania. *Revista Latinoamericana de Ciencias de la Comunicación*, São Paulo, Alaic, a. II, n. 3, p. 18-41, jul./dez. 2005.

SANTOS, Marly Carvalho C. O trabalho comunitário e as interfaces com o trabalho institucional. *Ação comunitária*. Santos (SP), *Leopoldianum*, a. 3, p. 47-60, 1999.

SILVA, F. L. Reflexões sobre o conceito e a função da universidade pública. *Estudos Avançados*. São Paulo: Edusp, vol. 15, n. 42, maio/ago. 2001.

SINGER, P. A universidade no olho do furacão. *Estudos Avançados*. São Paulo: Edusp, vol. 15, n. 42, maio/ago. 2001.

SOARES, J. A. Josué de Castro, o Brasil e o mundo: desconhecimento e reconhecimentos. In: ANDRADE, M. C. de et al. *Josué de Castro e o Brasil*. São Paulo: Fundação Perseu Abramo, 2003.

SOLITO, Laura. Convivência e responsabilidade: a comunicação entre cidadãos e instituições. In: LOPES, Imma Colata Vassallo; BUONANNO, Milly. *Comunicação social e ética*. Colóquio Brasil-Itália. São Paulo: Intercom, 2005.

SZAZI, Eduardo. *Terceiro setor: regulação no Brasil*. 3. ed. rev. e ampl. São Paulo: Peirópolis, 2003.

TACHIZAWA, Takeshi. *Organizações não-governamentais e terceiro setor: criação de ONGs e estratégias de atuação*. São Paulo: Atlas, 2002.

THIOLLENT, Michel. *Pesquisa-ação nas organizações*. São Paulo: Atlas, 1997.

TORQUATO, Gaudêncio. *Tratado de comunicação organizacional e política*. São Paulo: Pioneira Thompson Learning, 2002.

VAN RAIJ, C. F. M. Privatização: mudanças organizacionais e seu reflexo no discurso. *Revista Latinoamericana de Ciencias de la Comunicación*, São Paulo, Alaic, a. 2, n. 3, jan./jul. 2006.

VAZ, J. Pascoal. Desigualdade e pobreza no Brasil – 1940-2000. *Leopoldianum. Revista de Estudos e Comunicações*, Santos (SP), Universidade Católica de Santos, a. 27, n. 75, dez. 2001.

# 4. Relações públicas das organizações com as comunidades locais

*Gislaine Rossetti*

As empresas têm direcionado seus processos para a criação de valor, o que faz que a inovação de paradigmas seja exigência também nos relacionamentos com os públicos estratégicos nas questões socioambientais. A comunicação, na busca do fortalecimento da cultura organizacional, tem a responsabilidade de estabelecer uma política de diálogo com a comunidade. Para a estruturação da política de comunicação consideram-se aspectos como a identidade da comunidade, das lideranças locais e da empresa, representatividade e interesses. A comunicação corporativa zela pela imagem da empresa ao garantir que o diálogo com os públicos seja aberto, transparente e sinérgico.

Muito embora, ao longo da história, a humanidade tenha visto épocas de profundas transformações sociais, como o Renascimento, a Revolução Industrial e a Revolução Francesa, a segunda metade do século XX foi marcada não só pela rapidez das mudanças, mas por sua abrangência. O rádio, a televisão, a internet se sucederam, e se completaram, como agentes ativos da disseminação das grandes transformações sociais. O *rock-and-roll*, a minissaia e a rebelião nas ruas de Paris em 1968 se impuseram como novos modelos de costumes. A bomba atômica, a chegada do homem à Lua e as usinas nucleares se somaram a tantas outras conquistas e inovações tecnológicas que, ao mesmo tempo que transformaram o mundo, ampliaram horizontes e nos fizeram refletir ainda mais sobre a nova realidade social.

Dentro desse cenário de permanentes e rápidas mudanças, também a posição das empresas dentro da sociedade sofreu profundas alterações. No auge do período de industrialização, elas eram o objeto de desejo dos países que competiam entre si, oferecendo incentivos financeiros, fiscais e de infra-estrutura para atrair mais indústrias e gerar mais empregos e, conseqüentemente, mais riqueza. No Brasil, esse processo, iniciado nos anos 1950, teve seu apogeu na época do "milagre econômico", patrocinado pelos governos militares, e, é impossível negar, contribuiu para o surgimento de uma forte classe média no país, bem como para o aumento do nível de escolaridade e do padrão de vida da população.

Contudo, as conseqüências dessa competição desenfreada por novas indústrias e dos poucos limites que se impunham às suas atividades logo se fizeram sentir, começando pela área ambiental, e, naturalmente, surgiram as primeiras reações ao crescimento sem controle. De fato, iniciado por um grupo de jovens *cabeludos* alemães, que fundaram o Partido Verde, os protestos contra os problemas surgidos na área ambiental foram os catalisadores de todo um movimento que transformou substancialmente o papel das empresas na sociedade moderna. Se dos anos 1950 a 1970 a empresa era o centro em torno do qual gravitavam todas as forças sociais, com o movimento verde ela foi perdendo esse espaço e a sociedade passou a ser o centro de gravidade de todos os atores da vida social, mais modernamente chamados de *stakeholders*[1].

Dentro dessa nova realidade, em que o mundo empresarial tem sido chamado a compartilhar a responsabilidade de construção de uma sociedade mais justa, as empresas mais ágeis intuíram rapidamente que suas ações deveriam deixar o campo da mera filantropia e se voltar para a colaboração efetiva com a transformação social.

Nesse cenário, o relacionamento das empresas com sua vizinhança ganha especial destaque porque, certamente, qualquer que seja a cidade existirão muitos problemas sociais não resolvidos pela ação do poder público. A comunidade vizinha é um dos atores que influenciam decisi-

---

1 *Stakeholders*: 1) Um público diversificado; qualquer indivíduo ou grupo de indivíduos que pode afetar a realização dos objetivos de uma organização ou ser afetado por ela (Rabaça, 2001). 2) Com o passar do tempo, o público-alvo foi se tornando cada vez mais diversificado. Aos acionistas, clientes, fornecedores, à comunidade, aos políticos e aos jornalistas juntaram-se organizações de consumidores, grupos ecológicos locais e internacionais. Numa sociedade pluralista e democrática, todos estes grupos – conhecidos pela denominação "*stakeholders*" – reivindicam informações honestas e transparentes (Manual de Imprensa da Basf, 1999).

vamente a vida das empresas, pois é ela que sofre de imediato os efeitos de qualquer crise nestas, seja um acidente ambiental, como vazamentos, contaminação, explosão, seja uma redução do quadro de empregados, ou a passagem de seus caminhões nas ruas próximas às residências. A comunidade vizinha é a primeira a ser impactada pelas ações das empresas. É natural, portanto, que ela e a sua liderança desejem se manter informadas a respeito dos acontecimentos relacionados com a vida dessas companhias.

Conseqüentemente, é imperativo que as empresas se dediquem ao diálogo com a comunidade, para que, ao lado desta, possam abrir espaço para discussões e ampliar a visão sobre todos os aspectos que envolvem ambas as partes. Assim, elas se tornam agentes catalisadores, impulsionando o desenvolvimento da comunidade local e de todos os que fazem parte deste processo, empregados e formadores de opinião. É um círculo virtuoso.

Para ser bem-sucedido, o relacionamento exige uma estratégia claramente definida, que norteará a elaboração de um planejamento, sua execução e a posterior avaliação.

## Estratégia de relacionamento

O diálogo com a comunidade não pode ser apenas uma estratégia de marketing, tática muito comum entre empresas que se apresentam como naturalistas. Ele deve fazer parte da cultura das empresas. Somente aquelas que têm o relacionamento com a comunidade como um de seus valores e como parte de sua cultura é que efetivamente conseguem um diálogo enriquecedor e permanente com a sociedade.

A atuação social deve ser elevada definitivamente ao *status* de componente estratégico das empresas, como uma filosofia administrativa aplicada e praticada por todos os níveis que as constituem. A política de responsabilidade social corporativa deve ser refletida em ações práticas e manifestada nas posturas e atitudes, transformando-se em conceitos que são transmitidos por meio de mensagens e ações para que cada público perceba e reconheça tal compromisso. As empresas não podem ver suas ações de forma estanque, devendo, sim, considerar de forma integrada e interdependente os compromissos mercadológicos e os sociais, manifestando isso em cada ato dos executivos e dos colaboradores. A política de responsabilidade social corporativa deve perpassar seus objetivos qualitativos e quantitativos, envolvendo também os planos de marketing, de finanças ou de produção. Essa política tem de ser planejada de forma sistêmica, pois, ao conferir orientação estratégica ao seu trabalho social, as empresas buscam transformar as conquistas neste campo em patrimônio oferecido e compartilhado com os parceiros sociais e em linha com as políticas públicas. Isso tudo aliado à implementação de canais de relacionamento entre elas, seus públicos de interesse e a própria sociedade.

Em um país de enormes carências como o Brasil, uma clara definição da estratégia e da forma de atuação no campo da responsabilidade social é imprescindível para uma boa alocação de recursos – que são limitados – e, conseqüentemente, para o sucesso de qualquer ação das empresas nessa área. De fato, em virtude da ineficiência do poder público no atendimento das exigências sociais, é muito grande a expectativa das comunidades vizinhas em relação a elas. Por isso, uma parte fundamental de seu trabalho será informar claramente a comunidade e as lideranças sobre qual é sua missão social e quais são as linhas-mestras de sua atuação. Se ela falhar nessa tarefa, certamente será vista como não-cumpridora de suas promessas.

Exatamente por esses aspectos é que o início do processo está na definição da estratégia para a ação social das empresas, entendendo-se por estratégia o conjunto de objetivos, finalidades e diretrizes fundamentais a ser adotado para a obtenção do resultado proposto. Para isso, elas precisam contar imprescindivelmente com a participação de toda a alta direção, pois somente assim será possível disponibilizar posteriormente os recursos financeiros e materiais para a execução dos planos de ação. A adoção de uma estratégia orientará os rumos e os programas necessários para alcançar o objetivo estabelecido.

Firmada a estratégia, é essencial que as idéias relativas a projetos que serão levados a efeito sejam analisadas à luz dos critérios estabelecidos, a fim de que a comunidade entenda a conexão entre a estratégia

Relações públicas das organizações com...

e a prática. Em outras palavras, as empresas não deverão, por conveniência política ou de custos, realizar atividades que não se enquadrem em sua estratégia, sob pena de colocar em risco toda a credibilidade de sua atuação.

Quando definiu sua missão social, o Grupo Basf estabeleceu que atuaria no sentido de garantir o *desenvolvimento sustentável das comunidades onde atua, mediante projetos educacionais nas áreas de meio ambiente, saúde, cultura e educação*. Assim, a estratégia da empresa tem quatro características fundamentais: 1) Objetivo: desenvolvimento comunitário; 2) Aplicação: comunidades onde a empresa atua; 3) Áreas programáticas: meio ambiente, saúde, cultura e educação; 4) Linha de ação: projetos educacionais.

Definida a estratégia, as idéias relativas a projetos da empresa são analisadas em função dos seguintes critérios: a) Sustentabilidade: projeto que assegure a não-dependência em relação à empresa para sua continuidade, garantindo sua apropriação por outros atores sociais; b) Parceria: projeto capaz de atrair outros parceiros e alavancar recursos de outras fontes da comunidade; c) Reaplicabilidade: projeto dotado de uma metodologia que possa ser reaplicável em outras fábricas e/ou localidades onde a empresa atua; d) Catalisação: projeto que abrevie processos que naturalmente aconteceriam, baseando-se em processos que já estejam ocorrendo nas comunidades; e) Voluntariado: projeto que crie oportunidades de envolvimento dos colaboradores e de seus familiares; f) Localização: comunidades onde a empresa atua ou possui interesses.

Coerentemente, todos os projetos apresentados à empresa são analisados segundo esses critérios. É essa coerência na aplicação da estratégia definida que assegura credibilidade ao plano da empresa e propicia uma efetiva integração com a comunidade.

## Planejamento

O planejamento das relações com a comunidade abrange duas fases distintas: o levantamento de dados e a elaboração do plano de ação propriamente dito.

O levantamento de dados deve ser iniciado com a identificação das lideranças e de sua influência na comunidade. Naturalmente, existem os líderes políticos, como o prefeito municipal e o presidente da Câmara de Vereadores, por exemplo. Porém, o mais importante é descobrir aqueles que são efetivamente ouvidos pela comunidade e conhecem mais de perto as suas necessidades. O pároco ou o presidente da sociedade de amigos do bairro, muitas vezes, têm maior influência na comunidade do que os políticos. Os líderes com autoridade moral devem ser o foco principal das empresas, objetivando transformá-los não só em apoiadores, mas, melhor ainda, em embaixadores do plano.

O tempo investido na correta identificação das lideranças é essencial para as empresas poderem comunicar bem sua estratégia. O fato é que esta deverá ser discutida, em primeira instância, com as lideranças comunitárias, cujo apoio tornará muito mais fácil a posterior execução de um projeto. É importante, também, detectar aquelas lideranças que poderão se opor a um plano, pois será necessário que, na fase de execução, assegure-se o seu apoio ou pelo menos se consiga superar as dificuldades que possam surgir.

Igualmente, não deve ser esquecida a mídia local. Muitas empresas consideram que os jornais e rádios de sua região querem apenas obter anúncios delas, esquecendo-se de que, como os grandes meios, também esses veículos dependem da publicidade para manter sua atividade e independência. Angariar anunciantes é a forma democrática de garantia da liberdade de imprensa, não podendo as empresas deixar de considerar isto porque, apesar do enorme poder das grandes redes de televisão, ainda é na rádio ou no jornal local que a comunidade vê refletidos os seus problemas e suas expectativas diárias. O bom relacionamento com os veículos locais e o entendimento, por parte deles, da estratégia das empresas são fatores que contribuem fortemente para o sucesso do relacionamento com a comunidade, pois serão eles os primeiros a opinar sobre a execução da estratégia. Respeitar os profissionais locais e mantê-los informados sobre sua estratégia e sobre suas ações são dois pilares muito importantes para uma boa implementação de um plano de relacionamento das empresas com a comunidade.

Além disso, é imprescindível um bom conhecimento das necessidades e das expectativas da comunidade com relação à atuação das empresas. Para isso, o melhor instrumento é uma pesquisa de opinião, a qual, no modelo ideal, deverá contemplar informações quantitativas e qualitativas, especialmente no que se refere às lideranças comunitárias. Seria até desnecessário destacar que, quanto mais abrangente e detalhada for essa pesquisa, melhor será a base para a elaboração do plano de ação. Naturalmente, o escopo será limitado por questões de custos. O profissional de comunicação também deve estar preparado para lidar com escassez de recursos e saber estabelecer prioridades. O fato é que, para ser bem-sucedido, o plano deve corresponder ao máximo às expectativas da comunidade.

Como é natural, a comunidade tem muitas reivindicações que somente podem ser atendidas pelo poder público, a exemplo do asfaltamento de uma rua. Por isso, na construção do relacionamento com ela, é importante as empresas definirem os limites de sua ação e comunicar isso de forma transparente. Não obstante a dificuldade dessa tarefa, elas devem deixar claro como será executada a decisão de se integrar e contribuir, de forma compromissada, com o desenvolvimento da comunidade. Elas precisam estar preparadas para dar uma resposta adequada aos anseios da comunidade, dizendo claramente que algo não é de sua responsabilidade como é o caso de colocar água encanada em determinado bairro ou não corresponde à sua estratégia.

Por outro lado, na maioria das vezes, também se faz necessário um forte trabalho de comunicação interna, com o objetivo não apenas de mudar a forma de as lideranças próprias das empresas encararem o relacionamento com a comunidade, mas, principalmente, de engajá-las efetivamente no processo de diálogo. Assim, elas poderão se constituir em agentes de transformação do comportamento dos colaboradores diante da nova forma de atuação das empresas, objetivando criar nestas uma cultura que assimile e sustente o conceito de responsabilidade social como um fator de sucesso.

Uma vez conhecidas as expectativas da comunidade, definida e comunicada a estratégia de uma empresa, passa-se à elaboração do plano de ação. Esse processo envolve diferentes questões a serem consideradas para alcançar o objetivo proposto, implicando, principalmente, decisões quanto aos meios, à estrutura e aos recursos a serem utilizados, assim como o estabelecimento de medidores para a avaliação do projeto.

A *escolha dos meios* diz respeito às ações a serem empreendidas na execução do plano, as quais deverão estar em consonância com a estratégia da empresa e com as expectativas da comunidade levantadas por meio da pesquisa de opinião.

Um dos desafios mais prementes é a determinação do período de tempo em que serão executadas as ações do plano. A melhor estratégia, no que se refere à dimensão temporal, é prever ações de curto, médio e longo prazo.

Com certeza, será mais fácil comunicar um projeto se lhe atribuirmos um nome. Assim, quando o Grupo Basf elaborou seu primeiro projeto de relacionamento com a comunidade de Guaratinguetá (SP), chamou-o de "Basf a caminho dos 40 anos", em alusão ao aniversário de instalação no município, que seria comemorado três anos depois, tendo todas as ações sido desenvolvidas em função desse contexto.

A elaboração do plano deve prever também de que forma a empresa transmitirá seus projetos à comunidade. Aqui podem ser utilizadas diferentes ferramentas de comunicação, como o dia de portas abertas, programas de visitas, entrevistas coletivas com a imprensa, instalação de conselhos comunitários consultivos ou elaboração de jornal direcionado à comunidade, tudo de acordo com o grau de envolvimento das lideranças da empresa no projeto e com os recursos financeiros disponíveis.

A segunda questão diz respeito à definição da *estrutura organizacional* necessária para executar os projetos propostos. Não se trata de criar uma nova estrutura burocrática para tanto, mas, sim, de definir quais serão os responsáveis de primeira linha, quem terá um papel de apoio e de que forma a alta administração se envolverá nos projetos.

Uma questão que não pode ser relevada é a que se refere aos *recursos*. Essencialmente, a elaboração de um plano de ação depende da disponibilidade deles para sua execução. É importante ter claro que, por mais recursos que tenha, uma empresa provavelmente não terá condições de atender a todas as solicitações. Por isso, ela deverá utilizar os resultados da

Relações públicas das organizações com... 257

pesquisa de opinião para identificar as prioridades da comunidade e alocar melhor os recursos. Outro risco a ser evitado é fugir da estratégia estabelecida e prever algumas atividades simplesmente porque são de baixo custo. Essa atitude poderá ser muito prejudicial no futuro, pois existe o risco de a comunidade não entender quando a empresa disser "não" a atividades semelhantes de maior custo. Manter a linha da estratégia definida é de importância absoluta para o sucesso do plano.

Além disso, modernamente, há uma tendência de apoiar projetos que possam se auto-sustentar, evitando-se assim o risco de que, em momentos de desempenho econômico menos positivo, se a empresa se vir obrigada a suspender a ajuda, o projeto acabe por falta de recursos. De qualquer forma, essa questão dos recursos deverá estar claramente resolvida antes da implementação de qualquer plano e ser comunicada aos diferentes *stakeholders* para minimizar problemas futuros.

Assim, cabe ao profissional de relações públicas um duplo papel. De um lado, ele deve conhecer os anseios e as atitudes do público-alvo, bem como suas lideranças e sua forma de atuação; de outro, recomendar à empresa meios pelos quais ela possa corresponder aos interesses de seu público pela informação e pelo diálogo.

## Execução

Uma vez definida e claramente transmitida a estratégia da empresa, além de conhecer perfeitamente os anseios da comunidade e de suas lideranças, passa-se à fase mais importante do desenvolvimento de um projeto, que é a execução.

Saliente-se desde já que também nessa etapa, e principalmente nela, deve se dispor de um plano de comunicação adequado se quisermos que o projeto seja reconhecido pela comunidade como uma efetiva contribuição da empresa para a transformação social. Eventos, reuniões, entrevistas devem fazer parte do projeto em cada etapa, buscando-se sempre envolver as lideranças e a imprensa. A equipe de comunicação não pode se limitar a divulgar informações, devendo ter como objetivo deixar patente que todas as ações correspondem a uma estratégia predefinida e aos anseios da comunidade expressos na pesquisa de opinião. Além disso, é necessário que, nas atividades, ela adote abordagens e linguagens adequadas a cada público, respeitando as suas características.

O importante na fase de execução é deixar claro o vínculo entre estratégia, pesquisa de opinião, plano de ação e execução. O que levará a consolidar o sucesso do projeto é o reconhecimento de que, com ele, a empresa está contribuindo para o desenvolvimento da comunidade, de forma estruturada e abrangente. Por outro lado, assim como na fase de definição da estratégia, também na de implementação do plano é necessário o envolvimento da alta administração, bem como de toda a liderança da empresa. Esse é um aspecto que não pode ser menosprezado pelos profissionais de comunicação.

O relacionamento com a comunidade pressupõe a existência de contatos e a disponibilidade para receber e dialogar com pessoas de diferentes níveis e culturas. Trata-se, fundamentalmente, de um processo de conquista de confiança. Não raramente, executivos de alto nível e com elevada formação educacional terão de conversar com líderes comunitários que simplesmente não completaram nem mesmo o curso primário, devendo estar preparados para saber enfrentar essa tarefa. Uma postura arrogante ou mesmo um distanciamento não-intencional durante uma reunião poderá pôr a perder todo um projeto. Portanto, não seria nem preciso dizer que também no âmbito interno é necessário um intenso trabalho de preparação e conscientização das lideranças. A confiança é difícil de ser construída e pode facilmente se romper por posturas inadequadas.

## Avaliação

Embora muitas vezes tenha sido relegada a segundo plano, a avaliação de um projeto de comunicação é uma das ferramentas mais importantes para o constante aperfeiçoamento das atividades de uma empresa. Nesse contexto, a realização de pesquisas de opinião periódicas para avaliar não só a execução do plano, mas também a evolução da percepção da comunidade sobre a imagem da empresa é o caminho mais comum e mais adequado. Contudo, se as disponibilidades financeiras não permitirem a utilização deste instrumento, a realização de reuniões periódicas com as lideranças comunitárias pode suprir essa deficiência.

O projeto desenvolvido pelo Grupo Basf, durante doze anos, na comunidade de Guaratinguetá contemplou a realização de quatro pesquisas de opinião (1996, 1998, 2002 e 2005). Nesse contexto, a iniciativa mais inovadora foi a contratação, em 2002, da Empresa Júnior da Fundação Getulio Vargas para avaliar o impacto da companhia no desenvolvimento socioeconômico do município nas áreas de economia, infraestrutura, saúde, meio ambiente e educação. Com isso foi possível constatar que a comunidade reconhecia o amadurecimento das relações entre a empresa e a sociedade local, que passaram de uma postura de comunicação unilateral e de assistencialismo para uma atuação mais voltada para a parceria, o diálogo, a cooperação e o compromisso mútuo com a sustentabilidade.

Outra forma de avaliação das ações de uma empresa nessa área é a feita por organizações independentes. O reconhecimento dado a ela por publicações de elevada reputação, como o Guia de Boa Cidadania Corporativa, da *Revista Exame*, ou por entidades de grande aceitação, como o Instituto Ethos, constitui importante instrumento para validar seu plano de relacionamento com a comunidade.

Em qualquer caso, é necessário que os resultados do processo de avaliação sejam transformados em informações para aperfeiçoamento do plano. É graças a uma consistente interação entre planejamento, execução e avaliação que uma empresa poderá melhorar constantemente a sua estratégia de relação com a comunidade.

## Considerações finais

Este texto cobre apenas um dos aspectos de uma comunicação organizacional integrada: o relacionamento com a comunidade. Na verdade, o sucesso de uma empresa está condicionado à sua capacidade de se comunicar com *todos* os seus *stakeholders* de forma estratégica, com ferramentas adequadas e mensagens consistentes.

É impossível um plano de relacionamento com a comunidade ter êxito se a empresa não for reconhecida por outros setores da sociedade como efetivamente comprometida com a responsabilidade social corporativa. Se ela for permanentemente apontada como poluidora do meio ambiente ou fabricante de produtos nocivos, será inevitável a contaminação de sua imagem também perante seus vizinhos.

A agilidade e a abrangência dos meios de comunicação modernos impedem que uma empresa consiga construir duas imagens distintas: uma para a sua comunidade e outra para os demais *stakeholders*.

# Referências

BASF. *Manual de imprensa*. Rio de Janeiro: Basf, 1999.

CAVALCANTI, Clóvis (org.). *Meio ambiente, desenvolvimento sustentável e políticas públicas*. 3. ed. São Paulo: Cortez Recife: Fundação Joaquim Nabuco,1997.

CORRADO, Frank M. *A força da comunicação: quem não se comunica...* São Paulo: Makron Books, 1994.

FREITAS, Maria Éster de. *Cultura organizacional: formação, tipologias e impactos*. São Paulo: Makron Books/McGraw-Hill, 1991.

KUNSCH, Margarida Maria Krohling. *Relações públicas e modernidade: novos paradigmas na comunicação organizacional*. São Paulo: Summus, 1997.

MARQUES DE MELO, José. *Comunicação social: teoria e pesquisa*. Petrópolis: Vozes, 1978.

MORGAN, Gareth. *Imagens da organização*. São Paulo: Atlas, 1996.

NEVES, Roberto de Castro. *Imagem empresarial*. Rio de Janeiro: Mauad, 1998.

RABAÇA, Carlos Alberto; BARBOSA, Gustavo. *Dicionário de comunicação*. Rio de Janeiro: Campus, 2001.

SCHEIN, Edgar H. *Guia de sobrevivência da cultura corporativa*. Rio de Janeiro: José Olympio, 2001.

SIMÕES, Roberto Porto. *Relações públicas: função política*. 3. ed. São Paulo: Summus, 1995.

SODRÉ, Nelson Werneck. *Síntese de história da cultura brasileira*. 19. ed. Rio de Janeiro: Bertrand do Brasil, 1999.

# 5. Relações públicas em cenários folkcomunicacionais

*Severino Alves de Lucena Filho*

Analisam-se cenários da sociedade atual onde as relações públicas folkcomunicacionais constituem um diferencial no processo de comunicação organizacional integrado e na gestão de eventos e campanhas institucionais junto dos públicos de interesse de uma organização. Toma-se com base o universo conceitual da teoria da folkcomunicação e o folkmarketing no contexto das novas abrangências folkcomunicacionais em vivências organizacionais. Essa nova tendência representa um olhar que incorpora as apropriações de mitos, ritos e símbolos das festas e manifestações das culturas populares na edificação dos discursos organizacionais com objetivos institucionais e mercadológicos.

No novo cenário contemporâneo, grandes transformações ocorrem nos mercados nacionais, regionais e locais. Lado a lado com o maior acesso ao conhecimento e a adoção de novas tecnologias, sobressaem também a criação e a divulgação de eventos e produtos culturais, com o objetivo de conquistar dividendos institucionais e mercadológicos nos espaços onde as organizações atuam, por meio da apropriação do universo simbólico de manifestações das culturas populares mediante processos comunicacionais integrados.

Nesse contexto, enfocamos aqui as festas populares como eventos especiais que ensejam ações de relações públicas criativas, capazes de construir um diferencial no relacionamento das organizações com os clientes e com as comunidades onde atuam. Tomamos como exemplos algumas manifestações populares brasileiras, destacando as festas dos ciclos carnavalesco e junino no Nordeste do país, que passaram a ser objeto de interesse e investigação de áreas diversas do conhecimento, como a antropologia, a sociologia, a história, a geografia, o turismo, a educação, as ciências da comunicação e, também, as relações públicas. Nosso referencial neste trabalho é a teoria da folkcomunicação, com um recorte para o folkmarketing, uma ação comunicacional diferenciada no contexto da sociedade contemporânea, situando-a em função da abordagem de comunicação organizacional desenvolvida por Kunsch (1997 e 2003).

## Organizações e comunicação

A comunicação tem um poder de expressividade capaz de modificar estados comportamentais e, dependendo de como é utilizada, determina o tipo de participação do público e a eficácia global dos programas de ação das organizações. Segundo Goldhaber (*apud* Kunsch, 1997, p. 68), a comunicação é considerada

> um processo dinâmico, por meio do qual as organizações se relacionam com o meio ambiente e as subpartes da organização se conectam entre si. Por conseguinte, a comunicação organizacional pode ser vista como o fluxo de mensagens dentro de uma rede de relações interdependentes.

Fundamentalmente, a comunicação se propõe superar o desconhecimento a respeito de uma organização, bem como a falta de informação sobre seus produtos e serviços. Ela visa, essencialmente, à integração entre a organização e os públicos ligados a ela, objetivando, internamente, assegurar uma boa produtividade e, externamente, conseguir aumentar as vendas ou obter lucros, sempre em sintonia com as necessidades e as mudanças presentes no ambiente onde ela atua. Neste sentido,

> a comunicação é imprescindível para qualquer organização social. O sistema organizacional viabiliza-se graças ao sistema de comunicação nela existente, que permitirá sua realimentação e sua sobrevivência. Caso contrário, ela entrará em um processo de entropia e morte (Kunsch, 1997, p. 70).

Hoje, não se admitem mais organizações fechadas em si que, no trabalho voltado para o alcance de suas metas de desenvolvimento, não divulgam suas ações e, mais ainda, às vezes nem procuram captar as necessidades e os anseios da sociedade. É preciso que elas se relacionem de forma sempre mais efetiva, consciente e transparente. Cite-se mais uma vez Kunsch (2003, p. 150), para quem é preciso haver "uma filosofia que direciona a convergência das diversas áreas, permitindo uma atuação sinérgica", o que pressupõe uma integração da comunicação institucional, da comunicação mercadológica, da comunicação interna e da comunicação administrativa, que formam o *mix* da comunicação organizacional.

No processo de construção da imagem, as organizações devem estabelecer um bom relacionamento com os públicos a elas vinculados. Neste sentido, é preciso que elas tenham, entre suas preocupações, o atendimento dos interesses da região onde se situam e de suas comunidades. Isso implica levar em conta também os saberes dos diferentes grupos sociais. Assim, também as manifestações populares podem ser objeto de especial atenção de sua parte, em uma integração fecunda entre comunicação organizacional e folkcomunicação.

## Comunicação organizacional e folkcomunicação

A teoria da folkcomunicação, cujas bases foram lançadas por Luiz Beltrão, constitui uma espécie de plano-piloto para leitura da nova abrangência, representada pelo que denominamos folkmarketing, uma modalidade comunicativa que, com este estudo, analisamos no contexto da comunicação organizacional ou, mais concretamente, das relações públicas.

Para nós, conceitualmente, folkmarketing é uma modalidade comunicacional com base nas matrizes teóricas da teoria da folkcomunicação e do marketing, estrategicamente adotada pelos gestores comunicacionais dos mercados regionais, apresentando como característica diferenciada a apropriação das expressões simbólicas da cultura popular no seu processo constitutivo, por parte das instituições públicas e privadas, com objetivos mercadológicos e institucionais.

A ação comunicativa do folkmarketing transita por ajustes e negociações nos processos da comunicação massiva e cultura popular com uma estratégia diferenciada no contexto de vivências cotidianas, produzindo sentidos com objetivos comunicacionais mercadológicos e institucionais, por meio da apropriação dos saberes populares que não morrem. Estes são retomados e reelaborados em função dos objetivos comunicativos da comunidade de consumo vigente na sociedade contemporânea. Essas estratégias de comunicação aproximativa são produzidas e, em grande parte, embasadas nos saberes de camadas subalternas da população, que tiram partido, às vezes intuitivamente, dessas estratégias e das ações comunicativas para fazer valer seus objetivos.

As especificidades conceituais edificadas no campo da teoria da folkcomunicação e do folkmarketing são baseadas em contribuições oriundas das áreas de sociologia, cultura popular, administração, marketing, comunicação organizacional e relações públicas. Registre-se que, nesse contexto, são possíveis contradições, deslocamentos, incompreensões, incompletudes e posições radicais peculiares às temáticas estudadas e analisadas no âmbito da folkcomunicação, por ser esta uma área da comunicação ainda em ebulição conceitual.

Os cenários e as atrações que os eventos em estudo oferecem ao público geram gestos de interpretação que revelam, em termos de discursos organizacionais no âmbito do folkmarketing, uma intricada e polissêmica constituição de marcas memoriais que, ao mesmo tempo que se atualizam, são reelaboradas e reinventadas, ressignificando as marcas do passado. Esses movimentos de significância são exibidos na publicidade e em ações de comunicação dirigida aproximativa de relações públicas, que, geradas pelas organizações participantes, revelam níveis diversificados de apropriações nas formações discursivas institucionais, religiosas e, com maior intensidade, mercadológicas.

Citemos como exemplo o projeto "O Maior São João do Mundo", de Campina Grande (PB), que busca o resgate da tradição, das raízes identitárias e dos valores da cultura nordestina presentes nessa festividade junina. Nele verificamos que as empresas públicas e privadas que atuam na região geram discursos organizacionais no contexto do folk-marketing, fundadas em formações discursivas institucionais, religiosas e mercadológicas que evidenciam transformações e reelaborações dentro de uma polissemia característica do processo constitutivo da comunidade de consumo.

Os processos comunicacionais registrados nos ciclos festivos da cultura popular constituem-se em expressões da cultura tradicional nordestina, edificada em experiências sociais que são definidas historicamente e vivenciam uma nova configuração. Essas manifestações e performances populares não podem ser compreendidas apenas com base no discurso científico contemporâneo. Elas podem e devem ser analisadas levando em consideração também a diversidade, as interações de sentidos e as incompletudes que surgem no processo discursivo dos enunciadores públicos e privados participantes desses eventos culturais, que são as empresas públicas e privadas.

Conforme Morigi (2004, p. 37), "as festas populares [...] são manifestações culturais que, dependendo do contexto, assumem múltiplas formas. Elas expressam códigos, regras, comportamentos, sentimentos, condutas morais, hábitos, narrativas, enfim, um conjunto de significações". Para o mesmo autor, "as festas como práticas culturais evidenciam contornos e significados adquiridos pela tradição que, em contextos de expansão da indústria cultural, passam a ser recriadas". Nesse universo de recriações, as empresas públicas e privadas gestam ações comunicacionais integradas voltadas para seus públicos de interesse.

A festa junina tem significado para os nordestinos independentemente de ser uma festa pública institucionalizada. Ela mobiliza sentidos de dimensão identitária que são apropriados nos discursos publicitários de empresas que dela participam, na condição de patrocinadoras e gestoras, assim como de outras organizações que atuam na região. Para a comunidade de Campina Grande, "O Maior São João do Mundo", além da importância da festa no contexto da identidade cultural, apresenta outra dimensão, a turística, que é geradora de recursos e empregos antes, durante e depois do acontecimento.

As festas do ciclo junino estão, de fato, entre os maiores eventos culturais constitutivos do modo de vida dos nordestinos. Historicamente, considerando-se o passado e o presente, elas cumprem um papel essencial da cultura regional, juntamente com a religiosidade, da qual elas não se separam. Observe-se a propósito que, como nos foi dado perceber, a religiosidade tem sido uma das marcas de comunicabilidade entre as diversificadas culturas que povoam a região, e fonte mobilizadora de sentidos identitários híbridos nos contextos locais e regionais. É esse mosaico cultural que hoje serve de mote para os discursos publicitários e as ações comunicativas dirigidas aproximativas de relações públicas.

Em cada região e em cada localidade, essas festas são dotadas de variadas marcas identitárias ou providas de referências mais ou menos estáveis que elas evidenciam, dependendo dos contextos históricos, culturais, econômicos e políticos. Em nosso estudo, percebemos que as empresas que delas participam se apropriam dessas séries de identidades para elaborar seu folkmarketing, no qual a heterogeneidade, a multiplicidade de sentidos e a interação com outras linguagens constituem as formações discursivas organizacionais veiculadas para os públicos de interesse pelos meios massivos e por instrumentos de comunicação dirigida.

Nesse contexto, folkmarketing é uma estratégia diferenciada no conjunto de ações de relações públicas desenvolvidas pelas empresas que atuam na região, dentro do processo comunicacional ligado à divulgação de seus produtos e serviços ante os públicos. Trata-se, como já deixamos entrever, de um tipo de ação comunicacional que se caracteriza pela mobilização da memória coletiva e pela apropriação dos saberes da cultura popular, de camadas subalternas das comunidades.

No universo dinâmico da sociedade contemporânea, a ação comunicativa do folkmarketing constitui uma realidade que não devemos analisar segundo uma visão apocalíptica ou como um rolo compressor no contexto de apropriações, com objetivos comunicacionais, dos saberes da cultura popular pela sociedade de consumo. Trata-se, para nós, de um processo irreversível, que deve ser observado e compreendido como modelo de relações fronteiriças entre a cultura popular e a cultura massiva vigentes nos cenários organizacionais de empresas públicas e privadas, especialmente das que atuam no Nordeste do país.

## Relações públicas folkcomunicacionais

Na seqüência, apresentamos algumas experiências que evidenciam vivências folkcomunicacionais como ações de relações públicas, tendo o folkmarketing como estratégia de comunicação aproximativa, diferenciada no contexto das manifestações folclóricas dos ciclos carnavalesco e junino.

Estudando as organizações carnavalescas no que se refere à comunicação e às relações públicas (Lucena Filho, 1998), analisamos uma agremiação criada pelos servidores do Banco do Estado de Pernambuco, com base na tradição das troças de frevo organizadas por grupos profissionais. Essa agremiação, Azulão do Bandepe, acabou sendo cooptada pela área de relações públicas do banco, que fez dela um instrumento de comunicação, visando inicialmente ao público interno e, posteriormente, convertendo-o em instrumento de comunicação dirigida no evento especial de desfile do bloco, durante a sexta-feira da semana de carnaval em Recife.

Desviando-nos um pouco do Nordeste, façamos aqui também uma menção ao carnaval carioca, que passou por grandes transformações a partir da década de 1980. Uma delas foi pôr as escolas de samba novamente na rota do sucesso e da manutenção da cultura. Àquela altura, havia uma verdadeira invasão de "forasteiros" e as agremiações vinham perdendo sua essência. Era imperativo voltar para as comunidades e investir nelas. Foi então que os projetos sociais começaram a ganhar força e forma entre elas, e o quadro mudou. Hoje, todas as grandes escolas do Rio de Janeiro fazem pesados investimentos comunitários. São iniciativas nas áreas social, esportiva, cultural, educacional e da saúde, que estreitaram os laços das agremiações com suas respectivas regiões de origem. Em cada desfile, pode-se notar, ainda, um número crescente de alas das comunidades e de torcedores que vivem o dia-a-dia de suas escolas de samba.

Em movimentos paralelos, grandes empresas que antes apenas participavam como patrocinadores investem agora em projetos sociais de largo alcance. A Nestlé, por exemplo, que em 2004 iniciou um trabalho com crianças da Grande Rio, em 2005, criou no sambódromo a "arquibancada social", ampliada em 2006. Em pesquisa no carnaval de 2005, vivenciamos essa ação de relações públicas folkcomunicacionais no carnaval no Rio de Janeiro, assistindo aos desfiles das escolas do segundo grupo nesse espaço comunitário criado pela empresa Nestlé. Em virtude do grande sucesso alcançado em 2005, a "arquibancada social" foi novamente erguida para o desfile de 2006, aumentando-se em 60% o número de lugares, que agora comportam 4 mil espectadores. As instalações, que ficam ao longo do Canal do Mangue, próximo ao setor de armação das escolas de samba, acolheram mais de 20 mil pessoas ao longo dos vários dias da folia. O espaço conta com banheiros químicos e esquema de segurança. O diretor de Comunicação e Serviços de Marketing da Nestlé, Mario Castelar, lembra que é na armação que as agremiações fazem os últimos ajustes e o público pode acompanhar gratuitamente. "As pessoas encontram os membros de suas comunidades que desfilarão na festa brasileira mais conhecida do mundo, é onde o colorido do carnaval ganha o ar de exclusividade antes de reinar na Sapucaí" (David Jr., 2006, p. 90-2).

No estudo que a pesquisadora Alda Siqueira Campos (1993) desenvolveu sobre a divulgação de inovações por meio de folhetos de cordel, praticada diretamente pela Empresa de Extensão Rural de Pernambuco e por empresas de publicidade, ela concluiu que uma boa parte das ações não tinha como finalidade propriamente a difusão de modernas tecnologias no meio rural, mas a divulgação institucional, a construção de uma imagem positiva do órgão e de seus dirigentes. Uma das maiores evidências desse direcionamento estava no público para o qual foram destinados os folhetos. A distribuição era feita não a agricultores, mas a setores da sociedade que os dirigentes do órgão de extensão consideravam formadores de opinião e aos quais queriam exibir sua preocupação em utilizar veículos de cultura regional e mostrar suas realizações. Outras observações não-sistemáticas sobre folhetos de órgãos públicos produzidos

Relações públicas em cenários folkcomunicacionais

com objetivos de divulgação turística, de campanhas educativas e de saúde pública apontam na mesma direção.

O pesquisador Gilmar de Carvalho, que circunscreveu ao estado do Ceará o seu estudo *Publicidade em cordel: o mote do consumo (1994)*, estudando a utilização do cordel para fins publicitários, verificou que nem sempre os textos se destinam a vender produtos, sendo usados também para fixar a imagem da empresa ou da marca. Ele detectou, ainda, que a indústria cultural explora esse universo simbólico da cultura popular plasmando modelos e diluindo, ao mesmo tempo, as normas da criação erudita e os formatos provenientes do popular, não poupando esforços para se tornar visível e legitimar-se no contexto mercadológico e institucional.

As ações comunicativas de relações públicas na campanha publicitária do aniversário do Armazém Paraíba, em 2005, no estado do Piauí, mostram toda a beleza de nossas danças e ritmos mais autênticos. Essas peças são apresentadas por grupos folclóricos regionais que mantêm vivas as tradições, a exemplo do xaxado, encenado com a participação dos Cabras de Lampião, de Serra Talhada (PE). Essa dança surgiu no alto sertão pernambucano e foi difundida pelos cangaceiros. As cenas em que casais de namorados ganham a bênção do "casamenteiro" Santo Antônio também se constituem em apropriações de elementos da cultura popular para a construção de ações comunicativas no contexto da folkcomunicação.

O público consumidor do Nordeste está atraindo cada vez mais as grandes empresas. Outra que fez parceria com este mercado foi a fabricante de cosméticos e perfumes Natura, já por três anos consecutivos. Em junho de 2005, ela lançou em Recife a fragrância Água de Banho de São João. Essa água-de-colônia teve uma edição limitada especial para todo o país e só foi vendida no mês de junho. Em entrevista coletiva com a imprensa, seu fundador, Luis Seabra, destacou a estratégia de comunicação que a empresa usou para a divulgação do produto durante o ciclo junino. "A ação faz parte de nossa política de reconhecimento das tradições culturais do povo brasileiro, homenageando a cultura nordestina pela intensidade, autenticidade e espontaneidade de suas manifestações populares nesta época", informou Alexandre Coelho, gerente de mercado da Natura no Nordeste.

Escreveu, na ocasião, Auzete Fonseca da Silva (*Meio Norte*, 12 jun. 2005):

> Foram investidos em todo o projeto R$ 2 milhões, em ações de divulgação da Natura Ekos Água de Banho de São João, no São João das cidades-pólo dos eventos juninos de Caruaru (PE) e Campina Grande (PB). Nas duas cidades, o público poderá vivenciar as sensações proporcionadas pelo produto no Vagão de São João, um vagão de trem perfumado, instalado nas entradas dos dois pátios do forró. Dentro de cada estrutura, o visitante poderá apreciar a valorização da cultura local e como a Natura usou essa riqueza popular como forma de inspiração para produzir um produto único e especialmente regional.

As rendas da Paraíba encantam por sua variedade de tipos: renascença, filé, crochê e labirinto. Esta manifestação cultural foi apropriada pelo folkmarketing da Alpargatas, que procurou valorizar a arte, a habilidade e a alegria, passadas de mãe para filha, entre fios, agulhas e cantoria, pelo segmento feminino da população excluída da zona rural paraibana, qualidades evidenciadas no discurso organizacional presente nessa ação de relações públicas folkcomunicacionais.

## Considerações finais

As palavras, as imagens e as sensações fazem parte da essência do processo comunicacional. Com elas, exibimos ou ocultamos, seduzimos ou mobilizamos os significados que promovem mediações nos negócios, constroem identidades e tornam viva nossa memória. Ações como as que relatamos, assinaladas por objetivos de cunho mercadológico e institucional, destacam a diversificada cultura imagética nordestina vivenciada nesses espaços plurais do universo simbólico das manifestações populares. Ao apropriar-se delas na construção de seu discurso comunicacional, as empresas públicas e privadas só as valorizam ainda mais.

As experiências descritas, de vivências empresariais no âmbito das relações públicas folkcomunicacionais, sinalizam uma nova estratégia de construção de processos comunicacionais integrados, em que as potencialidades da cultura regional e/ou local são marcas identitárias para edificação da imagem e articulação de relacionamentos de empresas públicas e privadas com seus públicos e as comunidades onde desenvolvem suas atividades.

Nos eventos e nas campanhas publicitárias registradas, as festividades da cultura popular são o foco central, e não um pano de fundo na consolidação dos processos comunicacionais e de estratégias, embasadas em marcas discursivas da cultura regional tradicional e contemporânea. Nesses cenários, os eventos são um produto cultural consumido e visibilizado por meio de discursos organizacionais verbais e não-verbais e de ações de relações públicas folkcomunicacionais, em que as apropriações dos saberes populares da cultura nordestina se constituem em traço identitário e ações valorativas da cultura local.

Essas ações também evidenciam que, no processo comunicativo gerador de estratégias de relações públicas folkcomunicacionais, a interatividade e a dialética presentes nesses eventos geram sentidos e formações discursivas mercadológicas e institucionais que são os motes usados para promover maior proximidade e identificação das organizações com seus públicos de interesse.

Essas evidências encontram respaldo em Néstor García Canclini (1997), que aborda o popular na perspectiva das denominadas culturas híbridas, percebendo as mediações, as negociações e interações entre o popular e o massivo, que são referências norteadoras nesse olhar da nova abrangência das relações públicas comunitárias em uma performance transformadora.

Nesses cenários, o folkmarketing é mais um instrumento de comunicação das relações públicas, atuando como ferramenta de comunicação dirigida aproximativa, capaz de aproveitar o universo simbólico presente nos ciclos festivos das culturas populares para aproximar os públicos dentro dos objetivos traçados e planejados pelas relações públicas.

# Referências

AUTRAN, Christina. Comunicação-UnB: um sonho em vias de dinamização. *Cadernos de Jornalismo e Comunicação*, Rio de Janeiro, *Jornal do Brasil*, n. 26, p. 6-8, set./out. 1970.

BELTRÃO, Luiz. Os meios de comunicação e a universidade. *Cadernos de Jornalismo e Comunicação*, Rio de Janeiro, *Jornal do Brasil*, n. 16, p. 65-70, nov. 1969.

_____. A folkcomunicação não é uma comunicação classista. *Revista Brasileira de Comunicação*, São Paulo, Intercom, n. 57, p. 5-15, jul./dez. 1987. Entrevista a José Marques de Melo, Carlos Eduardo Lins da Silva, Rogério Bastos Cadengue e Marta Alves D'Azevedo.

BENJAMIN, Roberto Ernesto Câmara (org.). *Itinerário de Luiz Beltrão*. Recife: Associação de Imprensa de Pernambuco/Fundação Antonio dos Santos Abranches (Fasa), 1998.

CAMPOS, Alda Maria Rodrigues de Siqueira. *O cordel na estratégia de comunicação da difusão de inovações tecnológicas para o setor rural*. 1993. Dissertação (Mestrado em Comunicação Rural) – UFRPE, Recife.

CANCLINI, Néstor García. *Culturas híbridas: estratégias para entrar e sair da modernidade*. São Paulo: Edusp, 1997.

CARVALHO, Gilmar de. *Publicidade em cordel: o mote do consumo*. São Paulo: Maltese, 1994.

DAVID JR. Muito além do sambódromo. *Revista Manchete*, Rio de Janeiro, n. 2535, p. 90-2, mar. 2006. [Edição especial.]

DUARTE, Jorge. Luiz Beltrão: um autodidata abrindo picadas no campo da comunicação. In: MARQUES DE MELO, JOSÉ DUARTE, Jorge (orgs.). *Memória das ciências da comunicação no Brasil: os grupos do Centro-Oeste*. Brasília: UniCeub, 2001.

GIÁCOMO, Cristina. *Tudo acaba em festa: evento, líder de opinião, motivação e público*. São Paulo: Página Aberta, 1993.

KUNSCH, Margarida Maria Krohling. *Relações públicas e modernidade: novos paradigmas na comunicação organizacional*. São Paulo: Summus, 1997.

_____. *Planejamento de relações públicas na comunicação integrada*. 4. ed. rev. e ampl. São Paulo: Summus, 2003.

LUCENA FILHO, Severino Alves de. *Azulão do Bandepe: uma estratégia de comunicação organizacional*. Recife: Edição do autor, 1998.

MORIGI, Valdir José. *Comunicação e práticas culturais*. Porto Alegre: UFRGS, 2004.

SILVA, Auzete Fonseca da. Natura investe em festa popular. *Jornal Meio Norte*, Teresina, 12 jun. 2005.

# 6. Relações públicas na difusão da produção cultural

*Manoel Marcondes Machado Neto*

O que, no Brasil, nos últimos vinte anos, convencionou-se chamar de marketing cultural é, quando se trata do patrocínio de empresas à arte e à cultura, uma atividade característica de relações públicas. Tratar da difusão cultural, sobretudo no que diz respeito às relações públicas comunitárias, é uma obrigação profissional e de cidadania da área. O processo cultural, no século XXI, é eminentemente dialógico e não imposto de cima para baixo pelas organizações estatais e privadas de promoção e proteção da cultura. Respondendo a cinco questões relativas aos direitos culturais do cidadão, este texto discute a Política Nacional de Cultura aprovada pelo Congresso Nacional em dezembro de 2005.

*A política cultural da contemporaneidade é aquela que contempla o desejo e não se esconde atrás do discurso demagógico e facilitador da necessidade.*

TEIXEIRA COELHO, 1997

Com a aprovação da Lei nº 7.505/1986 (Lei Sarney) de incentivos fiscais à cultura, houve um incremento muito expressivo da atividade de patrocínio às artes por parte de empresas privadas e públicas. Naquele momento, o mercado, por meio da imprensa e de alguns artigos acadêmicos produzidos na Universidade de São Paulo, cunha a expressão "marketing cultural", que ganhou sentido apenas no Brasil e foi conceituado pioneiramente em nossa tese de doutorado[1].

---

1 A tese, com o título de *Marketing cultural: características, modalidades e seu uso como política de comunicação institucional*, foi defendida em 2000 na ECA-USP, sob a orientação da profa. dra. Margarida Maria Krohling Kunsch.

Na tese, além de propor um conceito para marketing cultural (atividade de viabilização físico-financeira de produtos e serviços que, comercializados ou franqueados, venham a atender às demandas de fruição e enriquecimento cultural da sociedade), classificamos as diversas práticas a que o mercado atribui esse rótulo em diferentes modalidades, dependendo do fato/*locus* gerador das iniciativas: *marketing cultural de meio*, a modalidade a que nos referimos neste texto; *marketing cultural de fim*, quando se trata do processo de marketing praticado pelas organizações, cuja atividade-fim é a promoção ou a difusão cultural; *marketing cultural misto*, quando o marketing cultural é objeto de parceria entre instituições culturais e empresas patrocinadoras (co-patrocínio); e, finalmente, *marketing cultural de agente*, quando um empreendedor com risco viabiliza a iniciativa da concepção à distribuição (em uma genuína acepção do conceito de marketing).

Se o que, ao longo dos últimos vinte anos no Brasil, convencionou-se chamar de marketing cultural é o patrocínio dado à arte e à cultura pelas empresas, que o fazem mais com objetivos de promoção institucional, trata-se, pois, de uma atividade de relações públicas comunitárias a ser assumida com responsabilidade e espírito de cidadania. Por isso, os profissionais devem aprofundar os seus conhecimentos acerca das práticas do marketing cultural.

Além disso, o processo cultural no século XXI é eminentemente dialógico. Não mais se aceita uma política cultural imposta de cima para baixo por organizações estatais ou privadas de promoção e difusão da cultura. É indiscutível que hoje vivemos em um ambiente multicultural, em âmbito planetário. A diversidade cultural é um fato que demanda reconhecimento por todas as nações. Assim, estas não mais "engessam" ou amalgamam sua "própria" cultura para uso interno ou para exportação, mas colocam, diante daqueles que lidam com a cultura – formuladores de políticas legisladores e executivos –, o desafio de preencher um "espaço vazio", átrio verdadeiramente democrático, no qual possam ter lugar as múltiplas manifestações interculturais das sociedades contemporâneas.

# Cultura: direito universal

Lê-se no preâmbulo da Declaração Universal dos Direitos Humanos, adotada pela Resolução nº 217-A (III) da Assembléia Geral das Nações Unidas, em 10 de dezembro de 1948:

- Considerando essencial que os direitos humanos sejam protegidos pelo Estado de Direito;
- Considerando essencial promover o desenvolvimento de relações amistosas entre as nações;
- Considerando que os povos das Nações Unidas reafirmaram, na Carta, sua fé nos direitos humanos fundamentais, na dignidade e no valor da pessoa humana e na igualdade de direitos dos homens e das mulheres, e que decidiram promover o progresso social e melhores condições de vida em uma liberdade mais ampla; e
- Considerando que os Estados-Membros se comprometeram a desenvolver, em cooperação com as Nações Unidas, o respeito universal aos direitos humanos e liberdades fundamentais e a observância desses direitos e liberdades,

a Assembléia Geral da ONU proclama:

Art. 1º – Todas as pessoas nascem livres e iguais em dignidade e direitos. São dotadas de razão e consciência e devem agir em relação umas às outras com espírito de fraternidade.

Art. 2º – Toda pessoa tem capacidade para gozar os direitos e as liberdades estabelecidos nesta Declaração, sem distinção de qualquer espécie, seja de raça, cor, sexo, língua, religião, opinião política ou de outra natureza, origem nacional ou social, riqueza, nascimento, ou qualquer outra condição.

Art. 3º – Toda pessoa tem direito à vida, à liberdade e à segurança pessoal.

(...)

Art. 15 – Toda pessoa tem direito a uma nacionalidade.

Art. 18 – Toda pessoa tem direito à liberdade de pensamento, consciência e religião.

Art. 19 – Toda pessoa tem direito à liberdade de opinião e expressão; liberdade de, sem interferência, ter opiniões e de procurar, receber e transmitir informações e idéias por quaisquer meios e independentemente de fronteiras.

(...)

Art. 24 – Toda pessoa tem direito a repouso e lazer, inclusive a limitação razoável das horas de trabalho e férias periódicas remuneradas.

(...)

Art. 26 – Toda pessoa tem direito à instrução. A instrução será gratuita, pelo menos nos graus elementares e fundamentais. A instrução elementar será obrigatória. A instrução técnico-profissional será acessível a todos, bem como a instrução superior, esta baseada no mérito. A instrução será orientada no sentido do pleno desenvolvimento da personalidade humana e do fortalecimento do respeito pelos direitos humanos e pelas liberdades fundamentais. A instrução promoverá a compreensão, a tolerância e a amizade entre todas as nações e grupos raciais ou religiosos, e coadjuvará as atividades das Nações Unidas em prol da manutenção da paz.

Art. 27 – Toda pessoa tem o direito de participar livremente da vida cultural da comunidade, de fruir as artes e de participar do processo científico e de seus benefícios. Toda pessoa tem direito à proteção dos interesses morais e materiais decorrentes de qualquer produção científica, literária ou artística da qual seja autor.

## No Brasil, um esforço inédito

O Congresso Nacional aprovou, em dezembro de 2005, pela primeira vez no país, uma Política Nacional de Cultura (Lei nº 5.520/2005). Com base em uma proposta de emenda constitucional que tramitou por cinco anos, o Ministério da Cultura organizou conferências municipais, regionais e nacionais, com a presença de cerca de mil delegados, com a finalidade de dar substância ao parágrafo 3º do artigo 215 da Constituição Federal de 1988, na seção que trata da matéria, estabelecendo a cultura como uma prioridade nacional e uma das missões estratégicas de Estado, como se vê na seqüência.

Título VIII
DA ORDEM SOCIAL
(...)
Capítulo III
Da Educação, da Cultura e do Desporto
(...)
Seção II
Da cultura

Art. 215 – O Estado garantirá a todos o pleno exercício dos direitos culturais e acesso às fontes da cultura nacional, e apoiará e incentivará a valorização e a difusão das manifestações culturais.

§ 1º – O Estado protegerá as manifestações das culturas populares, indígenas e afro-brasileiras, e das de outros grupos participantes do processo civilizatório nacional.

§ 2º – A lei disporá sobre a fixação de datas comemorativas de alta significação para os diferentes segmentos étnicos nacionais.

§ 3º – A lei estabelecerá o Plano Nacional de Cultura, de duração plurianual, visando ao desenvolvimento cultural do país e à integração das ações do Poder Público:

I – defesa e valorização do patrimônio cultural brasileiro;

II – produção, promoção e difusão de bens culturais;

III – formação de pessoal qualificado para a gestão da cultura em suas múltiplas dimensões;

IV – democratização do acesso aos bens de cultura;

V – valorização da diversidade étnica regional.

Com isso, passou a ser uma obrigação do poder público, no nível federal, a implementação de uma Política Nacional de Cultura baseada em um Sistema Nacional de Cultura, a exemplo do que já acontece com as áreas da saúde (SUS) e da educação.

O *Sistema Nacional de Cultura* começou a ser desenvolvido em 2005, desde conferências municipais, regionais e estaduais e de uma conferência nacional, estabelecendo-se uma *política plurianual* que exige que a cultura seja contemplada, no orçamento da União, com uma dotação à altura de sua importância.

Já objeto de definição, o sistema deve basear-se em uma rede formada por *pontos de cultura*, a serem implantados em todos os municípios do território nacional. Uma segunda frente de esforços começa a ser encaminhada no sentido de vincular os orçamentos públicos com verbas de, no mínimo, 1%, 1,5% e 2% para a cultura, nos orçamentos da União, dos estados e dos municípios, respectivamente.

A *Política Nacional de Cultura* tem cinco objetivos:

– Promoção do desenvolvimento cultural do país.
– Integração das ações do poder público que conduzam à defesa e valorização do patrimônio cultural brasileiro.
– Produção, promoção e difusão de bens culturais.
– Formação de pessoal qualificado para a gestão da cultura em suas múltiplas dimensões.
– Democratização do acesso aos bens de cultura e à valorização da diversidade étnica e regional.

Sua implementação sustenta-se em cinco eixos principais:
– Gestão pública da cultura.
– Cultura é direito e cidadania.
– Economia da cultura.
– Patrimônio cultural.
– Comunicação é cultura.

Baseada em um Sistema Nacional de Cultura inspirado no modelo do Sistema Único de Saúde (SUS), e fundamentada na criação de "pontos de cultura" em todos os municípios brasileiros, a Política Nacional de Cultura será implementada por iniciativas e orçamentos integrados plurianuais das três esferas de poder – federal, estadual e municipal – sob a gestão de conselhos.

# Como as políticas públicas de cultura podem ajudar a ampliar e consolidar os direitos do cidadão?

Por meio de uma política cultural de Estado, baseada na compreensão do papel estratégico da cultura como um dos pilares da participação do país no cenário econômico globalizado, valorizada por aporte financeiro adequado do Tesouro, estabelecida de forma democrática e sob controle social. Para tanto, além da recém-aprovada legislação acima focalizada, cabe ao Estado fazer cumprir outros dispositivos constitucionais diretamente relacionados à questão, como se vê na Constituição de 1988:

> Título II
> DOS DIREITOS E GARANTIAS FUNDAMENTAIS
> (...)
> Capítulo II
> Dos Direitos Sociais
> Art. 23 – É competência comum da União, dos Estados, do Distrito Federal e dos Municípios:
> (...)
> III – proteger os documentos, as obras e outros bens de valor histórico, artístico e cultural, os monumentos, as paisagens naturais notáveis e os sítios arqueológicos;
> IV – impedir a evasão, a destruição e a descaracterização de obras de arte e de outros bens de valor histórico, artístico ou cultural;
> V – proporcionar os meios de acesso à cultura, à educação e à ciência.
> Art. 24 – Compete à União, aos Estados e ao Distrito Federal legislar concorrentemente sobre:
> (...)
> VII – proteção ao patrimônio histórico, cultural, artístico, turístico e paisagístico;
> VIII – responsabilidade por dano ao meio ambiente, ao consumidor, a bens e direitos de valor artístico, estético, histórico, turístico e paisagístico;
> IX – educação, cultura, ensino e desporto.

Capítulo V – Da Comunicação Social

(...)

Art. 220 – A manifestação do pensamento, a criação, a expressão e a informação, sob qualquer forma, processo ou veículo não sofrerão qualquer restrição, observado o disposto nesta Constituição[2].

§ 1º Nenhuma lei conterá dispositivo que possa constituir embaraço à plena liberdade de informação jornalística em qualquer veículo de comunicação social, observado o disposto no Art. 5º , parágrafos IV, V, X, XIII e XIV.

§ 2º É vedada toda e qualquer censura de natureza política, ideológica e artística.

§ 3º Compete à lei federal:

I – regular as diversões e espetáculos públicos, cabendo ao Poder Público informar sobre a natureza deles, as faixas etárias a que não se recomendem, locais e horários em que sua apresentação se mostre inadequada;

II – estabelecer os meios legais que garantam à pessoa e à família a possibilidade de se defenderem de programas ou programações de rádio e televisão que contrariem o disposto no Art. 221, bem como da propaganda de produtos, práticas e serviços que possam ser nocivos à saúde e ao meio ambiente.

§ 4º A propaganda comercial de tabaco, bebidas alcoólicas, agrotóxicos, medicamentos e terapias estará sujeita a restrições legais, nos termos do inciso II do parágrafo anterior, e conterá, sempre que necessário, advertência sobre os malefícios decorrentes de seu uso[3].

§ 5º Os meios de comunicação social não podem, direta ou indiretamente, ser objeto de monopólio ou oligopólio.

§ 6º A publicação de veículo impresso de comunicação independe de licença de autoridade.

(...)

---

2 Ver a Lei nº 4.117, de 27 de agosto de 1962 (Código Brasileiro de Telecomunicações; a Lei nº 5.250, de 9 de fevereiro 1967 (Lei de Imprensa); e a Lei nº 9.472, de 16 de julho de 1997 (Organização dos Serviços de Telecomunicações).

3 A Lei nº 9.294, de 15 de julho de 1996, regulamentada pelo Decreto 2.018, de 1º de outubro de 1996, dispõe sobre as restrições ao uso e à propaganda de produtos fumígenos, bebidas alcoólicas, medicamentos, terapias e defensivos agrícolas aqui referidos.

Art. 221 – A produção e a programação das emissoras de rádio e televisão atenderão aos seguintes princípios:

I – preferência a finalidades educativas, artísticas, culturais e informativas;

II – promoção da cultura nacional e regional e estímulo à produção independente que objetive sua divulgação;

III – regionalização da produção cultural, artística e jornalística, conforme percentuais estabelecidos em lei;

IV – respeito aos valores éticos e sociais da pessoa e da família.

(...)

Art. 22 – Compete ao Poder Executivo outorgar e renovar concessão, permissão e autorização para o serviço de radiodifusão sonora e de sons e imagens, observado o princípio da complementaridade dos sistemas privado, público e estatal[4].

(...)

§ 5º O prazo da concessão ou permissão será de dez anos para as emissoras de rádio e quinze para as de televisão.

Art. 224 – Para os efeitos do disposto neste capítulo, o Congresso Nacional instituirá, como órgão auxiliar, o Conselho de Comunicação Social, na forma da lei[5].

## Hoje, quais são os direitos culturais mínimos a que todo cidadão deve ter acesso?

Diz Dinah Guimaraens (2006), antropóloga e professora de história da arte, que

somente no século vinte os movimentos de descolonização cultural e de liberação política tornaram possível, para os povos do Terceiro

---

4 A Lei nº 9.612, de 19 de fevereiro de 1998, instituiu o Serviço de Radiodifusão Comunitária, regulamentado pelo Decreto nº 2.615, de 3 de junho de 1998.

5 A Lei nº 8.389, de 30 de dezembro de 1991, instituiu esse conselho, que foi efetivamente constituído somente no final de 2002.

Mundo, reconhecerem e valorizarem suas próprias culturas. Nesse sentido, identidade cultural significa a necessidade de ser capaz de reconhecer a si próprio ou de construção de sua própria realidade autônoma e única, baseada em uma tradição cultural herdada de seus antepassados. Já cidadania, significa o direito individual à liberdade de expressão e também o direito da coletividade de partilhar de distintas opiniões e posturas culturais.

De acordo com a metodologia triangular sugerida por Ana Mae Barbosa (2000, s. p.), pesquisadora da Universidade de São Paulo que centra seu foco de estudo em arte-educação, o ensino da arte põe ênfase "na inter-relação entre o fazer, a leitura da obra de arte (apreciação interpretativa) e a contextualização histórica, social, antropológica e /ou estética da obra", com o objetivo de formar o conhecedor, fruidor e decodificador da obra-de-arte como objeto de conhecimento.

Ainda segundo Dinah Guimaraens (2006),

> o conhecimento da arte se dá na interseção da experimentação, decodificação e informação. Devido à existência de um real *apartheid* cultural no Brasil, a visualidade das camadas populares, dos indígenas e dos afrodescendentes não é devidamente enfatizada nas escolas nem nas universidades, já que ocorre uma rejeição, pelas camadas dominantes da sociedade nas quais se inclui a maioria dos professores, de códigos da cultura popular identificados com o candomblé, a cultura indígena, os rituais e as danças como o bumba-meu-boi e o carnaval, todos estes constituindo importantes elementos de identificação étnico-cultural brasileiros.

Para Coelho Neto (1986),

> promover a cultura não é, apenas, financiar o artista, o produtor individual, como (mal) vem fazendo o Estado no Brasil, há décadas: é, antes, criar as condições para que o maior número possível de pessoas tenha acesso ao sistema de produção cultural, se não como produtores, pelo menos como consumidores efetivos.

Relações públicas na difusão da produção cultural

É necessário ampliar o acesso do cidadão à política pública e aos benefícios da lei e também dos incentivos como produtor, e não só como fruidor, pois o uso do incentivo fiscal pela pessoa física ainda é tabu.

Outra questão: o incentivo deveria ser aplicado na ponta do "consumo" da produção artístico-cultural. Exemplos:

1) no cartão único dos programas sociais, a inclusão de "ingressos" virtuais para sessões de cinema por titular e dependente, tornando, também, parte do incentivo do patrocinador a prova de ter proporcionado acesso a novas audiências;

2) cooperativas deveriam abranger o somatório de pessoas físicas reunidas nas "associações de amigos" e valer-se dos incentivos pertinentes;

3) projetos incentivados deveriam ser sempre obrigados a oferecer récitas públicas gratuitas.

Néstor García Canclini (1997) inaugurou um profícuo "debate" entre as visões de mundo que as organizações (públicas, privadas e do terceiro setor) propagam: consumidores *versus* cidadãos. Muito já foi construído com base nessa dicotomia, mas tais denominações continuam a aparecer confundidas na mídia e talvez se pudesse dizer que a grande maioria da população não distingue os dois conceitos, entendendo-os até como sinônimo – o que, em nossa opinião, é fato ainda mais grave que o desconhecimento da diferença. O ponto de vista cultural ganha importância crucial nessa questão: a cultura, como substrato fundamental da própria concepção do homem perante si mesmo, os demais e as instituições da sociedade, é esfera responsável pela percepção e pelo exercício da cidadania e, conseqüentemente, de tudo aquilo que dela advém, tanto em termos de direitos como de deveres.

## Como a cultura deve contribuir na articulação de soberania nacional e globalização?

O mesmo García Canclini, em obra posterior (2002), reforça a discussão da problemática cultura popular *versus* capitalismo. Ele cita Renato

Ortiz e sua expressão "cultura internacional-popular" para bem designar o centro da sua hipótese inicial:

> Algo chave das relações entre modernidade, capitalismo e cultura pode captar-se ao explorar o desbaratamento do artesanato (a arte popular de confecção de objetos) em face da indústria audiovisual e das festas tradicionais locais em face dos espetáculos midiáticos e seu circuito transnacional (Renato Ortiz *apud* García Canclini, 2002).

As tevês por assinatura são o mais profícuo exemplo deste fenômeno. Pergunta o autor se, então, se poderia continuar falando em culturas populares. E aduz uma definição de cultura: a produção de fenômenos que contribuem, mediante a representação ou reelaboração simbólica de estruturas materiais, para compreender, reproduzir ou transformar o sistema social – todas as práticas e instituições dedicadas à administração, renovação e reestruturação do sentido. Ainda segundo García Canclini (2002),

> nos últimos vinte anos, nas sociedades atuais, sujeitas ao desenvolvimento tecnológico e à globalização e que mudaram as relações entre capital, trabalho e processos simbólicos, a produção cultural se tornou mais importante do que nunca para a reprodução e expansão do capitalismo. No entanto, artesãos e a tradicional herança popular não são beneficiários desse movimento, mas o são, sim, outras formas de cultura popular, mais suscetíveis ao processo de industrialização em formas audiovisuais – sobretudo a produção musical – que ganham um protagonismo econômico.

## A chamada economia da cultura

No Brasil, a economia da cultura foi dissecada pela primeira vez em uma pesquisa realizada pela Fundação João Pinheiro para o Ministério da Cultura, em 1998, na qual a cultura aparece com uma participação de 0,8% no Produto Interno Bruto. No estado do Rio de Janeiro, dados da Subsecretaria de Cultura apontam uma participação que vai de 4% a

Relações públicas na difusão da produção cultural

6% do PIB, mas isto varia muito de acordo com os parâmetros utilizados. Ainda faltam critérios amplamente aceitos para medição. Nosso enfoque da economia da cultura considera o marketing cultural, entendido como o processo que se dá no âmbito do mercado – o qual pode ser regido por uma visão mais mercantil que fiduciária ou então privilegiar mais a ação cultural e menos a especulação sobre seus resultados, mais o aspecto humano que o viés econômico, mais o lucro social que o financeiro.

## Como articular as políticas públicas de cultura com as demais políticas públicas?

As ações culturais podem ser vinculadas com:

- A política de educação – um caminho direto;
- A política para a infância e a adolescência;
- As políticas inclusivas (como as das Secretarias especiais da Mulher e da População Negra);
- A política de desenvolvimento econômico (via BNDES, por exemplo);
- A política de desenvolvimento urbano;
- A política de direitos humanos.

Neste ponto, é oportuno citar Marco Túlio de Barros e Castro[7], advogado especializado em direito autoral e propriedade intelectual, que vê no direito à liberdade de expressão o fulcro de quaisquer "direitos culturais" (a que alude o art. 215 da Constituição Federal, somando-se ao mandamento constitucional do "acesso" aos bens culturais).

Isabel Azevedo[8], superintendente de extensão da UFRJ e especialista em gestão de projetos e programas culturais, acrescenta: a cultura é "instituinte da sociedade e da cidadania"; e é preciso evitar as "bilheterias invisíveis" e garantir a contrapartida social.

---

7 Sócio de Weikersheimer & Castro Advogados Associados, em palestra proferida na Uerj em 2005.

8 Palestra proferida na Uerj em 2004.

# Qual o papel da cultura na definição do perfil do desenvolvimento sustentável dos municípios, dos estados e da União?

Política cultural se faz com recursos humanos e financeiros. As dotações para a cultura têm de atingir patamares mínimos recomendáveis, sob pena de se incorrer em total inação. O patamar mínimo recomendado pela Unesco é de 1% dos orçamentos nacionais.

Ora, se a cultura representou 0,8% do PIB brasileiro[9] em 2005, para um PIB de R$ 1,6 trilhão, isso deveria traduzir-se na inversão de R$ 12,8 bilhões na cultura. Isto encontra-se a anos-luz da realidade, pois no ano passado foram destinados à cultura apenas cerca de R$ 600 milhões e, por leis de incentivo, mais R$ 480 milhões – não descontados os 50% do contingenciamento – por orçamento do Ministério da Cultura.

Somente uma ação política articulada de órgãos executivos estaduais e municipais, de ONGs e da cidadania que deságüe no Poder Legislativo (municipal, estadual e federal) pode mudar o atual estado de coisas. A via do patrocínio privado é uma opção, mas não é a mais importante em termos de resultado global (nem podemos chamá-la de política cultural, pois cada ação persegue as metas de cada ator), embora utilize recursos públicos oriundos da renúncia fiscal. Não deve ser, todavia, estancada.

A aprovação de leis orgânicas e talvez até de emendas parlamentares pontuais poderia levar ao efetivo aumento das inversões de recursos públicos para a cultura.

## O desconhecimento das leis de incentivo por parte dos contribuintes

Para fundamentar nossa tese de doutoramento, realizamos pesquisas em Londrina, a segunda maior cidade do Paraná, envolvendo uma

---

9 Conforme mostrou a já mencionada pesquisa "Economia da Cultura", do MinC, publicada em 1998 e até hoje a única fonte de dados fidedignos a respeito do assunto.

amostra socioeconômica representativa da população local: 36% da classe AB e 64% da classe C; do total, 36% tinham cursado o ensino fundamental, 36%, o ensino médio e 28%, o ensino superior. Os resultados mostram que 50% sabiam da existência de uma legislação estadual e municipal de renúncia parcial de ISS e IPTU para o apoio à cultura, e os outros 50%, não. Quanto à legislação federal acerca do assunto, 73,4% a desconheciam e 26,5% sabiam dela. Dentre estes, 1,3% já tinha feito algum tipo de apoio – o que, aliás, corrobora o que se verifica em nível nacional: apenas cerca de 1% da renúncia fiscal federal destinada a projetos culturais vem de pessoas físicas.

Apesar disso, 95,7% dos entrevistados responderam "sim" quando perguntados se achavam fundamental o apoio de empresas à realização dos festivais de teatro e de música realizados anualmente na cidade.

## Considerações finais

No capitalismo dito "tardio", a produção de bens culturais tornou-se muito importante para a economia e hoje são bem tênues as fronteiras entre aspectos econômicos e culturais, fazendo-se necessário refletir sobre o conjunto de forças que operam o sistema cultural e nele interagem.

No caso brasileiro, debita-se aos políticos a penúria em que sempre tem sido deixada a área cultural. Parlamentares gostam de repetir a ladainha de que "o segmento precisa organizar-se para reivindicar". Mas não seria razoável dizer que a Previdência Social recebeu 44,60% do orçamento de 2004 e a Saúde, 12,50% – enquanto a cultura ficou com apenas 0,16% – só porque aposentados e pensionistas ou mesmo adoentados tenham se organizado para reivindicar. A Previdência e a Saúde, assim como a Educação – e como deveria ser também com a Cultura –, simplesmente são obrigações do Estado, devendo sua manutenção e seu incremento ser objetos de legítima luta em Brasília. O governo federal deveria dotar o Ministério da Cultura com uma verba à altura da importância da cultura para o país. A alternativa seria o Congresso Nacional ratificar tal dotação quando da análise da Lei de Diretrizes Orçamentárias.

No que se refere à comunidade dos artistas e produtores culturais, a execução de qualquer orçamento (federal, estadual ou municipal) deveria ser acompanhada atentamente, não bastando fazer apenas a divulgação de cifras. Orçamentos prometidos mas não liberados denotam exatamente isso: que muitas vezes não se sai do campo das meras promessas.

Sem a pressão da comunidade diretamente interessada (veja-se o *lobby* do cinema, que, se não é um bom exemplo, é pelo menos um exemplo), a plena dotação de recursos para apoio à produção e ao acesso à cultura não virá e nossa "política cultural" continuará cingindo-se, apenas, ao artifício da renúncia fiscal.

## Referências

ADORNO, Theodor; HORKHEIMER, Max. *Dialética do esclarecimento*. Rio de Janeiro, Zahar, 1986.

BARBOSA, Ana Mae T. B. *A imagem no ensino da arte*. São Paulo: Perspectiva, 2002.

_____. Arte na educação para todos. V Congresso Nacional de Arte-educação na escola para todos. Anais... Brasília, MEC, 6-9 nov. 2000. Disponível em <www.arteducação.pro.br/educa.anais/>. Acesso em: 18 jan. 2007.

_____. *Culturas populares en el capitalismo*. México: Grijalbo, 2002.

COELHO, NETO, José Teixeira. *Usos da cultura: políticas de ação cultural*. Rio de Janeiro: Paz e Terra, 1986.

_____. *Dicionário crítico de política cultural*. São Paulo: Iluminuras, 1997.

GUIMARAENS, Dinah. Patrimônio cultural. Curso de gestão e marketing na cultura. Rio de Janeiro: UERJ/Cepuerj, 3 jun. 2006. [Palestra]

HERSCOVICI, Alain. *Economia da cultura e da comunicação*. Vitória: Ufes, 1995.

GARCÍA Canclini, Néstor. *Consumidores e cidadãos*. Rio de Janeiro: UFRJ, 1997.

LISBOA, Simone M. *Razão e paixão dos mercados*. Belo Horizonte: C/Arte, 1999.

MACHADO NETO, Manoel Marcondes. *Marketing cultural: das práticas à teoria*. Rio de Janeiro: Ciência Moderna, 2002.

Relações públicas na difusão da produção cultural 289

_____. *Marketing cultural: características, modalidades e seu uso com política de comunicação institucional.* 2000. Tese (Doutorado em Ciências da Comunicação). ECA -USP. São Paulo, SP.

MUYLAERT, Roberto. *Marketing cultural & comunicação dirigida.* São Paulo: Globo, 1993.

VAZ, Gil Nuno. *Marketing institucional.* São Paulo: Pioneira, 1995.

# IV

# ESTRATÉGIAS, TÉCNICAS E INSTRUMENTOS DAS RELAÇÕES PÚBLICAS COMUNITÁRIAS

*Em um mundo plural, mutante e competitivo, a boa gestão da comunicação se dá no contexto de um espaço onde a relação comunicacional entre os interlocutores deve ser cuidadosamente administrada em função da complexidade dos elementos envolvidos nesse processo (há variáveis de custos, operacionalidade, de disputas de influência e poder). Podemos chamar esse espaço de cenário socioeconômico, político e cultural de uma sociedade. As organizações existem como atores sociais e sua "fala" e "atuação" podem ser relacionadas à "comunicação institucional" e à atuação efetiva na transformação da realidade social. Essa interação é sempre dialética e dinâmica.*

FRED IZUMI UTSUNOMIYA

# 1. Planejamento e gestão estratégica das relações públicas comunitárias

*Margarida Maria Krohling Kunsch*

Este capítulo traz um estudo reflexivo e propositivo sobre as implicações do planejamento de relações públicas em um sentido mais político do que técnico, analisando aspectos que os movimentos sociais, as organizações populares, as comunidades e as entidades do terceiro setor devem levar em consideração na gestão de seus processos comunicacionais e na produção de seus instrumentos midiáticos. Apresenta-se uma metodologia alternativa do planejamento da comunicação desses segmentos, com ênfase em um trabalho engajado, no qual se priorizam a interação, a participação e a valorização de todos os envolvidos no processo.

Como nas instituições públicas e nas empresas privadas, também nas organizações sociais de interesse público as relações públicas têm de se pautar por bases científicas. Como deve ser o seu planejamento? Bastaria incorporar os ensinamentos e as técnicas disponíveis na literatura já existente sobre as relações públicas no mundo corporativo? São questões que abordaremos e que pretendemos equacionar neste capítulo.

## Aspectos conceituais e dimensões do planejamento

Ao mesmo tempo que constitui uma função básica da administração geral e um instrumento de gestão em busca de eficiência, eficácia e efetividade nas organizações, o planejamento é também um campo de estudos com aplicações nas mais diversas áreas do conhecimento. É por isso que se costuma classificá-lo dentro de um diversificado número de tipologias, dependendo das realidades com as quais se trabalhará. No entanto, os conceitos básicos que fundamentam o seu processo são os mesmos e aplicáveis a qualquer área ou setor.

No contexto das organizações, o planejamento ocorre em três níveis: estratégico, tático e operacional. O planejamento estratégico ocupa o topo da pirâmide, ligado às grandes decisões das organizações, caracterizando-se como de longo prazo e em constante sintonia com o ambiente. Já o planejamento tático atua em uma dimensão mais restrita e em curto prazo, sendo mais específico e pontual, buscando dar respostas às demandas mais imediatas, por meio de ações administrativas e técnicas eficientes. E o planejamento operacional é responsável pela formalização, por meio de documentos escritos, de todo o processo e das metodologias a serem adotadas.

Em termos conceituais, o planejamento deve ser entendido como um processo técnico, racional, lógico e político – como um ato de inteligência, em suma. Tudo isso o mostra como algo dinâmico, complexo e abrangente, com características próprias e aplicações concretas. É guiado por uma filosofia e por políticas definidas. Está sempre vinculado a situações da vida de pessoas, grupos e organizações da esfera pública e privada. Acontece em nível macro (países e regiões) e em nível micro (organizações individualizadas).

Como processo lógico, o planejamento se desenvolve ao longo de um conjunto de fases sucessivas, sistemáticas e interativas, que determinam conscientemente o curso de ações a serem realizadas no presente com vistas ao futuro. Ele parte de determinada realidade, em relação à qual se estuda, por meio de etapas, os melhores caminhos para alcançar as mudanças almejadas. Segundo Danilo Gandin (2000, p. 34), o planejamento é um processo que interfere na realidade para transformá-la e construí-la com as características que se deseja. Sua materialização se dá em documentos visíveis, que são os planos, programas e projetos[1].

---

1 Detalhes sobre conceitos, instrumentos, fases etc. do planejamento podem ser vistos, por exemplo, no capítulo 5 de *Planejamento de relações públicas na comunicação integrada* (Kunsch, 2003, p. 202-26). Os conceitos de plano, projeto e programa – que não são sinônimos de planejamento – são objeto do capítulo 9 da mesma obra.

Quando dizemos que o planejamento é um processo técnico e racional, queremos deixar claro que ele vai muito além disso, implicando decisões e vontade política. Estas ocorrem nas relações de poder, sendo condicionadas a conjunturas subjetivas, sociais, econômicas etc. e, sobretudo, à correlação de forças e a articulações dos atores envolvidos[2]. Nesse sentido, não basta que nos preocupemos com o uso das mais modernas tecnologias para atingir os resultados desejados. Devemos nos lembrar que a eficácia e a efetividade do planejamento depende dos contextos, não sendo ele uma receita mágica capaz de resolver todas as questões por si só.

## O planejamento em função do desenvolvimento social

As organizações populares, as comunidades e as entidades do terceiro setor podem e devem fazer uso dos princípios gerais e das técnicas de planejamento. Se elas se pautarem por um planejamento estratégico adequado e participativo, suas ações terão asseguradas a viabilidade e a efetividade. Considere-se, a propósito, o que ocorre com as grandes ONGs, a exemplo do *Greenpeace*, na preservação do meio ambiente, e com os movimentos sociais organizados, como o dos afrodescendentes, os de defesa dos direitos da mulher e dos portadores de necessidades especiais etc., na luta para conquistar novos espaços na sociedade. É certo que a visibilidade por eles obtida e as mudanças que ensejaram em termos de legislação decorrem de um trabalho muito bem planejado e executado.

Entre outros fatores, o sucesso dessas entidades está relacionado com as estratégias de comunicação adotadas. No âmbito de uma sociedade cada vez mais complexa, reserva-se à comunicação um papel de crescente importância nas organizações que procuram trilhar o caminho da modernidade. Os movimentos sociais e as comunidades têm de orientar-se por uma política que privilegie o estabelecimento de canais efetivos de ligação com os diferentes setores da sociedade, abrindo caminhos para sua

---

2 Para mais detalhes sobre o processo racional e político, consultar Myrian V. Baptista (2000).

efetiva mobilização e articulação. A comunicação deve constituir-se em uma estratégia nessa direção, agregando valores, facilitando processos interativos e viabilizando as necessárias mediações.

A comunicação fortuita e casual, baseada na mera exibição de bandeiras de lutas, deve ser substituída por negociações que não podem prescindir de ações pensadas de forma participativa e estrategicamente planejadas. Tudo isso pressupõe que esses agrupamentos sociais estabeleçam políticas de comunicação e trabalhem de forma integrada com os atores envolvidos. A comunicação tem papel fundamental nesse novo contexto. Só com a abertura de canais eficientes é possível viabilizar o processo de interação entre as organizações e seus *stakeholders*, a opinião pública e a sociedade como um todo. Para tanto, o setor dela encarregado deve saber e poder administrá-la estrategicamente.

Também os segmentos da sociedade civil terão de adotar a comunicação organizacional como uma de suas prioridades se quiserem obter maior visibilidade para seus programas de ação e, conseqüentemente, resultados efetivos para suas causas. Trata-se de um aspecto que se deve levar, imprescindivelmente, em conta, pois a presença nos espaços midiáticos depende, antes de mais nada, de estratégias muito bem delineadas no âmbito das ações e políticas internas.

Em face da comprovada incapacidade do Estado de atender a todas as demandas sociais, criou-se um espaço para um crescimento enorme de fundações, organizações não-governamentais e movimentos da sociedade civil. Além disso, as ações de responsabilidade social desenvolvidas pelas empresas privadas já não são apenas uma tendência, mas uma realidade em curso. Com esse novo cenário, o planejamento voltado para as políticas sociais e para os processos comunicacionais tem passado por muitas mudanças e exige a adoção de novos paradigmas e novas metodologias.

Na perspectiva de uma nova forma de pensar o planejamento social, as autoras argentinas Olga Nirenberg, Josette Brawerman e Violeta Ruiz (2003, p. 26-7) trazem uma interessante contribuição para nossa reflexão. Com as mudanças provocadas a partir dos anos 1980 pela crise do Estado do bem-estar, que redefine sua missão e abandona o papel de provedor social, cedendo espaço a políticas neoliberais, criam-se novas formas de agenda pública. "Outros atores cobram protagonismo no campo da política social, em especial as organizações da sociedade civil." Por outro lado, embora essas organizações desenvolvam estratégias inovadoras de abordagem da problemática dos grupos sociais desfavorecidos, elas não estão em condições de garantir o pleno exercício dos direitos sociais que caberia ao Estado proporcionar. Assim, as ações levadas a efeito por elas, com o apoio de organismos internacionais de financiamento, são fragmentadas e paliativas, não resolvendo os problemas estruturais causados pela desigualdade social. É nesse contexto que se tornam imperativos o planejamento e a gestão de programas e projetos capazes de enfrentar os problemas desses grupos. Conseqüentemente, mudam-se os paradigmas e os estilos de planejamento e mesmo a forma de fazer comunicação.

Em uma perspectiva tradicional, o planejamento estatal voltado às ações sociais assumia características muito mais normativas e tecnocráticas. Segundo as autoras, baseava-se na concepção de um planejador externo (indivíduo ou equipe) que por si só podia identificar as necessidades da população, estabelecer prioridades e propor soluções, de forma autoritária e em função dos recursos de que o Estado dispunha. Não havia espaço para o diálogo e para a participação dos agentes envolvidos. O Estado era o ator central e não se levavam em conta os atores locais. As relações entre os interlocutores (atores e agentes) eram mecânicas e previsíveis. Tratava-se, enfim, de uma comunicação unilateral.

Uma referência internacional que questionou e até mesmo revolucionou esse formato tradicional de gestão pública e a maneira como os governos faziam o planejamento social foi Carlos Matus[3]. Com a criação

---

3 Economista chileno e ministro do governo Salvador Allende em 1973, foi exilado pelo regime de Pinochet. Autor de várias obras, possui uma biografia exemplar como intelectual e defensor da gestão pública em benefício da sociedade. Criou a Fundação Altadir, com sede na Venezuela, para difundir o método PES e capacitar gestores públicos, em função do que ministrou em cursos em vários países, inclusive no Brasil. Faleceu em 1998. Dentre suas obras destaca-se a última, *Teoria do jogo social*, publicada, em 2005 pela Fundação do Desenvolvimento Administrativo (Fundap), vinculada ao Governo do Estado de São Paulo.

298                              Margarida Maria Krohling Kunsch

e a proposição concreta de metodologias alternativas para o planejamento das ações governamentais, ele contribuiu para o estabelecimento de novos paradigmas e viabilizou iniciativas inovadoras, como o método de "planejamento estratégico situacional" (PES)[4], que serviu para outras inúmeras derivações e adaptações em vários países da América Latina. Jackson de Toni (2004,s. p.) descreve bem em que consiste esse método:

> O planejamento estratégico situacional é antes de tudo um potente enfoque metodológico, com alguns princípios e visões filosóficas sobre a produção social, a liberdade humana e o papel dos governos, governantes e governados. A análise de problemas, a identificação de cenários, a visualização de outros atores sociais, a ênfase na análise estratégica são elementos fundamentais e diferenciadores do PES em relação a outros métodos de planejamento.

O PES pressupõe que o responsável pelo planejamento tenha uma visão dinâmica e holística das realidades situacionais nas quais será aplicado e seja capaz de adaptar os instrumentos metodológicos já conhecidos. São quatro os momentos do processo do planejamento estratégico situacional: explicativo (diagnóstico dos limites e das potencialidades do ambiente interno e externo); normativo (como planejar as ações); estratégico (análise estratégica e construção dos melhores caminhos para atingir os objetivos); e tático-operacional (descrição de como será a logística de implantação e gestão).

Esse método e muitos outros que tratam do planejamento participativo para o desenvolvimento social em áreas como educação, administração pública, serviço social, economia e as ciências sociais em geral poderão, com as devidas adequações, ser aplicados no planejamento de projetos e programas de relações públicas comunitárias. Referimo-nos aqui, por exemplo, entre outros, ao Planejamento de projetos orientado

---

4 Mais detalhes sobre o método PES podem ser vistos em Franco Huertas (1997).

por objetivos (Zopp)[5], ao Planejamento participativo de projetos de desenvolvimento (Plapp) e ao Método Altadir de Planejamento Popular (Mapp), este último também desenvolvido por Matus.

## Planejamento das relações públicas comunitárias

Quais seriam as principais recomendações para uma prática alternativa de planejamento, no contexto das organizações da sociedade civil? Como estas podem se apropriar dos ensinamentos e das técnicas do planejamento estratégico e da gestão estratégica, tão bem otimizados no mundo corporativo e na esfera da administração pública, sobretudo dos métodos inovadores e daqueles que possibilitam um processo mais participativo dos sujeitos e agentes envolvidos?

Esse equacionamento nos faz refletir sobre vários aspectos. Primeiro, que as técnicas e os instrumentos do planejamento, funções essenciais de relações públicas, aplicam-se a qualquer tipo de organização. Então, por que não aplicar todo esse aporte valioso também em benefício da sociedade e das organizações da sociedade civil? Ao falarmos no planejamento e na gestão das relações públicas comunitárias, defendemos o uso de todo esse arsenal para fins de interesse público, com as adaptações necessárias e possíveis, sobretudo no direcionamento do ato de planejar, que deverá se pautar por princípios já destacados, como o da participação coletiva.

Relações públicas, como disciplina acadêmica e atividade profissional, tem como objeto as *organizações* e seus *públicos*, instâncias distintas, mas relacionadas dialeticamente. É com elas que a área trabalha, promovendo e administrando relacionamentos e, muitas vezes, mediando conflitos, valendo-se para tanto de estratégias e de programas de comunicação de acordo com as diferentes realidades do ambiente social. Philip

---

5 "A metodologia Zopp, do alemão Zielorientierte Projekt Planung – Planejamento de projetos orientado por objetivos –, foi criada pela Agência Alemã de Cooperação Técnica (GTZ), com sede em Eschborn, na Alemanha, entre as décadas de 1970 e 1980. A criação do Zopp veio preencher uma lacuna em termos de uma metodologia que privilegiasse a participação social nos processos de planejamento e gestão de projetos voltados ao desenvolvimento" (Participando, 2006).

Lesly (1995), ao descrever a natureza e o papel das relações públicas, mostra bem a amplitude do universo de públicos com os quais as organizações podem se relacionar. Essencialmente, o grande desafio para a área é saber gerenciar a comunicação entre as partes e conseguir mudanças de atitude e de comportamentos.

Como já escrevemos em outros artigos, as relações públicas comunitárias se aplicam em um amplo universo de instituições e organizações do primeiro, segundo e terceiro setores. Neste capítulo enfatizamos mais o planejamento dessa especialidade nas organizações sociais de interesse público e nos movimentos sociais organizados da sociedade civil.

## Possibilidades metodológicas do planejamento das relações públicas comunitárias

Com base no pressuposto de que a área de relações públicas administra a comunicação das organizações, queremos tecer aqui apenas algumas considerações sobre como isso poderá ser feito no contexto das organizações sociais de interesse público. No curto espaço deste artigo, nos limitaremos a indicar caminhos possíveis para que as relações públicas, por meio de suas teorias e no exercício de suas funções administrativa, estratégica, mediadora e política[6], possam promover uma comunicação mais participativa, contribuindo para que essas organizações consigam cumprir eficientemente sua missão.

### Conhecimento das organizações

Uma das primeiras preocupações, ao se iniciar um processo de planejamento, está em conhecer as finalidades, as características e as especificidades das organizações sociais de interesse público, aqui entendidas as do terceiro setor, as populares, as comunidades, enfim, as organizações da sociedade civil em geral.

---

6 Em obra nossa (Kunsch, 2003, p. 98-117), detalhamos conceitualmente essas funções das relações públicas.

Planejamento e gestão estratégica das...                    301

As modalidades de organizações do terceiro setor, por exemplo, são inúmeras e já foram objeto de estudo de vários autores[7]. Suas finalidades são diversas, como, entre outras, propugnar melhorias na educação, saúde e moradia, lutar pelo desenvolvimento sustentável em termos de uso e preservação do meio ambiente, batalhar pela causa dos menos favorecidos e defender os direitos políticos e de cidadania.

Organizações populares são os núcleos de base que compõem a sociedade maior. Elas constituem o espaço das contradições sociais e das resistências à repressão social. Nessas microssociedades será gestada a nova sociedade participativa e democrática, unida por uma nova trama social solidária e libertadora, conforme preconiza Juan Díaz Bordenave (1984, p. 220). Regina Festa (1982, p. 173-4), analisando um artigo de Gilberto Gimenez ("Notas para una teoría de la comunicación popular"), diz: "Nós entendemos que povo e popular só podem ser compreendidos através da diferenciação socioeconômica e sociocultural, no marco das relações sociais de produção. O popular, portanto, deve ser definido à luz de uma teoria das classes sociais".

Um trabalho de relações públicas nas organizações populares deverá basear-se em sua realidade situacional, inserindo-se em uma concepção libertadora de educação, na busca de suas transformações social e política. Esses princípios devem nortear os planos, projetos e programas elaborados para os mais diferentes grupos, como a comunidade, as associações de bairros e de moradores, as favelas, as minorias sociais, os sem-terra, os sem-teto, os excluídos, os que lutam pela reforma agrária, os trabalhadores. São microssociedades que postulam novos espaços, novas cidadanias e uma vida humana mais digna e justa, tentando resistir à opressão do poder público, político e econômico, sobretudo nos regimes em que não há espaço para a democracia.

---

7 Simone Coelho (2000) traz considerações a respeito das diferentes denominações. Ver também a caracterização que Marco Queiroz (2004) faz desse segmento.

## Adoção do planejamento participativo

O processo de comunicação dessas organizações deve basear-se em um planejamento participativo, o que não se reduz simplesmente a estimular o envolvimento das pessoas. "Isto existe em quase todos os processos de planejamento: não há condições de fazer algo na realidade atual sem, pelo menos, pedir às pessoas que tragam sugestões. Usa-se esta 'participação' até para iludir e/ou cooptar", argumenta Danilo Gandin (2001, p. 82). Para ele, o planejamento participativo deve ter um claro propósito de intervenção social e de construção de espaços democráticos e de cidadania, sendo assim um instrumento capaz de ajudar na construção de uma sociedade mais justa e igualitária.

Pedro Demo (1994, p. 90) também compartilha essa perspectiva, acentuando que "o planejamento participativo não pode esconder sua tessitura típica de proposta de intervenção da realidade". O autor pondera que todo planejamento, em princípio, visa interferir na realidade, e é possível direcionar o curso da história ao menos em parte. Mas "o que diferencia planejamento participativo de outros não é uma pretensa supressão da intervenção, mas atitude alternativa ante a intervenção". Em outras palavras, "planejamento participativo, em termos realistas e dialéticos, é aquele que democratiza a intervenção".

O planejamento participativo, portanto, deve ser entendido como uma forma de contribuir para reais mudanças da realidade que se procura equacionar. Essa participação tem de ser verdadeira e não simulada. Gandin (2001, p. 88) alerta que esse conceito pode levar "a três desastres extremamente graves: a manipulação das pessoas pelas 'autoridades', através de um simulacro de participação; a utilização de metodologias inadequadas, com o conseqüente desgaste da idéia; a falta de compreensão abrangente da idéia de participação". Muitas vezes é exatamente isso que acontece. Governos chamam a população para participar de audiências públicas, para definir orçamento participativo etc., mas nem sempre há clareza nos seus propósitos. Se os grupos sociais envolvidos não forem suficientemente esclarecidos, podem ser facilmente manipulados por um coordenador ou articulador do processo.

Gandin (2001, p. 90) destaca três níveis de participação. O primeiro é o da colaboração, desde que os agentes envolvidos realmente dêem oportunidade de participação, sem impor, mesmo que simuladamente, sua "autoridade". O segundo é o de decisão, em que se busca dar mais vez e voz aos participantes. E o terceiro é o da construção em conjunto, que "só acontece quando o poder está com as pessoas". Somente então é possível "construir um processo em que todos, com o seu saber próprio, com sua consciência, com sua adesão específica, organizam seus problemas, suas idéias, seus ideais, seu conhecimento da realidade, suas propostas e suas ações".

O enfoque participativo do planejamento só será respeitado se os planos, projetos e programas de comunicação forem desenvolvidos dentro de um processo em que há troca de informações e idéias, na busca de um consenso para a tomada de decisões com vistas à transformação da realidade situacional.

## Planejamento estratégico situacional da comunicação

Tencionamos apresentar aqui algo propositivo, diferente do que já se conhece sobre o planejamento estratégico da comunicação organizacional no mundo corporativo. Nossa opção é pela adaptação do método de planejamento estratégico situacional de Matus, do qual destacaremos apenas alguns pontos, em razão do espaço disponível.

Um dos aspectos do PES está na ênfase de organizar a ação com vistas à intervenção e transformação social. Ele não se limita à questão dos recursos econômicos, mas valoriza também a dimensão política do planejamento, a força e o poder dos sujeitos e a capacitação dos atores para o diálogo com os agentes envolvidos.

Como já dissemos, são quatro são os momentos desse planejamento estratégico situacional: o explicativo, o normativo, o estratégico e o tático-operacional. Conforme Creuza Azevedo (1992, s.p.), esses quatro momentos fundamentais concebidos por Matus não devem ser confundidos com etapas: "A idéia de momento indica instância, circunstância ou conjuntura de um processo contínuo que não tem início nem fim determinados. Nenhum momento está isolado dos demais. O que ocorrerá é um domínio passageiro de um momento sobre os demais ao longo do processo".

## a. Momento explicativo

Qual é a realidade social com que se trabalhará? Quais são os "nós críticos" que afetam a eficácia da comunicação do grupo estudado? Quais as ameaças e as oportunidades do ambiente externo? Quais as limitações e as potencialidades do ambiente interno para alcançar os objetivos pretendidos? As respostas a essas questões ajudarão na elaboração do diagnóstico situacional.

Temos de identificar a realidade do grupo por meio de pesquisas, levantando as informações necessárias para descrevê-la de forma analítica. Se um trabalho de relações públicas com entidades populares deve ser feito "com" elas e não "para" elas, abandonando o extensionismo a que alude Paulo Freire (1980, p. 65-93), quando falamos em pesquisa, queremos referir-nos à pesquisa participativa, em que o técnico se insere no grupo para, juntamente com ele, estudar a situação, tentando abrir caminhos de comunicação.

Para tanto, é necessário descer às bases, criando-se um processo empático mediante o ajustamento aos seus interesses e às suas necessidades. Diz Ecléa Bosi (1981, p. 179) que, "depois de descobrir carências, percebemos que elas nos comprometem. É preciso conhecer o problema, tocar os fatos. Mas isso não basta para que se fale em nome de alguém: devemos também enxergar de suas perspectivas a realidade". Nesse contexto, a participação torna-se imprescindível, devendo o coordenador do processo comunicativo saber dialogar e se valer dos princípios da educação libertadora a que já nos referimos aqui e em outro artigo nesta obra. Só assim se conseguirá compreender a realidade e o que deve ser feito para modificá-la.

Assim, ao desenvolvermos um trabalho comunitário, temos de nos posicionar como alguém que se integra no grupo, aprendendo, ensinando e transformando algo ao lado dele, e não como um mero "transmissor de conhecimentos", em posição de superioridade e com soluções prontas. Escrevem Rosiska e Miguel Darcy de Oliveira (1985, p. 19), tomando como referência Paulo Freire:

> Educação não é sinônimo de transferência de conhecimento pela simples razão de que não existe um saber feito e acabado, suscetível de ser captado e compreendido pelo educador e, em seguida, depositado nos educandos. O saber não é uma simples cópia ou descrição de uma realidade estática. A realidade deve ser decifrada e reinventada a cada momento. Neste sentido, a verdadeira educação é um ato dinâmico e permanente de conhecimento centrado na descoberta, análise e transformação da realidade pelos que a vivem.

## b. Momento normativo

É a instância em que se direcionam as ações a serem desenvolvidas e se propõe o que fazer. Por meio da formatação de planos, projetos e programas de comunicação para e com os públicos envolvidos, buscam-se caminhos para solucionar os "nós críticos" encontrados e atingir a realidade situacional desejada. Com o desenho de possíveis cenários, devem-se construir os passos a serem seguidos. Prever os recursos necessários, definir os objetivos e os resultados esperados e discutir a eficácia de cada ação planejada constituem aspectos fundamentais desse momento do processo.

## c. Momento estratégico

Aqui entra em jogo a forma de viabilização do planejamento. Diante das conjunturas condicionantes (realidade situacional, ambiente social e atores envolvidos), analisam-se os caminhos e os meios mais indicados para alcançar a efetividade das ações delineadas. Todo o conhecimento que se tem sobre a metodologia do planejamento estratégico, com as necessárias adaptações, será muito útil nesse contexto. Ressalte-se ainda a necessidade de escolher adequadamente as mídias que serão empregadas. Elas devem ser planejadas em função dos públicos a serem atingidos, levando-se em conta a linguagem, o meio social, as condições de acesso etc. Tudo vai depender da situação existente e da realidade desejada.

### d. Momento tático-operacional

É o momento de aplicar o que foi planejado, de agir sobre a realidade situacional trabalhada. Trata-se da gestão ou da administração estratégica. É, em outras palavras, a instância da execução, do *modus operandi*. Como vamos realizar tudo aquilo que programamos em termos de estratégias e ações comunicativas, para mudar a situação encontrada no diagnóstico construído no momento explicativo e analítico?

## Considerações finais

Queremos deixar claro que não existe uma metodologia pronta e acabada. Muitas outras estratégias de mobilização social e de planejamento de comunicação participativa poderiam ser mencionadas, como as de Cicilia K. Peruzzo (1998), José Bernardo Toro (2005) e Márcio S. Henriques (2002). Nosso propósito foi refletir sobre novas possibilidades que podem ser discutidas e incorporadas, valorizando uma práxis horizontal para melhor entender os problemas da complexidade da sociedade e do jogo social, como preconiza Carlos Matus (2005).

Temos de ter criatividade para saber mesclar o conhecimento científico às sabedorias e experiências vividas das pessoas comuns. Um ensinamento a ser considerado é o de Carlos Matus (2005, p. 60), quando trata da teoria do jogo social. Ele destaca o papel da ciência e da ação: "É preciso [criar] uma ponte entre a teoria social e a prática social, que até o momento tem sido ignorada tanto pela ciência como pelo homem prático. A teoria social apega-se ao modelo científico tradicional e o homem prático faz política dando as costas à teoria". Para compreender esse esqueci-mento recíproco, o autor fala de quatro perspectivas de análise da realida-de: a do pesquisador científico (1) e a do ator social (2) – no âmbito da análise e da observação –; e a da práxis vertical (3) (princípio da eficiên-cia e da eficácia departamentais) e horizontal (4) (princípio da eficiência e da eficácia sociais) – no âmbito da ação prática.

Os novos tempos exigem que o profissional de relações públicas tenha uma visão muito crítica, engajando-se em projetos de mobiliza-ção social com base científica e ao mesmo tempo inserindo-se no jogo da produção social. Ele tem de saber conjugar, na sua prática cotidiana, as funções administrativa, estratégica, mediadora e política da ativi-dade. O planejamento pode ser um instrumento poderoso a seu dispor se concebido e aplicado em uma dimensão política e participativa. Dis-cordamos daqueles que defendem a neutralidade das relações públicas. Precisamos ter coragem e assumir nossas posições publicamente e defender os interesses das organizações e dos públicos que estão à margem do progresso social.

## Referências

AZEVEDO, Creuza da S. Planejamento e gerência no enfoque estratégico-situacional de Carlos Matus. *Cad. Saúde Pública*, v. 8, n. 2, abr./jun. 1992, p.129-33. Disponível em: <http://www.scielo.br/>. Acesso em: 26 out. 2006.

BAPTISTA, Myrian Veras. *Planejamento social: intencionalidade e instrumentação*. São Paulo: Veras, 2000.

BOSI, Ecléa. *Cultura de massa e cultura popular*. 5. ed. Petrópolis: Vozes, 1981.

COELHO, Simone de Castro Tavares. *Terceiro setor: um estudo comparado entre Brasil e Estados Unidos*. São Paulo: Senac, 2000.

DEMO, Pedro. *Política social, educação e cidadania*. 9. ed. Campinas: Papirus, 1994.

DÍAZ BORDENAVE, Juan. A comunicação e o fortalecimento da organização popular. In: SOARES, Ismar; PUNTEL, Joana (orgs.). *A segurança do povo*. São Paulo: Paulinas, 1984.

DÍAZ BORDENAVE, Juan; CARVALHO, Horácio Martins de. *Comunicação e planejamento.* Rio de Janeiro: Paz e Terra, 1979.

FESTA, Regina. Comunidades eclesiais de base e comunicação. In: LINS, Carlos Eduardo (coord.). *Comunicação, hegemonia e contra-informação.* São Paulo: Cortez e Moraes/ Intercom, 1982.

FREIRE, Paulo. *Pedagogia do oprimido.* 7. ed. Rio de Janeiro: Paz e Terra, 1979.

_____. *Extensão ou comunicação.* 5. ed. Rio de Janeiro: Paz e Terra, 1980.

GANDIN, Danilo. *A prática do planejamento participativo: na educação e em outras instituições, grupos e movimentos dos campos cultural, social, político, religioso e governamental.* 8. ed. Petrópolis: Vozes, 2000.

_____. A posição do planejamento participativo entre as ferramentas de intervenção na realidade. In: *Currículo sem fronteiras,* v. 1, n.1, p. 81-95 jan./jun. 2001. Disponível em: <www.curriculosemfronteiras.org>. Acesso em: 29 out. 2006.

HENRIQUES, Márcio Simeone (org.). *Comunicação e estratégias de mobilização social.* Belo Horizonte: Dom Bosco, 2002.

HUERTAS, Franco. *Entrevista com Matus: o método PES.* São Paulo: Fundap, 1997.

KUNSCH, Margarida Maria Krohling. Relações públicas comunitárias: um desafio. *Comunicação & Sociedade,* São Bernardo do Campo, PósCom-IMS, v. 6, n. 11, p. 131-50, jun./dez. 1984.

_____. "Propostas alternativas de relações públicas". *Revista Brasileira de Comunicação,* São Paulo, Intercom, n. 57, p. 48-58, 2. sem. 1987.

_____. *Planejamento de relações públicas na comunicação integrada.* 4. ed. rev. e ampl. São Paulo: Summus, 2003.

_____. Planejamento estratégico para a excelência da comunicação. In: KUNSCH, Margarida Maria Krohling (org.). *Obtendo resultados com relações públicas.* 2. ed. rev. São Paulo: Pioneira Thomson Learning, 2006, p. 33-52.

_____. (org.). *Obtendo resultados com relações públicas.* 2. ed. rev. São Paulo: Pioneira Thomson Learning, 2006.

LESLY, Philip. *Os fundamentos de relações públicas e de comunicação.* São Paulo: Pioneira, 1995.

MATUS, Carlos. *Teoria do jogo social.* Tradução de Luis Felipe Rodriguez Del Riego. São Paulo: Fundap, 2005.

NIRENBERG, Olga; BRAWERMAN, Josette; RUIZ, Violeta. *Programación y evaluación de proyectos sociales: aportes para la racionalidad y transparencia.* Buenos Aires: Paidós, 2003.

Planejamento e gestão estratégica das...   309

OLIVEIRA, Rosiska; OLIVEIRA, Miguel Darcy de. Pesquisa social e ação educativa: conhecer a realidade para poder transformá-la. In: BRANDÃO, Carlos Rodrigues (org.). *Pesquisa participante*. 5. ed. São Paulo: Brasiliense, 1985.

PARTICIPANDO. *Planejamento participativo*. Disponível em: <http://www.participando.com.br/>. Acesso em 30 out. 2006.

QUEIROZ, Marco. O planejamento estratégico e as organizações do terceiro setor. In: VOLTOLINI, Ricardo (org.). *Terceiro setor: planejamento e gestão*. 2. ed. São Paulo: Senac, 2004, p. 35-58.

TONI, Jackson de. O que é o planejamento estratégico situacional? *Revista Espaço Acadêmico*, n. 32, jan. 2004. Disponível em: <www. espacoademico.com.br/>. Acesso em: 19 ago. 2006.

TORO, José Bernardo; WERNECK, Nísia M. Duarte. *Mobilização social: um modo de construir a democracia e a participação*. 1. reimpr. Belo Horizonte: Autêntica, 2005.

# 2. Relações públicas na gestão da comunicação institucional no terceiro setor

*Fred Izumi Utsunomiya*

A crescente influência de organizações do terceiro setor, sobretudo nas duas últimas décadas, as qualifica como ativas protagonistas na construção e transformação da realidade social. A progressiva e veloz mudança da humanidade, marcada pela adoção de um paradigma neoliberal de desenvolvimentismo tecnológico, exige das organizações maior sofisticação em termos de planejamento e gestão. As ONGs, com suas estruturas mais horizontalizadas e priorizando propostas de intervenção social, habilitam-se como usuárias potenciais e beneficiárias do uso de técnicas de relações públicas na gestão de sua comunicação institucional, no contexto do setor não-lucrativo.

Desenvolver relações públicas em uma organização é realizar um exercício planejado de comunicação entre dois sujeitos. Não importa se um dos sujeitos é uma instituição, uma empresa ou uma organização não-governamental, muito menos se o outro sujeito também é uma empresa, ou mesmo um indivíduo – pessoa física, cidadão. Esse "relacionamento" não é apenas uma via de comunicação de mão única, mas um processo que pode ser comparado à atuação de personagens em um palco de uma peça teatral, onde os protagonistas têm papéis a desempenhar e interagem, com suas qualidades e defeitos, defendendo suas posições, relacionando-se e transformando a realidade social (desenvolvendo o enredo), diante de uma platéia que observa tudo, influenciando e sofrendo influências no desenrolar da trama.

Embora não haja um "final" nessa "história" – pois o roteiro não é predeterminado –, não há lugar para improvisos. O desempenho de cada

Relações públicas na gestão da comunicação...

"ator" fica registrado nas páginas da história. Diante da atuação de atores sociais (governo, empresas, ONGs) que influenciam na construção da agenda de prioridades locais, nacionais e internacionais, bem como no desenvolvimento dessas prioridades, o cidadão/espectador comum assiste a tudo por meios de comunicação, sem, muitas vezes, ter papel ativo nesse processo. Freqüentemente, sua atuação resume-se em participar apenas como consumidor (no caso do segundo setor) ou eleitor (no caso do primeiro setor).

Mas é justamente esse "distanciamento" que uma eficaz gestão da comunicação institucional pode quebrar, possibilitando ao "cidadão comum" o acesso ao "palco" onde se desenvolvem esses enredos (afinal, o terceiro setor é a expressão da "sociedade civil"). A profusão de informações disponíveis para o cidadão (revistas, jornais, tevê, rádio, internet), o acesso a recursos tecnológicos de interatividade (e-mail, telefone celular, transações bancárias por computador e cartões de crédito) e o aumento da consciência participativa de uma boa parte da população (em função do processo histórico de abertura política[1]) mudam profundamente o panorama de possibilidades de participação no desenvolvimento do enredo histórico.

As organizações precisam se comunicar com os diversos públicos ao seu redor de forma transparente e quase que imediata. A gestão da comunicação institucional e o desenvolvimento de práticas de relações públicas no terceiro setor têm características distintas daqueles nos setores empresarial e governamental. Um grande diferencial é a defesa de causas sociais, ambientais ou ideológicas se sobrepor à finalidade de lucro ou de interesses políticos. Esse pressuposto exige uma qualidade maior do nível de comunicação, pois as "trocas" envolvidas nesse contexto são extremamente simbólicas, o que aumenta a complexidade do processo no terceiro setor.

Enquanto no primeiro e no segundo setores a comunicação possui dois interlocutores básicos (o governo e o cidadão – no caso do

---

1 Conforme Kunsch (1997, p. 64), a comunicação organizacional atinge o seu auge em 1985, com a abertura política do Brasil, quando as empresas começam a compreender que há necessidade de maior transparência em sua gestão e que suas relações com a sociedade deveriam seguir a via democrática.

primeiro setor; a empresa e o cliente – no caso do segundo setor), no terceiro setor a comunicação deve se dar entre a organização e o beneficiário e a organização e o mantenedor (ver esquema abaixo). Se no primeiro e no segundo setores ocorre uma "troca" para que haja um relacionamento equilibrado, no terceiro setor essa troca se dá, na verdade, mediante a intermediação da organização sem fins lucrativos. A manutenção de um nível de relacionamento satisfatório exige um esforço de comunicação maior por parte da instituição.

## FLUXO DE COMUNICAÇÃO E DE TROCAS NOS DIFERENTES SETORES

Primeiro setor

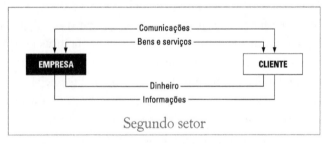

Segundo setor

Terceiro setor

O beneficiário desse processo de comunicação do terceiro setor, no entanto, será o indivíduo, o cidadão que, inserto no contexto de uma comunidade atuante, deixando a condição de mero espectador, torna-se sujeito no desenvolvimento do processo histórico que estará vivenciando. No final, portanto, é a sociedade como um todo que sai ganhando, pois, em tese, o objetivo final de uma organização do terceiro setor é beneficiar a comunidade.

Mas, para compreender melhor como poderia ser desenvolvido esse potencial transformador, é importante destacar a função estratégica da gestão da comunicação de uma organização, sobretudo porque a sociedade avançou, acelerando o nível de informação do cidadão médio, que passou a cobrar eficiência e eficácia dos produtores, além de se preocupar com a qualidade de vida, com a questão ambiental e com a ética nas relações[2].

## Organização, gestão e comunicação

Segundo Tenório (1997, p. 17), *organização* "é o agrupamento de pessoas e recursos – dinheiro, equipamentos, materiais, informações e tecnologia – com o objetivo de produzir bens e/ou prestar serviços". Pode-se utilizar esse mesmo enunciado para definir "instituição", enfatizando o aspecto "essencial"[3] da organização/instituição em detrimento de sua dimensão "operacional". Entenda-se, portanto, o termo "organização" como sinônimo de "instituição" e, conseqüentemente, a "comunicação institucional" como "comunicação organizacional".

---

2 Freitas (1995), Pringle e Thompson (2000) e Melo Neto (2001) citam o "novo contexto" em que relações públicas e marketing social devem ser utilizados pelas empresas para exercer sua "cidadania empresarial".

3 "Instituição" parece referir-se ao aspecto "espiritual", ou seja, conceitual ou filosófico de uma entidade. "Organização" remete ao aspecto "corpóreo", funcional do mesmo objeto. Portanto, ao se empregar os termos "instituição/institucional" e "organização/organizacional" utilizam-se óticas distintas para referenciar o mesmo objeto: "grupo de pessoas articuladas para atingir determinados objetivos comuns".

Apenas o agrupamento de pessoas e recursos não é suficiente para garantir que um empreendimento obtenha sucesso. É preciso que ele seja realizado no momento certo com a alocação adequada e direcionada de recursos. É imprescindível que haja um *gerenciamento* entre as instâncias que constituem a organização. Para Tenório (1997, p. 17), *gerenciar* é "a ação de estabelecer ou interpretar objetivos e de alocar recursos para atingir uma finalidade previamente determinada". Tão importante quanto constituir uma organização em torno de um objetivo é elaborar um plano de ação (planejamento) e executá-lo (gestão) da forma mais eficaz possível. *Gerenciar*, neste texto, portanto, tem o mesmo sentido de *administrar*, de *fazer gestão*. Em uma acepção mais ampla, a *gestão de um projeto* envolve o planejamento, a execução, o controle e a avaliação de todo o processo. Podemos, apenas para fins didáticos, desmembrar o planejamento da execução, sobretudo, quando ela é um processo contínuo, como a gestão de uma organização.

A *gestão da comunicação* institucional (ou o "gerenciamento da comunicação organizacional") está diretamente subordinada ao conceito de *gestão organizacional*. A comunicação com os diversos públicos com os quais a instituição se relaciona é uma ferramenta utilizada pelas organizações no âmbito de fazer uma *gestão estratégica*, envolvendo conceitos como "missão", "objetivos" e "planejamento" de uma instituição. No meio empresarial, quando se diz que uma atividade é "estratégica", pressupõe-se que sua execução é fundamental para o desenvolvimento e sucesso da organização.

A "comunicação" de uma instituição refere-se ao relacionamento com outra(s) entidade(s) ou outro(s) indivíduo(s). Essas comunicações são de via dupla – processo dialógico – e, por meio desses processos comunicacionais, há mudanças de comportamento nas duas partes envolvidas. Em um mundo plural, mutante e competitivo, a boa gestão da comunicação se dá no contexto de um espaço onde a relação comunicacional entre os interlocutores deve ser cuidadosamente administrada em função da complexidade dos elementos envolvidos nesse processo (há variáveis de custos, operacionalidade, de disputas de influência e poder).

Podemos chamar esse espaço de cenário socioeconômico, político e cultural de uma sociedade. As organizações existem como atores sociais e sua "fala" e "atuação" podem ser relacionadas à "comunicação institucional" e à atuação efetiva na transformação da realidade social. Essa interação é sempre dialética e dinâmica. Nesse contexto, o silêncio também comunica e pode significar discordância, não-participação, desqualificação.

As organizações do terceiro setor podem ser muito diversas entre si, em razão de seus objetivos, suas origens históricas, sua localização geográfica e suas formas de financiamento[4], mas há, no entanto, um consenso em torno da idéia de que todas essas organizações, independentemente de seus objetivos, constituição e estrutura, precisam realizar uma gestão adequada de seus recursos para conseguir alcançar os objetivos para os quais foram criadas. A experiência da gestão das empresas privadas e das organizações públicas é uma referência natural para a gestão das organizações não-governamentais. Todas elas devem definir estratégias e objetivos, medir resultados e atuações para sobreviver e desenvolver padrões legítimos e aceitos de eficiência e eficácia. Ocorre, no entanto, que as especificidades do setor sem fins lucrativos em aspectos como o financiamento, a definição dos beneficiários, a articulação entre o pessoal remunerado e os voluntários exigem uma adaptação dos conceitos e das técnicas de gestão (Carvalho, 1995, p. 250). Não é diferente com a gestão comunicacional.

## Atores e "cenário social"

A realidade social pode ser representada por um cenário onde se verifica a performance das instituições em diversas perspectivas. É como se fosse um palco, onde existem, desfilam e se relacionam (ou se digladiam) as instituições sociais. As ações e "falas" de cada personagem provocam reações, e as interações entre os personagens (instituições) configuram novo ambiente social. Dessa forma, efetiva-se o processo de

---

4 Salamon e Anheier (1993) propõem a classificação de organizações por atividades e Hudson (1999), por propósitos, por fonte de recursos e por forma de governo.

construção e desenvolvimento social, político e econômico de uma comunidade. Os personagens possuem certo espaço e tem-se a expectativa de que desempenhem o papel esperado. Alguns surgem e somem inesperadamente do cenário, às vezes de modo imperceptível, outras vezes de forma desestabilizadora. E, como se sabe, apesar de os personagens serem caracterizados e haver um comportamento esperado, o roteiro é sempre imprevisível, inexistindo um "final feliz".

Sob o *ponto de vista econômico*, podemos dividir a sociedade em grandes conglomerados econômicos, alguns operando cooperativamente para o desenvolvimento de suas atividades, outros competindo entre si no mesmo nicho de mercado. Podemos considerar as empresas como unidades produtoras e consumidoras de bens e serviços, assim como as repartições públicas e mesmo as famílias ou indivíduos como "unidades" de consumo. Nesse palco, a lógica de mercado é que impulsiona o desenvolvimento do enredo. A atuação dos personagens baseia-se nas leis de oferta e procura e de busca maximizada pelo lucro. O governo e suas instituições agem como atores, desempenhando o papel ora de consumidores de produtos e serviços, ora de reguladores e interventores nas regras do mercado, por meio de leis, incentivos e pacotes econômicos.

De uma *perspectiva social*, do ponto de vista mercadológico, por exemplo, pode-se perceber a sociedade dividida em classes sociais, com unidades familiares distribuídas segundo padrões de consumo categorizados em classes (como o Critério Brasil); dividida em categorias de posição na cadeia produtiva: empregados, empresários, autônomos, trabalhadores informais etc.; ou então subdividida em categorias produtivas: bancários, metalúrgicos, médicos, funcionários públicos. Em todos os casos, o sentimento de coletividade pode viabilizar a existência de alguma organização que "atua" de acordo com os interesses dos grupos envolvidos. Isso ocorre em maior ou menor grau conforme a capacidade de organização e articulação das diversas "classes" existentes: sindicatos, associações patronais, movimentos salariais, grupos de protesto etc. Da mesma forma, empresas e governo são atores sociais nessa perspectiva socioeconômica e política.

Os atores organizacionais, portanto, dividem-se em vários grupos, com diversos interesses, mas utilizaremos a classificação social dos setores econômicos para compreender as forças que disputam o espaço no "cenário social":

• *Atores do primeiro setor*: organizações governamentais, que se valem de poder de coerção – teoricamente limitados por leis – e são financiados pela sociedade, procurando preservar o *status quo* das instituições segundo valores da livre iniciativa e da democracia, zelando pela ordem estabelecida, redistribuindo os recursos de forma não-igualitária na sociedade, promovendo – em instância final – o bem público. A "pessoa comum", sob este ponto de vista, é o cidadão, a pessoa física, o contribuinte, o eleitor.

• *Atores do segundo setor*: instituições privadas, com fins lucrativos, que seguem as leis de mercado e atuam conforme as normas estabelecidas pelo Estado e pela sociedade em geral. São financiados com recursos particulares e seus resultados econômicos são privativos também. Eventualmente, atuam em áreas do terceiro setor, promovendo, com recursos privados e filantropicamente, algum benefício público. Essas ações podem ser usadas para a prática do marketing social da instituição, com melhoria de imagem perante o público consumidor e a sociedade em geral. Nessa perspectiva, "a pessoa comum" é o cliente, o consumidor, o cliente potencial, o integrante do público-alvo.

• *Atores do terceiro setor*: organizações não-governamentais, de interesse público, que ora atuam com o Estado, ora contra ele; ora atuam com organizações do segundo setor, ora contra elas; e muitas vezes atuam em nome de grupos sociais em favor da sociedade (às vezes contra ela). Os recursos, oriundos do Estado, da iniciativa privada ou de organizações da sociedade civil, são geridos, de forma privada, para fins públicos, humanitários ou para promoção/defesa de causas de interesse social ou ambiental. Sob esta ótica, a "pessoa comum" é o cidadão, o integrante da comunidade, o público beneficiário, o mantenedor, o simpatizante, o ativista[5].

---

5 Essa contradição que envolve as organizações do terceiro setor deve-se, sobretudo, à visão interpretativa da realidade que as ONGs têm (Carvalho, 1995, p. 243-4). Elas poderiam ser classificadas em uma escala que parte de "conservadoras", passando por "moderadas" e chegando a "questionadoras" e "transformadoras". Seu posicionamento político-ideológico define sua forma e abrangência de atuação.

Portanto, em uma visão mais otimista da humanidade, todos os setores que constituem a sociedade – o governo, a iniciativa privada e as organizações sem fins lucrativos – estariam envolvidos no processo de atuação no cenário social, de acordo com algumas regras não escritas preestabelecidas. A atuação isolada de cada setor e a interação entre todos eles propiciariam o desenvolvimento de um "enredo social" – ou "processo social". No entanto, devido à complexidade das relações sociais, existe desde a colaboração até o embate entre alguns setores.

O governo pode adotar medidas econômicas ou fiscais que desagradam os empresários ou certos grupos sociais; as indústrias podem lesar os cofres públicos com a sonegação de impostos, poluir os rios da cidade e desprezar os direitos dos trabalhadores. Por outro lado, entidades do terceiro setor podem lutar contra irregularidades do governo ou defender direitos (ou privilégios) de minorias, assim como podem colaborar com outras empresas na oferta de educação para certos grupos sociais.

Essa diversidade de enfoques e aparente contradição reforça o conceito de palco (ou arena) onde atuam (ou se digladiam) os atores sociais modernos: as organizações e instituições. As formas de interação entre os atores, além de relações comerciais, burocráticas e de intervenções das mais diversas naturezas, compõem-se de processos comunicacionais envolvendo mídias, eventos, posicionamentos e declarações à imprensa e à comunidade. A plena identificação dos interesses de uma organização com o seu discurso nas mais variadas formas e o inverso – a total sintonia do discurso com os propósitos e objetivos da organização – são facetas de um bom trabalho de gestão comunicacional organizacional, que é extremamente positivo na "caracterização" do personagem, instrumento útil no cenário social em que a instituição está inserta.

## Roteiro e performance: planejamento e gestão

Ainda explorando elementos em nossa analogia teatral: se por um lado há um roteiro a ser desenvolvido pela organização no cenário social – algo que poderia ser comparado ao *planejamento estratégico* da instituição (que envolve os valores institucionais, a visão e missão da empresa) –, há também o *desempenho*, a performance da instituição nesse seu intento, que, por sua vez, relacionamos à *gestão*. A gestão da organização do terceiro setor, aproximando-se ou distanciando-se dos resultados planejados, é que determina aquilo que a sociedade (os outros atores sociais, ou a platéia) observará.

A comunicação organizacional é um tópico exercido permanentemente por uma instituição em diversos níveis. Podemos relacionar os resultados de sua administração à sua performance social pela avaliação dos resultados que as ações planejadas provocaram como resposta por parte dos diversos públicos desejados (comunicação).

Tomemos como exemplo determinada instituição de assistência a crianças em situação de risco, que deseja captar recursos materiais e logísticos de pequenas empresas para promover um evento a fim de angariar fundos. Essa organização também pretende efetuar a divulgação do evento gratuitamente nos meios de comunicação da região. Para aumentar as chances de obter sucesso em seus intentos (no cenário), dois aspectos estratégicos (que são seqüenciais) de comunicação institucional devem ser desenvolvidos pela organização/ator social: sua *identidade* (as características do personagem) e sua *proposta* (o seu papel no contexto).

A *identidade* pode ser definida como tendo três componentes:

a) *Imagem*: a percepção positiva que a instituição tem na mente do interlocutor é importante para ter credibilidade e atenção. "Quem é você?" é a pergunta que devemos responder ao entrar em cena. ONGs pequenas que cuidam de detalhes simples e subjetivos – tais como: dispor de uma logomarca e uma papelaria (cartão de visita, papel de carta, envelope) com uma boa programação visual; apresentar um bom folheto explicativo das atividades desenvolvidas; ter uma carta de apresentação do projeto redigido de modo claro e objetivo etc. – têm uma excelente oportunidade de deixar uma "boa impressão", "passar seriedade e profissionalismo" às empresas contatadas, colocando-se à frente daquelas que não dispõem de nada disso. É uma boa forma de se apresentar.

b) *Mensagem*: a apresentação em forma de texto ou imagem das atividades da ONG, a abordagem de seus representantes ante a sociedade, a divulgação da causa defendida nos meios de comunicação representam facetas do discurso da instituição, a sua "mensagem". A relevância de uma instituição precisa, muitas vezes, ser divulgada por meio de mensagens persuasivas. A persuasão não é apenas a "arte do convencimento" de forma enganosa, mas uma técnica de comunicação que apresenta – de maneira atraente, instigante e argumentativa – opiniões e pontos de vista daquele que está comunicando.

c) *Diálogo*: "Quem é você?" e "O que você quer?" são perguntas respondidas nos itens anteriores. Planejar "o que falar", quando e como, de modo contínuo, e estar preparado para "ouvir" e "dialogar" são elementos que caracterizam uma gestão responsável de comunicação. O cuidado na atualização de um site da instituição, além de ser importante na construção e preservação da imagem, é uma forma de manter um diálogo constante com os públicos de interesse. E dispor de tópicos de interesse nas páginas da internet é imprescindível para continuar a ser ouvido. Ter uma papelaria, um *folder* e um site são itens de um bom planejamento. Gerenciar o bom uso dessas ferramentas é uma boa gestão de comunicação. Esse diálogo permanente ajuda a construir um relacionamento em que as partes envolvidas se fortalecem e, no caso da ONG, a ganhar *credibilidade*, *reconhecimento* e *apoio*, elementos fundamentais para a continuidade da organização. Além disso, para organizações do terceiro setor, dar ouvidos e voz ao "cidadão comum" é, muitas vezes, engrossar as fileiras de apoiadores, mantenedores e simpatizantes da causa defendida. Em suma: aumentam-se a influência e o apoio do ator social no contexto em que ele representa.

O primeiro passo (não uma atividade pontual, mas um exercício permanente) que uma instituição precisa dar para desenvolver uma comunicação organizacional adequada é ter sua identidade claramente desenvolvida, para que seu papel seja compreendido pelos outros atores (e públicos). A "presença" de uma organização do terceiro setor tanto no palco social como na mente do cidadão é um imperativo para sua sobrevivência e seu sucesso. O grau de importância que ela ocupa nesses espaços deve-se com certeza à sua clareza de apresentação (imagem) e ao nível de persuasão de sua proposta (mensagem). Esses dois elementos comunicacionais devem ser competentemente administrados ao longo do tempo, e o fruto desse esforço deverá ser mantido com o diálogo (ferramentas de relacionamento) permanente e adequado aos tempos de instabilidade e incerteza.

O segundo aspecto para o desenvolvimento de uma comunicação organizacional adequada ao cenário social, o qual também é um passo subseqüente à formulação da identidade, é a *proposta* de atuação ao longo do tempo. Nesse passo, a *identidade* é revista e mais bem explorada, por meio da identificação de valores, do estabelecimento da visão e da missão da organização, bem como da determinação de seus objetivos, estratégias e filosofia de trabalho. Um plano bem estruturado ao longo de um período, que definirá as ações, as prioridades, a alocação de recursos, a análise de riscos e planos de contingência e outros elementos de planejamento estratégico, é fundamental nesta fase. Não basta apenas assumir uma identidade, é preciso planejar cuidadosamente sua atuação, prioritariamente em determinado espaço de tempo. A gestão desse plano é a melhor forma de atuação social. O "improviso" dá margem a muitos problemas, fracassos e até ao fim da instituição.

Em um mundo onde as comunicações são instantâneas, a sociedade como um todo é mais bem informada e atuante, a agilidade em se posicionar, comunicar e propor torna as organizações verdadeiros "atores" no palco socioeconômico, com "falas", "performance" e até "comportamentos esperados" (seguir o "roteiro" de comportamento que se espera de determinada instituição). Uma empresa que tem uma fábrica instalada em certa comunidade precisa se relacionar permanentemente com ela, a fim de obter aprovação e simpatia, elementos sem os quais sua continuidade estaria ameaçada, no contexto de uma sociedade democrática e progressista.

Se, por um lado, a comunidade em torno de uma organização tem expectativas quanto à sua atuação, outros públicos – não necessariamente de um contexto geográfico imediato – também têm expectativas não somente quanto à sua atuação comercial, mas até quanto ao seu posicionamento ideológico e político. A imprensa, grupos de pressão, órgãos do governo, entre outros, devem ser continuamente contatados mediante um planejamento prévio e uma execução ágil e consistente (gestão). *Press releases*, eventos envolvendo líderes e integrantes de diversos segmentos da sociedade devem ser uma rotina em instituições que compreendem o papel social no qual estão insertos, onde as empresas precisam ser *cidadãs* e até protagonistas de transformações sociais.

Por outro lado, organizações não-governamentais muitas vezes encabeçam essas reivindicações da sociedade e expressam pontos de vista até extremamente particulares de determinados grupos (uma associação de moradores de uma região, por exemplo), mas, em todo caso, fomentando a discussão e apontando agendas que deveriam ser prioritárias para o governo, para outras empresas e para a sociedade como um todo.

## O desafio da gestão da comunicação organizacional no terceiro setor

As técnicas de relações públicas, na gestão dos processos de comunicação institucional, são uma ferramenta estratégica para o desempenho das organizações, sejam elas governamentais, privadas com objetivo de lucro ou não-governamentais sem fins lucrativos. As organizações hoje têm nome, "cara" e personalidade, fazem "pronunciamentos" e "pensam". No entanto, suas "falas" são produzidas no contexto de comunicação institucional, por meio de sua comunicação comercial (publicitária e mercadológica) e de sua comunicação "não-comercial", por "assessoria de imprensa", "área de relações corporativas" ou "área de relações públicas".

Por essas complexidades demandadas nas relações mercadológicas modernas, e mais as especificidades características na dinâmica das organizações do terceiro setor, a comunicação com os públicos em torno da instituição, que muitas vezes é uma "atividade periférica" em organizações públicas e privadas, torna-se prioritária em organizações sem fins lucrativos. Também o uso de técnicas de relações públicas às vezes defendendo pontos de vista incompatíveis com a busca do bem da sociedade é um fator de reflexão para os profissionais da área de comunicação institucional – publicitários, jornalistas, relações-públicas, gestores de comunicação.

Não são apenas o governo ou as empresas que visam ao lucro que empregam de forma maniqueísta os instrumentos de comunicação. Organizações do terceiro setor podem cometer – voluntária ou involuntariamente – esse erro. Portanto, a busca e a afirmação constante da identidade da organização são fundamentais para exercer uma boa gestão comunicacional, uma vez que a transparência é um dos valores mais importantes em uma sociedade democrática. A compreensão das similaridades e das diferenças dos processos de comunicação e de troca entre os distintos setores também é muito importante para o bom desempenho da organização.

O grande desafio que o terceiro setor apresenta é a volta do protagonismo da comunidade, seja ela delimitada em função de uma localidade geográfica ou formada em torno de interesses e objetivos comuns. A defesa de idéias e direitos em benefício da sociedade precisa encontrar amparo nas articulações das organizações da sociedade civil, em especial daquelas envolvidas em causas sociais. A comunidade pode e deve se organizar e participar como ator social devidamente preparado para o embate no cenário sociopolítico e econômico.

Pleitear verbas públicas, solicitar apoio financeiro a empresas, intervir efetivamente no contexto social, obter espaço privilegiado na mídia, ganhar legitimidade na sociedade são exemplos de ocupação de espaço e desempenho no cenário social com atuações esperadas para esses atores.

A comunicação não deve ser utilizada tão-somente pelo poder público – com seu potencial aparato repressor –, nem apenas pelo setor privado – representado pelas grandes e pequenas corporações, embasadas em seu poderio econômico e sua influência política –, mas pelas legítimas correntes das comunidades que formam a sociedade e representam os interesses do cidadão e do ser humano.

Nem forças do governo nem forças do mercado. A força da comunidade. O roteiro da trajetória humana rumo a uma nova utopia.

# Referências

CARVALHO, Nanci Valadares de. *Autogestão: o nascimento das ONGs*. 2. ed. São Paulo: Brasiliense, 1995.

FREITAS, Sidinéia Gomes. Gestão comercial: um enfoque de relações públicas. In: CORREA, Tupã Gomes (org.). *Comunicação para o mercado*. São Paulo: Edicon, 1995.

HUDSON, Mike. *Administrando organizações do terceiro setor: o desafio de administrar sem receita*. São Paulo: Makron Books, 1999.

KUNSCH, Margarida Maria Krohling. *Relações públicas e modernidade: novos paradigmas na comunicação organizacional*. São Paulo: Summus, 1997.

MELO NETO, Francisco Paulo de. *Responsabilidade social e cidadania empresarial: a administração do terceiro setor*. 2. ed. Rio de Janeiro: Qualitymark, 2001.

PRINGLE, Hamish; THOMPSON, Marjorie. *Marketing social*. São Paulo: Makron Books, 2000.

SALAMON, Lester; ANHEIER, Helmet. *A comparative study of the non-profit sector. Researching the voluntary sector*. Kent: Charities Aid Foundation, 1993.

TENÓRIO, Fernando G. *Gestão de ONGs: principais funções gerenciais*. São Paulo: FGV, 1997.

# 3. A geração de diagnóstico na gestão dos processos comunicacionais de ONGs

*Henrique Wendhausen*

Este capítulo discorre sobre aspectos que caracterizam e fundamentam uma abordagem para a gestão dos processos comunicacionais de organizações não-governamentais de uma perspectiva dialógica e transformadora, no contexto de sua evolução histórica. Destaca-se a importância de se respeitarem as especificidades e as idiossincrasias dessas organizações, sobretudo daquelas identificadas com movimentos sociais e populares. E fazem-se algumas propostas teóricas e práticas, indicando alguns passos e questionamentos que podem contribuir para uma metodologia de relações públicas mais apropriada para aplicação em organizações não-governamentais e/ou comunitárias, com enfoque em parâmetros e aspectos mais congruentes para a geração de diagnóstico.

Quando as primeiras organizações não-governamentais surgiram no Brasil, em boa parte há quatro décadas passadas, o mundo era cindido pela Guerra Fria na esfera internacional e aconteciam mudanças inter-relacionadas em aspectos econômicos, políticos, tecnológicos e culturais, que eram fatores motivadores para a (re)construção de uma nova ordem mundial. Gradativamente, foi se firmando uma maior oligarquização do quadro econômico internacional, sobretudo com a consolidação do poder das empresas transnacionais e de grandes conglomerados financeiros. Como contrapartida a esta tendência oligarquizante, as organizações do setor público-comunitário tenderam a ocupar os espaços antes restritos aos governos, com objetivos de promoção da cidadania, na busca ao acesso de bens de consumo, na defesa de direitos e na luta pela democracia política e cultural. Foi nesse cenário que as primeiras organizações não-governamentais nasceram em consonância com os movimentos sociais, consubstanciando seus propósitos e suas praxes, e atuando na elaboração e no controle das políticas públicas.

O trabalho desenvolvido por estas organizações não-governamentais, em especial na América Latina, fundamentava-se em metodologias de educação popular, muitas vezes com base em uma atuação de caráter multi e interdisciplinar e com a utilização de combinações de meios de comunicação diversos, notadamente aqueles que privilegiavam o diálogo no processo de interação para a transformação social. O setor comunitário continuou em seu decurso expansivo e, na década de 1990, surgiram novas organizações com modos de atuação social e perfis muito distintos, cuja semelhança mais flagrante era o fato de atuarem sem fins lucrativos.

Inicialmente, neste artigo, encaminharemos uma breve caracterização do universo das organizações não-governamentais. Em um segundo momento, passaremos a tratar de algumas experiências de relações públicas comunitárias e de questões relativas à gestão dos processos comunicacionais de organizações não-governamentais, enfatizando algumas possibilidades e elementos que podem contribuir para a problematização e para a compreensão de valores e atributos. Priorizaremos o dispositivo apresentado por Vizer (2003), por considerarmos suas proposições mais adequadas para a elaboração de diagnósticos, sobretudo pelo reconhecimento de subjetividades e da valorização de identidades. Buscamos, dessa forma, alternativas para contrapor a tendência atual da simples transposição de metodologias tradicionais do setor empresarial para os processos de gestão de organizações não-governamentais.

## De quais ONGs estamos falando?

A expressão "organizações não-governamentais" (ONGs) originou-se do idioma inglês, trazendo em si referência à forma mais comum

A geração de diagnóstico na gestão dos...

para o seu financiamento. O termo *non-governmental organizations* (NGOs) provém de agências ou entidades internacionais e supranacionais financiadoras de projetos de desenvolvimento e assistência em favor de populações carentes em todo o mundo, que não se estabeleceram por acordos governamentais[1]. Montenegro (1994) afirma que o termo foi mencionado pela primeira vez em documento da Organização das Nações Unidas (ONU), em 1945. A autora faz referência a diversas outras denominações similares, tais como *non-profit organizations* (NPOs), organizações não-governamentais de desenvolvimento (ONGDs), associações privadas de desenvolvimento (APDs), organizações voluntárias privadas dedicadas ao desenvolvimento (OVPDDs), centros de promoção, associações voluntárias, entidades de animação (na África) e organizações voluntárias (na Ásia). Encontramos, ainda, a denominação organizações não-governamentais de assessoria popular ou organizações de assessoria popular (OAPs), em Senna Filho (1994).

No Brasil, inexiste estatuto jurídico para a denominação organização não-governamental (ONG). Uma ONG pode ser constituída por cidadãos reunidos em torno de objetivos comuns, cujas ações não resultem em lucro para os seus membros e o corpo diretivo. Com essas características, a legislação brasileira se restringe a três possibilidades de formatos institucionais: fundação, associação e organização religiosa. Entretanto, freqüentemente, outras siglas e expressões que não correspondem às formas previstas na lei são confundidas com ONGs. Apontamos como exemplos a organização social (OS), a Organização da Sociedade Civil de Interesse Público (Oscip)[2], institutos, entidades filantrópicas, assistencialistas

---

1 Por outro lado, muitas ONGs brasileiras durante o período do regime militar autoritário fizeram questão de se identificar pelo que não são: não-governamentais. Essa peculiar forma de alteridade pode ser atribuída a uma linha de enfrentamento que compreendia o Estado como um adversário a ser desafiado de forma contínua em função do contexto histórico.

2 No Brasil, foi assinado o Decreto nº 3.100, de 30 de junho de 1999, o qual regulamenta a Lei nº 9.790, de 23 de março de 1999, denominada Lei das Organizações da Sociedade Civil de Interesse Público. Ele disciplina o processo de obtenção, do Ministério da Justiça, da qualificação de Organização da Sociedade Civil de Interesse Público (Oscip), bem como a formação e execução do Termo de Parceria, instrumento contratual para as alianças entre essas organizações e o Estado.

ou de utilidade pública, organizações que em alguns casos podem usufruir de títulos e qualificações certificados pelo poder público.

Optamos pela denominação ONG, por ser a mais utilizada no Brasil quando essas organizações se auto-referem. ONGs constituem um conceito amplo e diverso, de difícil precisão, pois não há consenso sobre uma tipologia. Existem diferentes classificações e denominações, as quais, em geral, buscam solucionar parcialmente um problema, estudo ou pesquisa em questão, mas sem abarcar a totalidade das organizações em todas as suas características de identidade e propriedades. São qualificadas como organizações privadas, sem fins lucrativos, com algum grau de trabalho voluntário e detentoras de funções pertinentes ao interesse público ou a serviço dele. Geralmente, essas organizações atuam em benefício de grupos sociais menos favorecidos. Algumas trabalham com temáticas pautadas pela agenda internacional e outras com bases mais populares e localizadas. Suas ações são variadas, podendo envolver assessoria técnica em diversos campos do conhecimento, prestação de serviços, apoio com material logístico, incluindo outras formas criativas de mobilização, incentivo e solidariedade para diferentes segmentos da sociedade.

No que se refere aos formatos organizacionais e respectivos processos de interação entre atores das ONGs brasileiras, Scherer-Warren (1999) visualiza dois tipos principais: ONGs que atuam em movimentos populares, em associações de bairro, em outros grupos comunitários, como minorias ou excluídos, buscando desempenhar papel mediador entre eles e a gestão pública, ou ainda em processos educativos e organizacionais. Incluem-se nesse grupo os Centros Populares de Educação ou Promoção, as várias Pastorais Sociais, ONGs que trabalham com crianças e adolescentes e outros similares. Temos ainda ONGs cujos membros atuam em favor de uma identidade própria, ou seja, organizam-se em torno de uma causa comum como discriminação, desigualdade ou degradação da qualidade de vida, em que esses atores se consideram partícipes da situação. Esse é o caso de ONGs orientadas para questões ecológicas, feministas, étnicas, pacifistas e outras afins.

A atual conjuntura das ONGs encontra-se em sintonia com os avanços e as novas demandas da sociedade, que se manifestam na fragmentação das causas e na heterogeneidade de propostas e projetos, apesar de muitos dos problemas de outrora, sobretudo os de caráter econômico, ainda não terem um desfecho plausível. As ONGs de caráter militante e identificadas com movimentos sociais, por serem geridas predominantemente de forma a ir ao encontro do interesse público, são capazes de criar valores e inovações no seio social, de produzir cooperação e confiança com base em autogestão e participação.

## Repensando o diagnóstico para a gestão de ONGs

O papel do novo profissional de comunicação, segundo Didoné e Menezes (1995), consiste em atuar como gestor de processos comunicacionais, entendendo-se essa atuação em dois momentos: em um primeiro, deve-se elaborar uma análise ou um diagnóstico sobre situações comunicacionais dadas, tanto em nível de macrossociedade como de microssociedade; em um segundo, articular os elementos de dado processo de comunicação para que se encontre o necessário encaminhamento na busca das soluções adequadas. Não obstante, alertamos que a atividade de relações públicas, quando aplicada a ONGs, núcleos comunitários ou movimentos populares, apresenta condições que lhe são próprias, pois os interesses não se amparam na lógica do capital nem nas teorias de comunicação e informação que tratam o interesse dos públicos com fim de um controle vertical, ou seja, de cima para baixo. O centro da questão diz respeito ao fato de que os paradigmas e métodos tradicionais de relações públicas focam as soluções no poder deliberante das organizações, geralmente de forma vertical, para atender a interesses corporativos. No entanto, isso é aparentemente impróprio para as ONGs, tendo em vista que suas estruturas organizacionais tendem a ser mais flexíveis, e as relações de poder se orientam de forma mais horizontal e genuína quanto ao interesse público, matriz de sua própria existência.

A pesquisa que realizamos em ONGs ligadas ao Canal Comunitário de Porto Alegre[3] (Wendhausen, 2003) trouxe à luz algumas tendências sobre a gestão dos processos comunicacionais dessas organizações. De modo geral, não encontramos uma administração profissional do processo de comunicação nessas ONGs. As ações de comunicação tendiam a ser definidas à medida que os problemas apareciam, o que se revelou em função da ênfase dada nas falas sobre a necessidade de implementação de instrumentos de comunicação e na ausência de planejamento. As políticas de comunicação apresentavam uma propensão à informalidade que era construída com base em um espírito de solidariedade, participação e em outros valores advindos da própria causa pela qual se lutava. Este pendor à incorporação de novos valores, aliado à prática da auto-expressão em liberdade, fazia que essas ONGs apresentassem uma vocação para homogeneizar e flexibilizar as relações de poder de suas estruturas organizacionais.

Verificamos que a carência de recursos e a dependência da disponibilidade voluntária dos agentes dessas ONGs, que na sua maioria não eram remunerados, faziam que suas ações fossem mais lentas e não-sistemáticas. O grau de recompensa pelo trabalho desenvolvido nestas organizações era muito subjetivo e revestia-se de qualidades humanitárias e éticas muito diferentes das organizações públicas e privadas, que têm nos salários e outros benefícios trabalhistas sua principal gratificação e motivação. Outro aspecto que foi bastante assinalado pelas ONGs refere-se à necessidade de obtenção de aceitação (acolhimento pelos públicos), reconhecimento e divulgação de seu nome (equivalendo a uma marca) e das ações que desenvolvem. Esta preocupação manifestou-se nas referências aos termos "credibilidade", "identidade" (voz do movimento) e "imagem institucional" e, também, em mostrar o que se faz.

---

3 Este trabalho buscou formular uma compreensão da dinâmica dos processos de gestão da comunicação de um conjunto de ONGs identificadas com movimentos sociais. Constituiu-se a partir de um estudo de caráter formulador e qualitativo, de cunho descritivo-interpretativo, tendo como principal instrumento de coleta de dados a entrevista semi-estruturada. Tais entrevistas foram aplicadas à diretoria de seis ONGs ligadas à Associação das Entidades Usuárias do Canal Comunitário de Porto Alegre (RS), órgão gestor do Canal 14 (tevê por assinatura operada pela NET/Sul), cujos dirigentes também foram ouvidos.

Nos tópicos em que questionamos as necessidades, os pontos fortes e fracos da gestão da comunicação dessas ONGs, destacamos a ênfase dada pelos entrevistados aos instrumentos capazes de dar visibilidade às ações institucionais. Esses instrumentos e tecnologias comunicacionais, de modo geral, eram semelhantes às práticas adotadas pelas organizações privadas e públicas. Essas ONGs já faziam uso ou aspiravam a fazer uso de técnicas tradicionais de comunicação e promoção, mas esbarravam na escassez de recursos, pois os meios para veicular as mensagens geralmente são caros, além de exigir conhecimentos e habilidades técnicas especializadas.

Em relação a aspectos metodológicos e técnico-instrumentais sobre relações públicas aplicadas em organizações comunitárias, Eugênia Wendhausen (1994) propõe uma análise de situação/conjuntura que conduz a um planejamento participativo, desde o diagnóstico até a sua avaliação. O texto apresenta e compara os passos tradicionais da atividade e do processo de relações públicas, normalmente aplicados às empresas, propondo uma metodologia original de abordagem para comunidades, tendo sido, até mesmo, concretizada por meio de pesquisa-ação (Wendhausen, 1990). Sob este prisma, o profissional de relações públicas pode ser o catalisador do processo entre o saber formal e o saber informal, na qualidade de animador sociocultural de comunidades, projetando a idéia da função social da atividade de relações públicas.

Animação sociocultural consiste em um conceito e em uma metodologia que se encontra em Ander-Egg (1992), dizendo respeito ao processo mediador da ação de estímulo e mobilização de indivíduos, grupos e coletividades. A animação sociocultural tem uma função político-cultural que se expressa na instrumentação de ações sistemáticas capazes de promover atividades e a criatividade social, gerando espaços de encontro e relação que levam ao desenvolvimento da compreensão crítica ante diferentes formas de dominação cultural. Ainda segundo o autor, como conjunto de métodos e técnicas específicas, a animação sociocultural é uma tecnologia social que, baseada em uma pedagogia participativa, tem por finalidade atuar em diferentes âmbitos para facilitar a construção da qualidade de vida, promovendo, estimulando e canalizando a participação das pessoas para que alcancem seu próprio desenvolvimento sociocultural.

Eugênia Wendhausen (1994) considera o diagnóstico um processo que deve ser gerado coletivamente como um grande exercício de síntese dos problemas, expectativas e aspirações de uma comunidade. Este deve se consolidar em um documento que se transforma em bandeira na luta por mudanças sociais e resulta de uma cuidadosa pesquisa-ação. Esse exercício de situar-se em relação à realidade da comunidade implica o levantamento de dados de forma conjunta em reuniões e encontros com suas lideranças e seus membros, pautando seus temas para gerar sugestões e discutir aspectos favoráveis e desfavoráveis da conjuntura, em todas as dimensões passíveis de ser melhoradas. No caso do estudo supracitado, foram realizados seminários de desenvolvimento e criado um Conselho Pró-Desenvolvimento[4], que funcionou como um fórum de debates na busca pela sintonia de interesses, inspirado nos Círculos de Cultura de Paulo Freire.

Vizer (2003) propõe um dispositivo analítico para intervenção social, considerado um instrumento que permite uma descrição ao mesmo tempo objetiva e subjetiva do processo de construção social, para grupos institucionalizados ou não, por meio de uma metodologia de investigação participativa capaz de levar à realização de autodiagnósticos construídos em comum entre o investigador-coordenador e os atores sociais. O objetivo central dessa proposta se sustenta pela hipótese de que o diagnóstico é uma forma de produção de conhecimento que permite avaliar as melhores possibilidades alternativas de intervenção e modificação de uma realidade problemática.

Essa metodologia se assenta em seis eixos e/ou dimensões de categorias com possibilidades de variáveis analíticas que permitem dar sentido e valor para a geração de redes e tramas sociais. Essas variáveis instrumentais, políticas, normativo-valorativas, espaciais e temporais, culturais e afetivas, segundo o autor, fazem-se presentes nos diferentes domínios e

---

4 Neste caso foi utilizada uma metodologia simples e acessível, que consistiu em afixar papel *kraft* na parede da associação, enquanto o "animador", munido de pincel atômico, registrou *com eles e para eles as avaliações* e os novos planos, de forma que todos pudessem relembrar e comprovar a evolução do trabalho e as respectivas responsabilidades por áreas de atuação.

A geração de diagnóstico na gestão dos...                                    333

escalas da vida social e no mundo da vida cotidiana. Elas estão presentes em cada uma das diversas práticas sociais, tanto em uma escala coletiva como em nível institucional. O entrecruzamento das categorias e variáveis permite a elaboração de hipóteses "brandas" de interpretação e análise com vistas à realização de diagnóstico.

O primeiro eixo trata das práticas e ações instrumentais, entendidas como técnicas associadas à produção e à transformação dos recursos necessários para o funcionamento de um sistema ou organização comunitária, com vistas à consecução de seus objetivos. Devem ser consideradas as condições dos meios, dos recursos, a posse e o acesso aos meios de produção, de circulação e de consumo. Ou seja, um primeiro plano de análise deve privilegiar a estrutura produtiva, os processos econômicos e as circunstâncias das condições de trabalho.

O segundo eixo se refere à organização política, dimensão associada ao exercício de poder instituído, ao controle e às hierarquias internas e externas com relação à desigualdade e tomada de decisão. Corresponde a aspectos paradigmáticos de organização e legitimação de um sistema, uma estrutura de domínio social e de sua variação e seu alcance espacial. Trata-se de uma reflexão sobre proposições e hipóteses que consideram uma idéia de análise "vertical" sobre estruturas e práticas institucionalizadas de igualdade-desigualdade, concepções e práticas democráticas *versus* autoritárias.

O terceiro eixo, denominado normativo-valorativo, está associado às práticas cotidianas e a seus processos comunicativos e simbólicos, relativos a uma visão mais informal, espontânea e particular de exercício da cidadania e do direito tanto público como privado. Corresponde ao mundo das práticas sociais, mas a diferença, em relação ao ponto de vista expresso no eixo anterior, é que esse se centra na análise e interpretação de um sentido mais "horizontal" das relações sociais, no que diz respeito à igualdade e aos direitos à diferença entre indivíduos, grupos e setores sociais, nas diferenças de gênero e cultura, e na redefinição do público e do privado. Pressupõe a análise da organização formal e informal, seus valores e normas, conflitos e diferenças, formas de expressão e de participação.

O quarto eixo proposto pelo autor trata da dimensão espacial-temporal no sentido da vida construída como realidade material e simbólica, no entrecruzamento tanto estrutural como histórico, de múltiplos processos temporais que reproduzem e estruturam diferentes espaços e territórios sociais, tanto públicos como privados. A construção dos espaços e dos tempos pode ser analisada em três dimensões diferentes: físico-material, simbólico-comunicacional e imaginária. Analisa-se a constituição material e simbólica do espaço físico e dos tempos sociais para todas as dimensões. Quanto aos espaços, devem-se considerar o desenho e a distribuição de objetos e pessoas, de circulação, de reunião e de concentração. Quanto aos tempos, analisam-se a constituição e a regulação temporal das atividades ligadas a todas as dimensões.

O quinto eixo faz referência aos vínculos de associação interpessoal e afetiva, em que os seres humanos podem transformar os objetos e outros seres humanos em objetos do desejo (o autor se apropria de um termo psicanalítico). Considera fundamental analisar tanto as formas instituídas como as que concorrem para a geração e manutenção de vínculos, de laços sociais e de parentesco, que possam ser envolvidas por um sentimento, bem como as redes de proteção e de contenção social. Portanto, deve-se procurar entender as organizações efetivas de associação, afiliação e contenção social dos grupos e redes sociais, de família e de outros níveis de parentesco. O "cultivo" da vida cotidiana como "mundo da vida". O grau de privacidade e realização individual.

O sexto eixo proposto por Vizer alude a uma dimensão cultural, imaginária e mítica, na qual as narrações, as cerimônias e os rituais articulam uma identidade e certificam a coerência, ou ao menos certa congruência, entre o mundo objetivo e as percepções subjetivas. Destaca o autor que essa era a função reprodutiva que a sociologia clássica atribuiu às ideologias, distorcendo como negativa a riqueza plural e frutífera das manifestações da cultura popular. Analisam-se as possibilidades de novas construções culturais, os mitos, as cerimônias e os rituais, a identidade e percepções do mundo real, do simbólico e do imaginário.

No tocante aos processos de avaliação que devem se desenvolver no decurso do trabalho institucional ou comunitário, o autor menciona uma

A geração de diagnóstico na gestão dos...                                   335

prescrição metodológica que denominou triangulação recursiva, na qual se pressupõe um trabalho permanente de análise crítica de três instâncias do processo de investigação-ação e da intervenção: 1) os dados e os eventos ontológicos que se desenvolvem na própria realidade social; 2) a revisão contínua das hipóteses e dos próprios instrumentos conceituais que o investigador utiliza para construir suas inferências e interpretações; 3) a busca de distância crítica sobre os próprios valores e a práxis no desenrolar dos trabalhos, entre o investigador-coordenador como ator e observador e os sujeitos da investigação e intervenção.

## Considerações finais

É importante lembrarmos que um bom diagnóstico é considerado imprescindível do ponto de vista teórico para o êxito das demais fases do planejamento. Não obstante, de nada adianta contarmos com um documento tecnicamente bem construído, em que os membros interessados não compartilham de uma consciência coletiva quanto aos seus propósitos e a possíveis ações a serem implementadas, dificuldades e responsabilidades. Para atingirmos esse grau de consciência coletiva sobre realidades e fenômenos sociais complexos, é necessária uma postura constante de problematização, adaptação de linguagens, flexibilidade e criatividade para a ampliação de espaços e canais, capazes de aumentar os níveis de participação dos sujeitos envolvidos. Atuando dessa forma, poderemos reforçar a identidade da própria comunidade de maneira a contribuir para estimular a articulação de um discurso autêntico e coerente com a sua realidade.

O fato de considerarmos a proposta do dispositivo analítico de Vizer uma alternativa mais apropriada para desvelar a complexidade e as características subjetivas das ONGs não exclui a possibilidade de utilização de outras formas mais comuns para o levantamento de dados e a realização de diagnóstico, desde que haja receptividade e interesse nos instrumentais e que os recursos disponíveis sejam compatíveis. O dispositivo que compilamos deve convergir com outros instrumentais advindos de experiências das relações públicas comunitárias e populares, buscando a congruência necessária para cada situação específica.

Seria desejável e ideal que o vínculo do investigador se desse, em princípio, na qualidade de convidado. Ou, ainda, que a participação do "especialista" em outras possíveis situações tivesse a perspectiva de uma identificação clara com a causa pela qual se luta e a ciência de que a conjuntura é sempre suscetível a transformações. Considerando o quadro geral de circunstâncias apresentado ao longo deste capítulo, somos levados a crer que as práticas da atividade de relações públicas em ONGs, por serem genuinamente comprometidas com o interesse público, são muito mais desafiadoras do que aquelas aplicadas na forma tradicional em empresas.

## Referências

ANDER-EGG, Ezequiel. *La animación y los animadores: pautas de acción e formación*. Madri: Narcea, 1992.

DIDONÉ, Iraci Maria; MENEZES, José Eugênio de O. (orgs.). *Comunicação e política: a ação conjunta das ONGs*. São Paulo: Paulinas, 1995.

MONTENEGRO, Thereza. *O que é ONG*. São Paulo: Brasiliense, 1994.

SCHERER-WARREN, Ilse. *Cidadania sem fronteiras: ações coletivas na era da globalização*. São Paulo: Hucitec, 1999.

SENNA FILHO, Arthur Ribeiro de. Organizações não-governamentais de assessoria popular, novos movimentos sociais, Estado e democracia. *Serviço Social & Sociedade*, São Paulo, Cortez, a. XV, n. 45, ago. 1994.

VIZER, Eduardo A. Presentación de un dispositivo analizador para diagnóstico e intervención social. In: CONGRESSO ANUAL DE CIÊNCIAS DA COMUNICACÃO, XXVI, Belo Horizonte, 2003. Núcleo de Comunicação para a Cidadania. *Anais...* Belo Horizonte: Intercom, 2003. 1 CD-ROM.

WENDHAUSEN, Eugênia da S. *Projeto de vida para a Ilha Grande dos Marinheiros: uma experiência integrada em relações públicas, educação, trabalho e ação comunitária*. 1990. Dissertação (Mestrado em Sociologia) – Pontifícia Universidade Católica do Rio Grande do Sul, Porto Alegre, RS.

_____. Aspectos metodológicos e técnico-instrumentais das relações públicas populares ou comunitárias. *Sociais e Humanas*, Santa Maria (RS), UFSM, v. 9, n. 2-3, p. 61-80, maio/dez. 1994.

WENDHAUSEN, Henrique. *Comunicação e mediação das ONGs: uma leitura a partir do Canal Comunitário de Porto Alegre*. Porto Alegre: EDIPUCRS, 2003.

# 4. Relações públicas e comunicação institucional nas causas sociais

*Luisa Helena Alves da Silva*

As empresas privadas têm exercido a cidadania corporativa mediante ações, projetos e programas que buscam a compreensão e a solução dos problemas sociais que atingem a comunidade. O papel do profissional de relações públicas, na elaboração, na execução, no controle e na avaliação de projetos sociais, deve ser o de legitimar o discurso da organização neste sentido, pela apresentação de resultados qualitativos que comprovem a transformação que ela conseguiu promover na comunidade. Este artigo aborda o planejamento de relações públicas comunitárias como instrumento para mudanças sociais efetivas, sugerindo estratégias e técnicas a serem adotadas.

Empresa cidadã é aquela que realiza ações, projetos e programas sociais visando amenizar as problemáticas sociais dos diversos públicos envolvidos com a sua práxis mercadológica. Muitos projetos sociais recebem prêmios por terem sido idealizados e aplicados à comunidade, sem que sejam observados os efetivos benefícios sociais alcançados nos públicos. Por meio de pesquisas e informações, observamos práticas equivocadas das organizações no aspecto das iniciativas relacionadas à cidadania empresarial, cujo único objetivo tem sido o de obter e manter uma boa imagem corporativa, sem a preocupação efetiva em contribuir e modificar os problemas socioambientais.

Cidadania empresarial e manutenção do posicionamento da marca, da empresa e de seus produtos e serviços estão intimamente ligadas à qualidade das ações e atitudes dos executivos e funcionários que fazem parte da empresa. Em um contexto político, econômico e social em constante mutação, vale ressaltar a importância da intervenção da empresa na comunidade, por meio das causas sociais como estratégia para a sustentabilidade dos negócios, com base no comprometimento social. Neste contexto pós-capitalista e em relação à cidadania corporativa, é preciso considerar a importância do planejamento estratégico corporativo, a idealização e implantação dos produtos sociais e da comunicação para as causas sociais.

As relações públicas, por manterem relacionamento com os diversos públicos com os quais a empresa tem contato, utilizam estratégias e técnicas na elaboração do planejamento de comunicação das causas sociais de maneira sistemática, tal como promovem a comunicação institucional da empresa e outros assuntos corporativos. Em razão da especificidade dos programas sociais, surge uma nova fase das competências da área, que é a das relações públicas comunitárias especializada nas relações com a comunidade local e com as causas socioambientais que possam afetar os negócios da organização e seus diversos públicos. Essa competência das relações públicas solicita uma práxis ampla e humana da parte desses executivos para promover, pela comunicação, educação e conhecimento, por meio de diálogos constantes, da troca de experiências e do convívio, ações sistemáticas que possam modificar os quadros estatísticos da exclusão social.

> É para gerar valor [...] que companhias de todo o mundo se reinventam quase que diariamente, a fim de se adaptar a um mercado cada vez mais exigente. É exatamente ele – o mercado – que nos últimos anos vem cobrando de maneira obsessiva uma transformação no modo como as empresas fazem negócios e se relacionam. A mão invisível, como diria Adam Smith, está transformando o conceito de boa cidadania corporativa – ou de responsabilidade social – numa questão estratégica de sobrevivência a longo prazo no mundo dos negócios (Vassallo, 2000, p. 9).

Embora a lógica do mercado seja diferente da lógica social e elas até nos pareçam incompatíveis, cabe ao profissional de relações públicas comunitárias modificar esse paradigma, promovendo o equilíbrio entre

Cidadania corporativa e comunicação...

essas duas lógicas, transformando a conveniência da lógica de mercado em convivência com a comunidade, onde o diálogo e o discurso da comunicação empresarial se façam refletir em mudanças sociais obtidas pelas ações sociais que realiza com os diferentes públicos.

## A apropriação das carências sociais pela empresa cidadã

A organização privada em conformidade com a lógica do capital utiliza as mesmas ferramentas administrativas e gerenciais e as técnicas de desenvolvimento de bens de consumo na criação, no desenvolvimento e na implantação do produto social. As misérias sociais, transformadas em espetáculos, são banalizadas pelos fortes apelos emocionais insertos na comunicação institucional das causas sociais, fazendo que a audiência perceba a empresa como preocupada com as carências sociais.

O que ocorre é que muitas empresas privadas não possuem comprometimento com a administração da responsabilidade social, demonstrando isso quando são questionadas sobre os métodos de avaliação utilizados e os resultados e benefícios sociais alcançados pelos seus programas sociais. O modelo de sociedade pós-moderna que vive das imagens, do descartável, da banalização e do *show*, espetaculariza o cotidiano e as misérias sociais e se apropria das problemáticas sociais como mais uma vantagem competitiva, em que o programa social, por ser um aspecto de alta visibilidade no mercado, agrega valor à imagem institucional pela comunicação, usando o elemento emocional, filantrópico, caritativo, o fazer-o-bem, a cidadania como linguagem, espetáculo e produto. Posto isso,

> importa notar que as organizações relacionam-se com seus diversos públicos para fazer negócios. Seus contratos e sua linguagem constituem tipicamente um contexto de negócios. A empresa deseja que o executivo que for responsável pelo estabelecimento de suas metas e pela definição de suas estratégias de relacionamento, informação e comunicação produza um programa que venha ao encontro de seus interesses globais de gerar negócios (França, 1997, p. 8).

O cenário onde se configuram os problemas sociais está fundamentado por uma economia capitalista, que influencia diretamente a cultura da nossa sociedade e o comportamento das pessoas. Essa estrutura econômica, baseada na produção e obtenção de lucratividade, contrapõe-se ao desejo da cidadania empresarial.

> O conjunto dessas relações de produção constitui a estrutura econômica da sociedade, a base concreta sobre a qual se eleva uma superestrutura jurídica e política e à qual correspondem determinadas formas de consciência social. O modo de produção da vida material condiciona o desenvolvimento da vida social, política e intelectual em geral. [...] Vemos então que é um todo que se organiza em decorrência das relações de produção. [...] Os interesses privados assumem a aparência de interesses comuns a toda a sociedade (Peruzzo, 1986, p. 95-6).

O objetivo do exercício da cidadania empresarial e as exigências de competências gerenciais aplicadas à sua implantação são ainda incipientes na proposta de inclusão social. Os produtos tangíveis, bens de consumo, possuem características diferenciadas em relação aos produtos sociais, uma vez que estes se constituem em aspectos intangíveis, dada a natureza das misérias humanas, que são a sua matéria-prima. Os produtos sociais prometem amenizar as carências sociais e devem produzir resultados na auto-estima das populações, promovendo a inclusão social e, conseqüentemente, agregando valores e lucratividade empresarial para além de fazer parte do portfolio de produtos e serviços que a organização oferece ao mercado.

A atuação das organizações no âmbito social tem contribuído superficialmente para a melhoria da qualidade de vida dessas populações, por contemplar um domínio especulativo pelo ineditismo do assunto e por ser mais uma "mercadoria" que a empresa privada agrega à natureza de suas competências perante o mercado, e se reflete na comunicação que realiza, paradigma que deve mudar com a atuação das relações públicas comunitárias.

# Relações públicas, marketing social e comunicação das causas sociais

As relações públicas têm na sua atividade uma função persuasiva que deve fazer convergir os interesses de todos os públicos, interno e externo, para alcançar os objetivos dos programas que implantam. Sua ferramenta de articulação é a comunicação. Para tanto, necessitam estar em envolvimento direto com os departamentos de marketing e de recursos humanos para estabelecer um consenso amplo da comunicação institucional das causas sociais. Quando se trata do marketing social, o objetivo é modificar as atitudes ou os comportamentos do mercado-alvo, tendo como principal meta o atendimento dos interesses desse público-alvo e da sociedade, pela concretização de idéias e serviços. Às relações públicas comunitárias cabe a execução de um amplo programa de ações e de comunicação que deverão ser desenvolvidos com os diversos públicos com os quais a empresa se relaciona; e ao marketing social cabe elaborar o projeto do

> produto social, base sobre a qual se constroem todos os elementos do complexo de marketing. O projeto e a criação de um produto social implicam, essencialmente, a identificação das necessidades dos adotantes escolhidos como alvo. Os especialistas em marketing social estão interessados na criação de novos produtos sociais que satisfaçam as necessidades dos adotantes mais vantajosamente que as já existentes, ou na adaptação de produtos sociais de maneira que atendam melhor do que antes as necessidades desses adotantes (Kotler e Roberto, 1992, p. 147).

Os profissionais das relações públicas e de marketing podem contribuir para formar e informar os executivos dos outros departamentos da empresa, envolvidos com a implantação de produtos sociais, quanto ao gerenciamento e à comunicação da causa social que a organização vier a defender. Esses profissionais necessitam ter efetiva atuação social que demonstre sensibilidade em relação aos problemas humanos e comprometimento com as questões que envolvem as misérias sociais.

Relações públicas e marketing são ambos funções essenciais para uma organização moderna. Gerentes de marketing identificam mercados para os produtos e serviços da organização. E então supervisionam programas de comunicação mercadológica para criar e sustentar uma demanda pelos produtos e serviços. Gerentes de relações públicas, em contraste, supervisionam programas de comunicação com públicos – grupos de pessoas que se auto-organizam quando uma organização os afeta ou eles a afetam. Os mercados limitam-se ao segmento de consumidores de um ambiente organizacional. Os públicos podem despontar dentro de muitas categorias estratégicas – como empregados, comunidades, acionistas, governos, membros, estudantes, fornecedores, doadores. [...] Marketing e relações públicas servem a diferentes funções. As relações públicas não podem ser excelentes se subjugadas à função de marketing, os profissionais são reduzidos ao papel técnico e a organização perde um mecanismo valioso para sua interdependência com seus públicos estratégicos (Ehling, White e Grunig, *apud* Kunsch, 1997, p. 127-8).

A comunicação institucional das causas sociais empresariais significa muito mais do que uma vantagem competitiva da organização sobre as empresas concorrentes e os seus diversos públicos; ela é um instrumento fundamental de transformação do quadro das problemáticas sociais e da dívida social que se apresentam.

## O papel do profissional de relações públicas e a comunicação no exercício da responsabilidade social

A comunicação interna e externa reúne uma interface ampla entre os objetivos estratégicos da organização, que incluem ações de marketing social e de responsabilidade social, que contribuem para a construção da imagem de empresa cidadã perante o mercado e os diversos públicos com os quais ela se relaciona. A atuação do profissional de relações públicas torna-se fundamental ao definir e implantar toda a estratégia de comunicação da organização. A eficácia de suas ações depende do envolvimento de todas as áreas da empresa.

> O ponto de partida para se estabelecer uma política de relações públicas é uma cuidadosa análise de nosso comportamento pessoal e empresarial à luz da mudança social em geral. Sem o conhecimento das tendências básicas, econômicas, culturais e sociais de nossos dias, não podemos avaliar, e muito menos antecipar, as implicações públicas daquilo que estamos fazendo (Childs, *apud* Kunsch, 1997, p. 142-3).

O exercício da cidadania empresarial pressupõe uma atuação eficaz da empresa em duas dimensões: a gestão da responsabilidade social interna e a gestão da responsabilidade social externa, que,

> vistas como um compromisso da empresa em relação à sociedade e à humanidade em geral, [são] uma forma de prestação de contas de seu desempenho, baseada na apropriação e uso de recursos que originariamente não lhe pertencem. [...] A responsabilidade social interna focaliza o público interno da empresa, seus empregados e seus dependentes. O seu objetivo é motivá-los para um desempenho ótimo, criar um ambiente agradável de trabalho e contribuir para o seu bem-estar. A empresa ganha a sua dedicação, empenho e lealdade. Os ganhos de produtividade são enormes. A responsabilidade social externa tem como foco a comunidade mais próxima da empresa ou o local onde ela está situada (Melo Neto e Froes, 1999, p. 84-5).

A responsabilidade social corporativa também possui outra dimensão exigida neste novo século: fazer parte integrante do conceito de desenvolvimento sustentável que, juntamente com as dimensões econômica e ambiental, constitui as bases desse conceito.

> Desenvolvimento sustentável pode ser definido como o equilíbrio entre tecnologia e ambiente, relevando-se os diversos grupos sociais de uma nação e também dos diferentes países na busca da eqüidade e

justiça social. [...] O atual modelo de crescimento econômico gerou enormes desequilíbrios: se, por um lado, nunca houve tanta riqueza e fartura no mundo, por outro lado, a miséria, a degradação ambiental e a poluição aumentam dia a dia. Diante desta constatação, surge a idéia do desenvolvimento sustentável [...], buscando conciliar o desenvolvimento econômico com a preservação ambiental e, ainda, [com] o fim da pobreza no mundo (Mendes, 2002, p. 1).

Nessa amplitude, a responsabilidade social compreende os aspectos dos direitos humanos, dos direitos dos empregados, dos direitos dos consumidores, do envolvimento comunitário, da relação com os fornecedores, do monitoramento e da avaliação de desempenho e dos direitos dos grupos de interesse, pois

> responsabilidade social corporativa é o comprometimento permanente dos empresários de adotar um comportamento ético e contribuir para o desenvolvimento econômico, melhorando, simultaneamente, a qualidade de vida de seus empregados e de suas famílias, da comunidade local e da sociedade como um todo (Melo Neto e Froes, 1999, p. 90).

Na atual conjuntura mundial, as organizações funcionam como sistemas abertos, sendo a comunicação um instrumento que amplia o diálogo, por meio da disseminação de informações pelas tecnologias disponíveis. Para a realização de planejamentos de comunicação integrada da organização, é preciso que o profissional de relações públicas comunitárias tenha uma visão sistêmica da comunicação. Apenas pelo fato de mencionar os diversos públicos com os quais a empresa se relaciona, podemos avaliar a complexidade dos programas que deverão ser desenvolvidos e o papel que se deve exercer na realização do programa de comunicação institucional e para as causas sociais.

> O perfil do profissional de comunicação do novo milênio comporta alguns valores e atributos. O profissional precisa assumir a postura de

Cidadania corporativa e comunicação...

um estrategista político, ser um articulador, junto às partes da empresa, quebrar arestas, ter um bom relacionamento com a imprensa, relacionar-se com o sistema político, conhecer as lideranças que influem na vida da empresa. Precisa saber gerenciar conflitos, trabalhar bem os climas interno e externo, saber fazer planejamento, dominar as áreas clássicas da comunicação e possuir a compreensão de que, sob seu comando, deve haver um grupo de operadores eficazes (Torquato, 1986, p. 95).

## Definição do público-alvo e do produto social

As relações públicas devem conhecer os vários públicos com os quais a empresa se relaciona, traçar seu perfil e analisar os interesses de cada um deles nessa relação. Esses vários públicos são divididos em interno (funcionários e seus dependentes; diretores e seus familiares) e externo (consumidores; imprensa; comunidade; poderes públicos; governo; concorrentes; escolas; universidades; sindicatos e associações; bancos/instituições financeiras e outros públicos – acionistas; fornecedores; distribuidores; revendedores e prestadores de serviços).

Nesse momento, é preciso fazer ampla pesquisa de opinião dos diversos públicos para conhecer seus interesses, suas necessidades e expectativas em relação aos benefícios e às implicações sociais implícitos ou explícitos nesse relacionamento. É preciso também definir o perfil de cada um dos públicos interno/externo para traçar as estratégias nos âmbitos social e mercadológico. Esses procedimentos, pela coleta de dados, análise e reflexão, possibilitam a determinação de ações e projetos que farão parte dos programas sociais que serão implantados.

Outro desafio para as relações públicas é o de implantar um programa social que satisfaça as necessidades e os interesses específicos de cada um desses públicos e, principalmente, daqueles representados pelas populações mais pobres da sociedade localizadas em seu entorno, que fazem parte daqueles

milhões de pessoas que vivem à margem do desenvolvimento do país, em estado de absoluta carência social, desprovidas de condições mínimas de uma vida saudável e digna. [Elas constituem] o que denominamos de legião dos excluídos que sobrevivem em condições de marginalidade social (Melo Neto e Froes, 1999, p. 32).

Para a definição, escolha e formatação do programa social e das decisões quanto às causas sociais que a organização deve abraçar, deve-se levar em consideração as maiores carências sociais existentes no Brasil, que podem ser encontradas nas regiões e nos locais onde a empresa estiver inserta. Melo Neto e Froes (2001, p. 33), por exemplo, apresentam as seguintes carências:

> 20 milhões de crianças de 0 a 14 anos vivem em famílias com renda *per capita* de até meio salário mínimo; 20% da população rica concentram 63,3% da renda nacional e os 50% mais pobres detêm 11,6% da renda do país; 2,7 milhões de crianças não estudam nem trabalham; 33,1% dos adolescentes de 15 a 17 anos estão fora da escola; 5,1% das habitações brasileiras localizam-se em favelas; 10,5% das crianças menores de 5 anos têm desnutrição crônica; 10% das crianças entre 10 e 14 anos são analfabetas; 150 mil pessoas estão presas no país, não contabilizadas as que estão em delegacias.

É amplo o leque de problemáticas sociais: desigualdade de renda; analfabetismo; baixa qualidade no ensino universitário e na educação básica; deficit da Previdência Social; queda na renda média do trabalhador; aumento da violência; elevadas perdas com os problemas ocasionados pelo trânsito; alto número de crianças que trabalham; elevada taxa de acidentes de trabalho; alta taxa de mortalidade infantil e de adolescentes por violência e acidente no trânsito; aumento da violência contra a mulher; crianças vivendo nas ruas e fora da escola; alto índice de desnutrição de crianças e de pacientes nos hospitais; expansão da dengue; alto índice de idosos à procura de emprego; aumento do desemprego; queda no nível de empregos formais; crescimento da baixa escolaridade do trabalhador informal; proliferação da Aids entre pobres, mulheres e jovens; fome no Nordeste; alastramento do problema das drogas entre os adolescentes; alto índice de consumo de álcool entre os jovens etc.

Após a análise das carências, o profissional das relações públicas deverá fazer a escolha das causas de maneira estratégica, em conformidade com o negócio de atuação da empresa e suas implicações nos aspectos socioambientais, para posteriormente elaborar as etapas do plano de comunicação das causas sociais, que devem ser realizadas com base no planejamento de comunicação integrada das relações públicas.

## Planejamento de comunicação integrada das relações públicas comunitárias

### Briefing

Elaboração do *briefing*, por meio de pesquisa/levantamento geral de informações sobre a empresa: dados institucionais e estruturais, princípios operacionais e filosofia:

a) a empresa e a cultura organizacional da empresa;

b) pesquisa de opinião: públicos internos e públicos externos;

c) pesquisa de comunicação: micro e macro ambientes da empresa;

d) pesquisa da cultura organizacional da empresa: história (fundação, fundadores), perfil das lideranças posteriores ao longo dos anos, valores, crenças, políticas empresariais, tradições, costumes, normas e procedimentos, políticas de relacionamento com os públicos interno e externo;

e) pesquisa institucional: o mercado e o setor de atuação da empresa, seu desempenho, seu posicionamento no mercado e em relação ao negócio, setor de atuação, qualidade, atividades, posicionamento na comunidade, concorrência, produtos e serviços que oferece etc.;

f) públicos interno e externo com os quais a empresa se relaciona: definir perfil e interesses em relação aos objetivos da empresa nos âmbitos mercadológico e institucional;

g) análise do relacionamento com a comunidade e participação da empresa por ações, projetos e programas sociais e ecológicos locais;

h) pesquisa e análise da comunicação da empresa: sistemas de comunicação, atividades de comunicação, projetos de comunicação realizados, mídias utilizadas, campanhas institucionais e promocionais postas em ação, falhas, incoerências, conflitos e outras necessidades na comunicação;

i) pesquisa de problemas críticos em todas as interfaces anteriormente citadas;

j) análise das informações coletadas, interpretação dos dados pesquisados, destino coerente na sua utilização;

k) análise da situação, conclusão, necessidade de pesquisa, formulação escrita do diagnóstico da situação (problemas encontrados) e do prognóstico (previsão, ou seja, o que ocorrerá se a empresa implantar as propostas para a comunicação das causas sociais sugeridas pelo profissional de relações públicas).

## Plano de ação para a comunicação das causas sociais

a) Definição dos objetivos: qualitativos/quantitativos e definição das estratégias.

b) Definição dos públicos-alvo interno e externo: abrangência, ou seja, número de pessoas beneficiadas em cada ação social e projeto social.

c) Definição do produto social: ações e projetos socioambientais a serem implantados pela empresa. A empresa poderá escolher as causas sociais que deseja implantar, observando as carências sociais e os seguintes fatores que possam demonstrar a amplitude da sua atuação na comunidade e na sociedade:

• Governo e sociedade: análise da ética no relacionamento com governos e autoridades, envolvimento como formadora de opinião dentro de sua área de atuação/negócio;

• Ecologia e meio ambiente: gerenciamento de impactos e de programas de educação e conscientização ambiental;

• Saúde e bem-estar: segurança e saúde;

Cidadania corporativa e comunicação... 349

• Diversidade e direitos humanos: salários e benefícios, participação na gestão em relação ao trabalho infantil, diversidade, treinamento e desenvolvimento;

• Comunidades: questões sobre filantropia, relacionamento com o terceiro setor, formação de parcerias, voluntariado e investimento social.

d) Especificação da praça/distribuição e logística: definir a amplitude dos projetos/produtos sociais da empresa que poderão ser implantados em âmbito local/interno e no entorno, regional, nacional e/ou internacional; deverá ser feito o plano de distribuição/logística operacional de cada projeto social, para que os indivíduos-alvo possam desfrutar continuamente dos benefícios e para que se cumpram os objetivos propostos.

e) Verificação de preço/custos, apoio, parcerias e patrocínios: nesta etapa deverão ser analisados e mencionados os custos sociais e os custos financeiros que determinam as estratégias de investimento e disponibilização de verbas para os projetos sociais implantados. Nesse momento, a organização também definirá estratégias para a realização da filantropia estratégica: acolhendo projetos já existentes nas diversas entidades que fazem parte do terceiro setor, disponíveis na sociedade, que estejam em comunhão com sua área de atuação empresarial; elaborando seus próprios projetos; ou, ainda, combinando essas duas maneiras de exercer a cidadania empresarial e a responsabilidade social. É preciso analisar as possíveis parcerias e verificar projetos de patrocínio de apoio que ela poderá oferecer e/ou receber de empresas públicas ou privadas para as causas sociais que estão em andamento e/ou que ela deseja implantar. Todos esses parceiros devem ser estrategicamente selecionados, aceitos e contratados.

f) Estabelecimento da promoção/comunicação: nesta etapa o profissional de relações públicas deverá descrever: as ferramentas de comunicação que serão utilizadas; as peças publicitárias que serão elaboradas em cada uma das ferramentas de comunicação; o conteúdo e a linguagem da mensagem a ser transmitida nas peças publicitárias selecionadas; os objetivos de comunicação; as ações estratégicas que serão realizadas em cada uma das ferramentas escolhidas; o público ou os públicos para os quais serão direcionadas e a que ação ou projeto social se referem; mídias a serem utilizadas; cronogramas das ações e dos projetos sociais; orçamentos; métodos e técnicas de avaliação e controle que serão utilizados de acordo com os objetivos de comunicação de cada ação e/ou projeto social e os resultados alcançados.

g) Determinação de cronogramas: cronograma geral e cronogramas específicos de cada etapa e ação do programa social.

h) Avaliação geral do programa social: controle e resultados. Mencionar os métodos de avaliação e controle que serão utilizados, de acordo com a especificidade de cada ação e/ou projeto social e os resultados/benefícios/objetivos delineados para cada um deles.

i) Demonstrativo financeiro do investimento geral.

Após a análise dos fatores mencionados e das problemáticas sociais que deseja abraçar, a organização deverá elaborar o plano de ação de cada projeto social, mencionando os objetivos, as estratégias, as equipes de trabalho, o cronograma, os métodos e técnicas utilizados na avaliação e os resultados alcançados em cada uma das propostas/causas sociais implantadas.

A execução do planejamento e plano das relações públicas comunitárias deve contemplar cada uma das etapas já mencionadas, que demandam tempo para sua elaboração, conforme a especificidade, complexidade e/ou as características da organização que irá implantá-lo.

As atividades devem ser explicadas, justificadas e descritas no relatório do planejamento e plano das ações sociais e da comunicação a ser apresentado aos departamentos e executivos que decidirão por implantá-lo, modificá-lo ou recusá-lo.

## Referências

BAUMAN, Zygmunt. *Globalização: as conseqüências humanas*. Rio de Janeiro: Zahar, 1999.

FRANÇA, Fábio. Relações públicas: visão 2000. In: KUNSCH, Margarida M. Krohling (org.). *Obtendo resultados com relações públicas: como utilizar adequadamente as relações públicas em benefício das organizações e da sociedade em geral*. São Paulo: Pioneira, 1997.

Cidadania corporativa e comunicação... 351

FREITAS, Sidinéia Gomes; FRANÇA, Fábio. *Manual de qualidade em projetos de comunicação.* São Paulo: Pioneira, 2002.

KOTLER, Philip; ROBERTO, Eduardo L. *Marketing social: estratégias para alterar o comportamento público.* Tradução de José Ricardo Azevedo e Elizabeth Maria Braga. Rio de Janeiro: Campus, 1992.

KUNSCH, Margarida M. Krohling. *Relações públicas e modernidade: novos paradigmas na comunicação organizacional.* São Paulo: Pioneira, 1997.

_____(coord.). *Obtendo resultados com relações públicas.* 2. ed. São Paulo: Pioneira, 2006.

_____. *Planejamento de relações públicas na comunicação integrada.* 4. ed. rev. e ampl. São Paulo: Summus, 2003.

MELO NETO, Francisco P. de; FROES, César. *Responsabilidade social e cidadania empresarial: a administração do terceiro setor.* Rio de Janeiro: Qualitymark, 1999.

MENDES, M. Ceccato. *Desenvolvimento sustentável.* Disponível em: <http://educar.sc.usp.br/>. Acesso em: 20 out. 2002.

PELIANO, Anna M. Medeiros. Uma iniciativa inédita. In: *Relatório da Pesquisa Ação Social das Empresas Privadas do Sudeste: Quem São? Onde estão?* São Paulo: Ipea-USP, 1999. Disponível em: <http://www.ipea.gov.br/asocial/high/html>. Acesso em: 14 dez. 1999.

PERUZZO, Cicilia M. Krohling. *Relações públicas no modo de produção capitalista.* 2. ed. São Paulo: Summus, 1986.

PORTER, Michael E. *Vantagem competitiva: criando e sustentando um desempenho superior.* Tradução de Elizabeth Maria de Pinto Braga. 5. ed. Rio de Janeiro: Campus, 1992.

PRINGLE, Hamish; THOMPSON, Marjorie. *Marketing social: marketing para as causas sociais e a construção das marcas.* Tradução de Maria Lúcia G. Rosa. São Paulo: Makron Books, 2000.

TORQUATO, Gaudêncio. *Comunicação empresarial/comunicação institucional: conceitos, estratégias, sistemas, estrutura, planejamento e técnicas.* São Paulo: Summus, 1986.

_____. *Tratado de comunicação organizacional e política.* São Paulo: Pioneira Thomson Learning, 2002.

VASSALLO, Cláudia. "Um novo modelo de negócios". *Revista Exame*, São Paulo, Abril, nº 728, nov. 2000, p. 8-11.

VIEIRA, Roberto Fonseca. *Relações públicas: opção pelo cidadão.* Rio de Janeiro: Mauad, 2002.

# 5. Relações públicas nos programas de responsabilidade social

*Carmella Batista de Carvalho*

Este texto versa sobre o desenvolvimento de programas de relações públicas com base em modelo de indicadores de eficácia para a gestão do relacionamento entre uma organização e a comunidade-alvo. A experiência comprova que a ausência de instrumentos de avaliação e controle dificulta a percepção e a mensuração do valor que os programas representam para a empresa neles envolvida. A adoção de indicadores de desempenho contribui para aumentar a percepção da responsabilidade social da empresa e conquistar a adesão de um maior número de funcionários para suas causas, corroborando e fortalecendo o caráter estratégico das relações públicas.

Trataremos especificamente da eficácia da comunicação como elemento facilitador da inclusão e integração de indivíduos, organizações e classes sociais. O tema da responsabilidade social, objeto de reflexão de muitos autores ao longo das últimas décadas, como mostra, por exemplo, Kunsch (2003, p. 135-47), assume hoje uma relevância cada vez maior no contexto das organizações.

A gestão da comunicação na empresa socialmente responsável envolve a atuação do profissional de relações públicas, que deve ter habilidades específicas para tanto. Ele deve propor e executar programas de participação social e avaliar seus resultados; promover práticas de trabalho voluntário; desenvolver programas de esclarecimento público; identificar a visibilidade da empresa diante de seus diversos públicos; sugerir e efetivar parcerias com organizações sem fins lucrativos, de maneira ética e construtiva; encontrar formas de posicionar a organização perante a opinião pública, de maneira social e ambientalmente correta; e estabelecer processos de controle para que seus planejamentos se tornem cada vez mais eficazes.

Trata-se, portanto, de encarar a atividade comunicativa não apenas como mera rotina no contexto organizacional, mas de reconhecer seu papel estratégico, baseado no planejamento, na implementação, na avaliação e no controle de programas de interação com diferentes públicos.

## O planejamento estratégico das relações públicas comunitárias

Um modelo de planejamento estratégico de relações públicas prevê: ser temporal ou com um *timing* determinado; conter objetivos claros; disponibilizar e organizar os recursos para atingir as metas estabelecidas; considerar a possibilidade de ser de longo prazo, ou seja, de produzir ações que alimentem a imagem institucional em anos subseqüentes; contemplar os relacionamentos com públicos de interesse; programar critérios de avaliação, mensuração e controle.

O *ponto mais importante* talvez seja que o planejamento estratégico se torna um instrumento de previsão e facilitação de mudanças estruturais e atitudinais da empresa como um todo, pois, quando bem elaborado, suas diretrizes servirão de guias para a sedimentação da cultura organizacional. Ao se tornar socialmente responsável, a empresa enseja uma mudança do comportamento dos funcionários, envolvendo-os nos objetivos sociais e culturais por ela assumidos. Promove sua conscientização e informação mediante a edição de publicações internas. Treina-os em comunicação, já que é fundamental contar com sua participação desde o início do processo de integração entre as diretrizes organizacionais e as ações de relacionamento comunitário.

Na implantação de uma cultura de responsabilidade social, o profissional de relações públicas cumpre várias etapas:

• *Proposta de mudança cultural e comportamental* – O profissional deve procurar delinear o perfil da cultura da organização. Para tanto, é necessário que analise as mudanças previstas no planejamento estratégico, prenuncie formas de contornar conflitos e distorções e crie estratégias de comunicação que promovam a conscientização. Premiações vinculadas ao envolvimento social dos empregados, publicações e eventos relacionados a essa temática são alguns exemplos de iniciativas de que ele poderá se valer.

• *Definição de uma missão sinergicamente integrada com a visão da organização* – O profissional deve saber explorar a missão da organização como sua razão de existir. A prática da responsabilidade social implica que a organização redimensione sua missão no relacionamento com a comunidade. Para isso é necessário que o profissional a leve a pôr o foco em seu papel social e também cuide para que este seja conhecido pelos diferentes públicos, a começar pelo interno.

• *Determinação e divulgação dos objetivos sociais* – O profissional deve estabelecer os objetivos da participação da organização no campo social e difundi-los nos públicos-alvo – neste caso, principalmente a comunidade, mas também os empregados, os formadores de opinião e o governo.

• *Motivação e reconhecimento do público interno* – O profissional deve criar estratégias que proporcionem aos empregados um ambiente de trabalho alegre e sadio, ou seja, com mais qualidade de vida. E, mediante programas de educação e de incentivo, deve motivá-los e conquistá-los para a participação no processo de implantação da responsabilidade social da organização.

• *Implantação de uma política de responsabilidade social* – O profissional deve viabilizar a adoção de uma cultura de responsabilidade social que se enraíze em todos os níveis hierárquicos, a começar pela diretoria. É imprescindível que haja o comprometimento com a causa por parte do alto escalão da organização.

• *Identificação de lideranças* – O profissional deve desempenhar papel estratégico no processo de conscientização da organização quanto à sua responsabilidade social. Atuando ao lado das chefias, ele pode ajudá-las a identificar os funcionários que, por suas qualidades individuais, revelam-se aptos para assumir um papel de liderança nas causas sociais a serem empreendidas.

Relações públicas nos programas de...

• *Interpretação da responsabilidade social* – O profissional deve encarregar-se de interpretar a responsabilidade social e traduzi-la para os diferentes níveis hierárquicos. Assim, cada executivo e cada funcionário torna-se capaz de inserir o conceito de responsabilidade social em sua atividade, contribuindo para o trabalho harmônico e para a construção da cidadania, facilitando o alcance dos objetivos sociais da organização.

• *Desenvolvimento de parcerias entre a empresa, os clientes e os fornecedores* – O profissional deve propor o estabelecimento de bons relacionamentos com os clientes e os fornecedores da organização, bem como critérios de seleção de parceiros que tenham postura socialmente responsável em toda a sua cadeia produtiva. O fato é que uma organização socialmente responsável tem um compromisso com a qualidade de vida dos seus públicos.

• *Comunicação e divulgação dos fatos* – O profissional deve preocupar-se com a consolidação de uma cultura de investigação dos fatos. Para tanto, é preciso que ele desenvolva um sistema seguro de informações, que inclua os dados relativos à área social.

• *Criação de um ambiente de empoderamento* – O profissional deve contribuir para que se crie na organização um ambiente que provenha alto nível de delegação de responsabilidades e autonomia dos funcionários, essencial para a agilização das tomadas de decisão da organização, o que a tornará mais competitiva. No papel de comunicador, o relações-públicas divulga as metas da organização e seus objetivos, mantém canais de informação, dirige sua atenção para uma cultura do "que fazer", possibilitando soluções criativas por parte dos funcionários.

• *Desenvolvimento de programas de relacionamento com as comunidades* – O profissional se responsabiliza pela integração da organização com o seu ambiente, procurando desenvolver projetos sociais que atendam às necessidades, exigências e expectativas da comunidade e do governo local. Os projetos podem ser referentes a patrocínios/apoios, programas de educação ambiental e de reciclagem, entre outros, dependendo do interesse da empresa. Também os programas internos de visitas (*open house*) devem ser guiados pela ética e transparência da empresa, o que agrega valor à imagem institucional.

• *Criação de uma atmosfera de envolvimento total* – O profissional deve preocupar-se com a criação de condições para que haja um envolvimento total da organização e de seus públicos com a responsabilidade social, pondo o foco também nos consumidores e em todos aqueles que fazem parte da cadeia produtiva da organização. Para tanto, ele deve apontar os indicadores que, com este objetivo, são prioritários para o balanço social anual da organização, além de desenvolver campanhas de comunicação que divulguem sua postura social.

• *Estabelecimento de uma metodologia de mensuração de suas práticas* – O profissional deve aprender a mensurar suas práticas e o que elas representam para a organização. O balanço social é um instrumento útil para a avaliação e o controle dos resultados obtidos por uma organização que atua de forma socialmente responsável. Incumbido de sua elaboração e divulgação, o profissional deve fazê-lo de forma transparente, deixando evidente, perante os públicos e o mercado, o posicionamento ético da organização.

Para Roberto Porto Simões, toda profissão é gestora de um programa específico que interfere em um processo natural da sociedade, seja em seus aspectos físicos, seja em seus aspectos sociais. As relações públicas eficazes interferem na esfera social e, ao fazê-lo, encontrarão meios de provar, por meio de planejamentos estratégicos bem estruturados, avaliados e controlados, que as empresas socialmente responsáveis produzem resultados sociais benéficos à comunidade, estimulando os demais públicos a investir na questão social e, conseqüentemente, no desenvolvimento do país.

## Parâmetros da eficácia

As relações públicas deparam constantemente com novas realidades e tendências presentes nas organizações, obrigando o profissional da área a adaptar-se às interferências e adversidades que se apresentam, sendo ele muitas vezes solicitado a demonstrar a importância estratégica de seu trabalho ao propor programas de construção da responsabilidade social. A falta de paradigmas bem definidos, que sejam realmente úteis para delinear sua atuação de maneira sistemática, e o desconhecimento das necessidades e exigências dos públicos envolvidos com a organização fazem que os planos, às vezes meramente táticos, desenvolvidos por ele não alcancem o êxito esperado.

A importância de se estabelecerem formas de avaliação e controle de resultados, de maneira sistemática, está no fato de que, desta maneira, o profissional pode medir a eficácia de sua atuação estratégica na organização, permitindo acompanhar a evolução dos resultados obtidos com seus programas e projetos e otimizar o desenvolvimento dos processos.

O ponto de partida deve ser a seguinte indagação: as funções de avaliação e controle de resultados podem prognosticar a eficácia das atividades de relações públicas no gerenciamento de relacionamentos? O estudo aprofundado desta fase do processo requer, primeiramente, uma revisão dos objetivos teóricos da própria atividade, a fim de evidenciar qual é o objeto de avaliação e controle, isto é, o que de fato se espera monitorar e analisar como fruto de um trabalho de relações públicas.

Para Porto Simões (1995, p. 191), "o objetivo das relações públicas, função organizacional e atividade profissional, é legitimar as ações organizacionais de interesse público". Conciliando a finalidade da área com os interesses maiores da organização, ele dirá que "a finalidade última (ou primeira) das relações públicas é a de legitimar o poder de decisão e as ações da organização, a fim de influenciar os mercados para iniciar, expandir e manter as trocas com a organização e manter sua existência" (Simões, 1995, p. 213). Nessa conceituação de Simões, as relações públicas se colocam em função da "legitimação do poder e das ações organizacionais".

Outra abordagem é a que leva em consideração a receptividade da organização perante os públicos e vice-versa. Ela se traduz na definição de Waldir Ferreira (1997), muito semelhante à que encontramos no *Webster's New International Dictionary*, segundo a qual a finalidade das relações públicas é o "gerenciamento de relacionamentos". Para James Grunig (Grunig e Hunt,

1984, p. 117), as relações públicas são "uma função administrativa que ajuda a construir relacionamentos com públicos estratégicos".

Uma vez conhecido o objeto de avaliação e controle que define a finalidade da atividade, é necessário apurar em qual "momento" a função se faz presente na prática profissional. Ao analisar os processos de relações públicas nas propostas de vários autores, vimos que eles consideram as fases de avaliação, controle e acompanhamento das ações como essenciais para a eficácia dos programas de relações públicas.

Ao pensar em uma forma sistematizada de avaliação e controle dos processos de relações públicas, é possível definir um modelo que seja útil para tanto. Assim, no desenvolvimento dos programas, suas ações poderiam ser controladas dentro dos parâmetros estabelecidos no planejamento, evitando-se desvios e corrigindo-se as falhas a tempo. A função de avaliação e controle deve ser exercida permanentemente, ao longo de todas as fases do planejamento de relações públicas, na medida em que essa prática colabora para a retroalimentação do sistema de informações, reorientando estratégias e prevenindo a repetição de erros futuros, estabelecendo limites importantes para o sucesso do planejamento de relações públicas.

Quando comparada com a teoria de controle em administração, a "função de avaliação e controle de relações públicas" apresenta algumas similaridades com ela: as preocupações com as variáveis do ambiente, o *feedback* das ações (a retroalimentação do sistema por meio de fluxos de comunicação), o monitoramento dos ambientes interno e externo, além da predefinição dos objetivos para posterior comparação com os resultados obtidos, garantindo um processo de implementação dos planejamentos.

É possível dizer que o caráter objetivo apresentado pela função de avaliação e controle de resultados em administração é um aspecto positivo para as relações públicas, que, ao exercê-la, deve fazê-lo sem abandonar aspectos qualitativos importantes da execução de suas táticas. Adotar um mecanismo de avaliação e controle, no planejamento de programas de relações públicas, não significa priorizar a burocracia e desconsiderar a flexibilidade e criatividade das estratégias e, sim, o contrário: determinar uma variável que, a um só tempo, permita analisar o desenvolvimento do planejamento, modificá-lo caso necessário, aumentar a possibilidade de acertos da proposta inicial ou, ainda, aprimorá-lo para obter a *eficácia* nas estratégias de atuação dos profissionais de relações públicas.

Com base em Scott M. Cutlip *et al*. (2000, p. 567), descrevemos a sistematização da avaliação e do controle do planejamento eficaz de relações públicas, desenvolvidos com base na analogia feita com o mecanismo de avaliação e controle de administração, cuja representação gráfica se encontra no modelo a seguir.

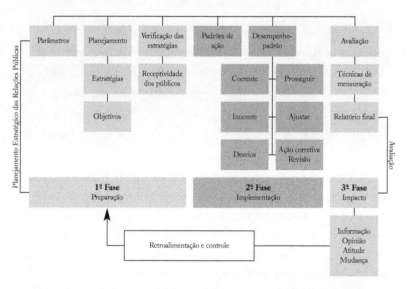

FUNÇÃO DE AVALIAÇÃO E CONTROLE EM RELAÇÕES PÚBLICAS

*Quadrante 1* – Parâmetros de elaboração e execução do plano de relações públicas: recursos e tecnologias necessários e disponíveis, estrutura organizacional adequada, consistências interna e externa, risco, tempo.

*Quadrante 2* – Definição do planejamento por meio de técnicas de pesquisa: definição das estratégias e dos objetivos.

*Quadrante 3* – Definição da estratégia de execução: definição de cada estratégia a ser executada e dos objetivos previstos.

Os três primeiros quadrantes compõem a primeira fase, denominada preparação: utilizada para quantificar a informação e a estratégia de ação.

*Quadrantes 4 e 5* – Verificação das estratégias e mensuração do desempenho real: elaboração de pesquisa de receptividade dos públicos quanto à eficácia da comunicação. Esta segunda fase do planejamento estratégico de relações públicas constitui a fase denominada de implementação. A sistemática utilizada na verificação e controle da implementação das ações é demonstrada no quadro a seguir.

| | | |
|---|---|---|
| | Sim | Prosseguir nas ações |
| A estratégia está sendo atingida? | Não | Ajuste imediato das ações |
| | Desvio total | Ação corretiva/revisão |
| | Sim | Prosseguir nas ações |
| Os objetivos estão sendo alcançados? | Não | Ajuste imediato das ações |
| | Desvio total | Ação corretiva/revisão |

*Quadrante 6* – Configura a fase de avaliação do impacto do planejamento. Representa a finalização das ações e a avaliação dos retornos obtidos. Esta avaliação implica a obtenção de respostas a uma série de perguntas. A mensagem conseguiu modificar a atitude de um público? O plano alcançou os objetivos delineados? O plano poderia ter sido implementado de outra maneira, com menos recursos? A opinião pública respondeu/reagiu da maneira esperada? A direção da organização está informada dos resultados atingidos? Houve adequação dos programas aos públicos de interesse? Houve monitoramento das mensagens enviadas ao público-alvo? Houve adequação dos programas aos padrões de desempenho estabelecidos? Houve adequação dos programas às novas situações geradas com as mudanças?

Podem-se utilizar como instrumento de controle os indicativos dos benefícios do programa, que proverão informações para a retroalimentação do planejamento, reabastecendo-o de dados úteis para a condução dos programas. Para que isso ocorra, deve-se estabelecer um padrão de desempenho coerente com as necessidades delineadas no planejamento inicial proposto. A aplicação de um método sistemático de verificação do andamento do programa, como função de verificação de desempenho, útil para a obtenção dos resultados iniciais objetivados no programa/projeto em execução, é responsável pelo sucesso da segunda fase, denominada implementação, a qual permitirá avaliar táticas e redimensionar ações.

Além da pesquisa de avaliação, deve-se executar um estudo comparativo entre os objetivos predeterminados e os resultados obtidos. Ao fazer uso de técnicas de avaliação dos resultados, devem-se elaborar relatórios finais e estipular um mecanismo de controle que servirá de balizador para condução do programa ao longo prazo. Compõe-se dessa forma a terceira fase do planejamento, denominada impacto, ou seja, a fase do resultado geral.

O modelo, apresentado de forma detalhada para fins didáticos, responde a uma carência na área de relações públicas, especialmente no que diz respeito à avaliação e ao controle. Ele *não apenas documenta as ações implementadas, mas também orienta o foco do profissional para a obtenção e apresentação de resultados reais do seu trabalho*, chamando a atenção para o posicionamento estratégico que as atividades ocupam nas organizações, neste caso demonstrado por mecanismos de comparação e controle.

A execução sistêmica desse processo é uma forma de pensar as relações públicas como administração, conforme propõe Ferreira (1997), em sua definição. O modelo de Cutlip, valendo-se da teoria de administração, propõe a utilização de parâmetros na definição e prática dos trabalhos, a verificação e o planejamento das estratégias e dos objetivos, uma metodologia de execução e acompanhamento de desempenho, propiciando alcançar eficácia na construção de programas de responsabilidade social, apenas como exemplo. Após a conclusão de um programa de

relações públicas, o profissional deve estar atento aos resultados consegui-
dos com o público-alvo. Uma vez detectada, neste, uma mudança de
comportamento, conclui-se que as mensagens, os planejamentos, os programas cumpriram seus objetivos iniciais, tendo-se atingido as metas.

## A questão da eficácia

Analisando o planejamento estratégico de relações públicas de uma
empresa sediada em Sumaré (SP), foi-nos dado verificar se um de seus
projetos, "Preserve o meio ambiente por inteiro", voltado para as escolas
do ensino fundamental do município, teria a garantia de ser bem-sucedido. No nosso entender, o projeto apresentava limitações, respondendo
somente às preocupações iniciais quanto à eficácia.

Uma avaliação do projeto permitiria corrigir em tempo hábil
desvios e falhas que pudessem ocorrer durante sua execução, asseguran-
do a consecução das metas visadas. Para tanto, recomendavam-se a
otimização da comunicação dirigida interna e externa, a promoção de
maior participação dos públicos-alvo (estudantes e professores) ou, ainda,
o aprimoramento das habilidades dos profissionais em ações futuras.

Em nossa análise, também constatamos que a ausência da função
de avaliação e controle no referido planejamento impossibilitaria que os
profissionais de relações públicas dispusessem de indicativos de eficácia.
Na seqüência, relacionamos alguns indicativos que, quando aplicados,
podem servir de parâmetro:

a) A análise completa de avaliação dos retornos obtidos, com base
em pesquisa de imagem ante a comunidade. Ela também pode ser feita
com um *clipping* de notícias e matérias extraídas dos jornais. Os indicadores de aumento ou diminuição da percepção da imagem, durante
determinado período, podem garantir um índice de credibilidade ao trabalho desenvolvido pelos profissionais.

b) A flexibilidade no planejamento estabelecido. A rigidez em um
planejamento impede que se obtenham índices de eficácia da atuação,
descartando a possibilidade de revisão das estratégias, princípio fundamental no exercício profissional da função. O referido planejamento da

Relações públicas nos programas de...

empresa de Sumaré não levava em consideração, por exemplo, o número de evasões escolares, o que ocorre em escolas de qualquer município.

c) A execução do modelo proposto, que contempla a avaliação objetiva em todas as fases do planejamento, do início ao final da execução das ações. Como conseqüência, os resultados do trabalho desenvolvido poderão ser comunicados de maneira efetiva a todos os membros da organização, garantindo-se uma influência positiva sobre eles. A avaliação efetuada durante o planejamento e depois dele assegurará a retroalimentação do sistema, tornando-se, assim, um mecanismo de controle.

d) O acompanhamento objetivo do planejamento, desde que prevista uma forma de avaliação e controle, possibilitará obter uma padronização para essa função, permitindo flexibilidade para mudança de estratégias, aumentando a probabilidade de atingir a eficácia e, conseqüentemente, de assegurar a efetividade da implementação do planejamento.

e) A ausência de metodologia de avaliação e controle no planejamento de relações públicas dificulta encontrar desvios dos objetivos iniciais propostos. A avaliação não tem como finalidade apenas provar ou demonstrar dados, mas também servir de aprendizado, produzindo conhecimento, ampliando a capacidade dos profissionais de gerar resultados e conseguir níveis elevados de melhoria na comunidade e na construção da responsabilidade social da empresa. O controle servirá como *baseline*, limite que o programa poderá atingir sem perder sua eficácia.

Todos esses indicativos, quando aplicados, poderão favorecer o alcance de resultados efetivos e, conseqüentemente, a eficácia no gerenciamento do relacionamento entre a organização e o público de destino. Por isso, propomos que todos os planejamentos de relações públicas introduzam mecanismos de mensuração de eficácia, por sua utilidade na gestão dos relacionamentos públicos, especialmente os comunitários, maximizando as oportunidades de resultados positivos na comunicação da responsabilidade social.

O sucesso do planejamento proposto leva à mudança de atitudes, despertando nos públicos o interesse em obter mais conhecimento sobre a empresa, propiciando uma nova maneira de pensar sobre ela, ampliando a satisfação de seus funcionários em tê-la como local de trabalho, incrementando nos clientes o desejo de adquirir seus produtos e, com tudo isso, gerando crescimento no longo prazo.

Assim, a eficácia de relações públicas pode ser medida pela busca constante de resultados e pela possibilidade de gerar reais mudanças para a comunidade e os demais públicos da organização, colocando-se a comunicação como elemento facilitador essencial para garantir que todas as fases do planejamento serão cumpridas, avaliadas, medidas e controladas, sempre tendo em mente os interesses dos públicos focados.

Ao falar em responsabilidade social, estamos tratando de ética, de relações socialmente responsáveis da empresa em todas as suas ações, políticas e práticas, em tudo que faz, em suas atitudes com a comunidade, com os empregados, com os fornecedores, com os fornecedores de seus fornecedores, com os fornecedores dos fornecedores de seus fornecedores, com o meio ambiente, com o governo, com o poder público, com os consumidores, com o mercado e com os acionistas (Grajew, 2000, p. 39). Os relacionamentos públicos entremeiam essas funções e, quando bem planejados, avaliados e controlados, podem gerar resultados mensuráveis e passíveis de aprimoramento, realmente úteis para as organizações.

# Referências

ANDRADE, Cândido Teobaldo de Souza. *Psico-sociologia das relações públicas*. Petrópolis: Vozes, 1975.

_____. *Dicionário profissional de relações públicas*. 2. ed. São Paulo: Summus, 1996.

_____. *Para entender relações públicas*. 5. ed. São Paulo: Loyola, 2001.

_____. *Curso de relações públicas: relações com os diferentes públicos*. 6. ed. São Paulo: Pioneira Thompson Learning, 2003.

Relações públicas nos programas de...

CUTLIP, SCOTT et al. *Effective public relations*. 8. ed. Nova Jersey: Prentice Hall, 2000.

DUARTE, Gleuso D.; DIAS, José M. D. *Responsabilidade social: a empresa hoje*. Rio de Janeiro: LTC/Fundação Assistencial Brahma, 1996.

FERREIRA, Waldir. Comunicação dirigida: instrumento de relações públicas. In: KUNSCH, Margarida Maria Krohling (coord.). *Obtendo resultados com relações públicas*. São Paulo: Pioneira. 1997.

GONÇALVES, Ernesto Lima (org.). *Balanço social da empresa na América Latina*. São Paulo: Pioneira, 1980.

GRAJEW, Oded. Negócios e responsabilidade social. In: ESTEVES, S. A. P. (org.). *O dragão e a borboleta: sustentabilidade e responsabilidade social nos negócios*. São Paulo: Axis Mundi/AMCE, 2000.

GRUNIG, James; HUNT, Todd. *Managing public relations*. Nova York: Holt, Rinehart & Winston, 1984.

GRUNIG, James. *Excellence in public relations and communication management*. Hillsdale: L. Erlbaum Associates, 1992.

KOTLER, Philip; AMSTRONG, Gary. O marketing e a sociedade: responsabilidade social e ética no marketing. In: KOTLER, P.; AMSTRONG, G. *Princípios de marketing*. 5. ed. Rio de Janeiro: Prentice-Hall do Brasil, 1993, cap. 23.

KUNSCH, Margarida Maria Krohling. *Planejamento de relações públicas na comunicação integrada*. 4 ed. rev. e ampl. São Paulo: Summus, 2003.

_____. Pesquisa brasileira de comunicação: os desafios dos anos 90. *Revista Brasileira de Comunicação*, São Paulo, Intercom, v. XVI, n. 2, 1993.

_____. *Relações públicas e modernidade: novos paradigmas na comunicação organizacional*. São Paulo: Summus, 1997.

_____. *Relações públicas comunitárias: um desafio*. Comunicacão & Sociedade, São Bernardo do Campo, IMS, nº11, p. 131-50, jun. 1984. Disponível em: <http://www.portal-rp.com.br>. Acesso em: out. 2002.

MATRAT, Lucien. *As relações públicas: motor da produtividade*. Lisboa: San Pedro, 1986.

PAGLIANO, A. G. A. et al. *Marketing social: o novo mandamento para as organizações*. 1999. Monografia (MBA Executivo em Marketing), Ibmec, São Paulo, SP.

SIMÕES, Roberto Porto. *Relações públicas: função política.* 4. ed. São Paulo: Summus, 1995.

_____. A disciplina relações públicas: o processo e o programa. *Revista Famecos*, Porto Alegre, n. 10, jun. 1999.

YOUNG, Maurício. Impactos da responsabilidade social nos objetivos e estratégias empresariais. In: Instituto Ethos (org.). *Responsabilidade social das empresas.* vol. 1. São Paulo: Peirópolis, 2002.

# Os autores

## Ana Lucia Romero Novelli

Graduada em Relações Públicas, é mestre em Comunicação pela Universidade de Brasília e doutora em Ciências da Comunicação pela ECA-USP. Atua há dezenove anos como relações-públicas no mercado de Brasília. Foi consultora em organizações públicas e privadas e, atualmente, no Senado Federal, é diretora da Secretaria de Pesquisa e Opinião Pública, órgão vinculado à Secretaria Especial de Comunicação Social. É professora de graduação e pós-graduação em Relações Públicas e Comunicação Pública.

## Antonio Teixeira de Barros

Doutor em Ciências Sociais e mestre em Comunicação, atua, há doze anos, como professor universitário, pesquisador e consultor em Comunicação. Atualmente trabalha na Secretaria de Comunicação Social da Câmara dos Deputados e leciona nos cursos de graduação e pós-graduação em Comunicação Institucional e Relações Públicas do Instituto de Educação Superior de Brasília (Iesb). Também está vinculado ao Programa de Pós-Graduação do Centro de Formação e Treinamento da Câmara (Cefor).

## Carmella Batista de Carvalho

Mestre em Ciências de Comunicação pela Escola de Comunicações e Artes da Universidade de São Paulo (ECA-USP), fez curso de especialização em Relações Públicas na Pontifícia Universidade Católica de Campinas (Puccamp). É coordenadora do curso de Comunicação Social da Faculdade de Americana (SP). Desde 1995, exerceu a função de gerente de Comunicação Corporativa da empresa 3M do Brasil, tendo assumido, a partir de 2006, a presidência do Instituto 3M de Inovação Social.

## Cicilia Maria Krohling Peruzzo

Mestre em Comunicação Social pela Universidade Metodista de São Paulo e doutora em Ciências da Comunicação pela ECA-USP, é docente do Programa de Pós-Graduação em Comunicação Social da Metodista. Foi presidente (1999-2002) da Intercom - Sociedade Brasileira de Estudos Interdisciplinares da

Comunicação. Publicou os livros *Relações públicas no modo de produção capitalista* e *Comunicação nos movimentos populares: a participação na construção da cidadania*.

## Fernanda Gabriela Borger

Doutora em Administração pela FEA-USP e mestre em Ciência Ambiental pelo Procam-USP. Desde 1990, atua como consultora e pesquisadora na gestão socioambiental de empresas, entidades setoriais e organizações públicas, desenvolve estudos de viabilidade econômica e socioambiental para órgãos de governo de planejamento, pela Fipe-USP, e presta assessoria de desenvolvimento organizacional para a gestão da responsabilidade social em empresas. É professora da Business School de São Paulo.

## Fred Izumi Utsunomiya

Graduado em Propaganda e Publicidade, mestre em Ciências da Comunicação e com pós-graduação *lato sensu* em Gestão de Processos Comunicacionais pela ECA-USP. Atuou na área de Comunicação nos setores privado e público e em organizações não-governamentais. É professor da Faculdade de Comunicação e Artes da Universidade Presbiteriana Mackenzie, de São Paulo, onde implantou, sendo seu primeiro coordenador curso de pós-graduação *lato sensu* de Gestão de Organizações do Terceiro Setor.

## Gislaine Rossetti

Graduada em Relações Públicas pela Pontifícia Universidade Católica de Campinas e pós-graduada em Gestão Estratégica em Comunicação Organizacional e Relações Públicas pela ECA-USP. Diretora de Comunicação Social da Basf para a América do Sul, tem catorze anos de experiência em empresas multinacionais, planejando, executando e assessorando as lideranças nas estratégias de comunicação, com o objetivo de fortalecer os seus negócios e consolidar sua imagem institucional no mercado.

## Henrique Wendhausen

Graduado em Relações Públicas pela UFRGS (1994), tem mestrado em Comunicação Social pela PUCRS (2000). É docente e orientador de projetos experimentais do Centro Universitário da Bahia (FIB), em Salvador, além de professor de Comunicação Social na Academia Militar da Bahia. Atuou como

Relações Públicas Comunitárias

profissional autônomo em assessoria a organizações não-governamentais. Publicou o livro *Comunicação e mediação das ONGs: uma leitura a partir do Canal Comunitário de Porto Alegre* (EDIPUCRS, 2003) e diversos artigos na área.

## José Felício Goussain Murade

Relações-públicas, mestre em Ciências da Comunicação pela ECA-USP, com a dissertação *Do consenso ao dissenso no discurso público: o papel das relações públicas na construção da cidadania*, e doutor em Ciências Ambientais pela Universidade de Taubaté (SP), com a tese *A responsabilidade ambiental das indústrias do Vale do Paraíba (SP) e a construção da cidadania ambiental comunitária*. Atuou no Programa Universidade Solidária de 1998 a 2000. É chefe do Departamento de Comunicação da Unitau.

## Luisa Helena Alves da Silva

Mestre em Ciências da Comunicação – Relações Públicas, Propaganda e Turismo pela Escola de Comunicações e Artes da Universidade de São Paulo (ECA-USP), fez curso de especialização em Administração de Marketing e Produto pela Universidade Metodista de São Paulo. É docente do curso de graduação em Turismo na Universidade de Santo Amaro e do curso de graduação em Comunicação Social – Publicidade/Propaganda e Relações Públicas na Fundação Escola do Comércio Álvares Penteado (Fecap).

## Manoel Marcondes Machado Neto

Doutor em Ciências da Comunicação pela ECA-USP, mestre em Comunicação pela ECO-UFRJ e graduado em Relações Públicas pelo Instituto de Psicologia e Comunicação Social da Uerj. É professor da ECO-UFRJ, onde coordena o curso de Gestão e Marketing na Cultura. Analista de sistemas e métodos (Saint Charles CPE/Chicago, EUA) e consultor de empresas desde 1980, pertenceu aos quadros da Accenture por oito anos. Edita os *websites* www.marketing-e-cultura.com.br e cpdcom.inf.br.

## Márcio Simeone Henriques

Bacharel em Comunicação Social – Relações Públicas, é mestre em Educação pela Universidade Federal do Rio de Janeiro e doutorando em Comunicação na Universidade Federal de Minas Gerais. É docente do Departamento de Comunicação Social desta última instituição, onde participa do grupo de pesquisa "Mídia e espaço público". Organizou, pela Editora Autêntica, as coletâneas *Comunicação e estratégias de mobilização social* (2004) e *Visões de futuro: responsabilidade compartilhada e mobilização social* (2005).

## Margarida Maria Krohling Kunsch

Professora-titular da ECA-USP. Mestre, doutora e livre-docente pela mesma instituição. Publicou *Planejamento de relações públicas na comunicação integrada* e *Relações públicas e modernidade: novos paradigmas na comunicação organizacional*. Organizou, entre outras, a coletânea *Obtendo resultados com relações públicas*. Foi presidente da Intercom (1987-1989; 1991-1993) e da Alaic (1998-2002; 2002-2005). É presidente da Associação Brasileira de Pesquisadores em Comunicação Organizacional e Relações Públicas (Abrapcorp).

## Maria José da Costa Oliveira

Bacharel em Relações Públicas, com especialização em Administração de Marketing, tem mestrado e doutorado em Ciências da Comunicação pela Escola de Comunicações e Artes da Universidade de São Paulo. É professora e coordenadora dos cursos de graduação em Relações Públicas e Publicidade e Propaganda e pós-graduação em Comunicação Pública e Responsabilidade Social da Metrocamp, além de prestadora de serviços na área de Comunicação. Organizou o livro *Comunicação públic* (Alínea, 2004).

## Mariângela Haswani

Mestre em Ciências da Comunicação pela ECA-USP, atuou como assessora de comunicação e imprensa da administração pública estatal direta e indireta na cidade de São Paulo (Secretaria de Administração, Câmara Municipal e CET) e como consultora de comunicação em campanhas eleitorais e marketing governamental em vários estados brasileiros, além de sindicatos e outras organizações públicas não-governamentais. É docente do Curso de Relações Públicas, Propaganda e Turismo da ECA-USP.

## Massimo Di Felice

Doutor em Sociologia pela Università degli Studi La Sapienza, de Roma (Itália), e doutor em Ciências da Comunicação pela Escola de Comunicações e Artes da Universidade de São Paulo. É professor e pesquisador nos cursos de graduação e pós-graduação da ECA-USP, onde também dirige o Centro de Pesquisa de Opinião Pública na Época Digital - Cepop/Atopos. Autor de ensaios e artigos publicados na Itália e no Brasil, idealizou e coordena a Coleção Atopos - Novos Espaços de Comunicação, editada pela Studio Nobel.

## Mauren Leni de Roque

Doutora em Ciências da Comunicação pela ECA-USP, sua dissertação de mestrado, na mesma instituição (1980), foi sobre o terceiro setor, que então começava a ser objeto de atenção. Nela abordou o papel da capacitação profissional na vida de mulheres atendidas pela Ação Comunitária Zona Sul de São Paulo. Atuando desde 1975 em relações públicas e publicidade, orienta trabalhos de marketing social, relações públicas comunitárias e filantropia empresarial, na graduação e na pós-graduação da ECA-USP.

## Regina Escudero César

Mestre em Comunicação Social, na linha de pesquisa de Metodologia da Comunicação, pela Universidade Metodista de São Paulo, em 1991, com a dissertação *Relações públicas comunitárias: uma exigência da sociedade civil brasileira*. Bacharel em Comunicação Social – Relações Públicas pela Universidade Estadual de Londrina (UEL), em 1986, onde é professora desde então. Atua na área de Pesquisa de Opinião e Comunicação Comunitária. Tem artigos publicados em revistas sobre a temática da comunicação comunitária.

## Severino Alves de Lucena Filho

Doutor em Comunicação Social pela Pontifícia Universidade Católica do Rio Grande do Sul (PUCRS) e mestre em Comunicação pela Universidade Federal Rural de Pernambuco (UFRPE). Docente no curso de Comunicação Social e Turismo da Universidade Federal da Paraíba e professor visitante nos cursos de especialização em Comunicação Social na Escola Superior de Relações Públicas, em Recife (PE), e no Centro de Ensino Universitário, em Teresina (PI). É pesquisador da Rede Brasileira de Folkcomunicação.

## Waldemar Luiz Kunsch

Filósofo, jornalista, relações-públicas e editor, é mestre em Comunicação Social pela Universidade Metodista de São Paulo. Foi professor (1999-2006) e coordenador do curso de Relações Públicas (1999-2000) desta instituição, onde também editou as revistas *Comunicação & Sociedade* e *Estudos de Jornalismo e*

*Relações Públicas*. Publicou o livro *O Verbo se faz palavra* e artigos sobre comunicação. Organizou, entre outras, as coletâneas *Estado, mercado e interesse público: a comunicação e os discursos institucionais* e *Mídia, regionalismo e cultura*.

## leia também

### DICIONÁRIO PROFISSIONAL DE RELAÇÕES PÚBLICAS E COMUNICAÇÃO
E GLOSSÁRIO DE TERMOS ANGLO-AMERICANOS
*Candido Teobaldo de Souza Andrade*

Considerando a necessidade permanente de publicações que indiquem o significado e a conceituação técnica de termos em áreas especializadas, esta importante obra foi revista e ampliada. Indispensável para estudantes e profissionais de comunicação e relações públicas.
REF. 10571                                    ISBN 85-323-0571-7

### INFORMAÇÃO, INTELIGÊNCIA E UTOPIA
CONTRIBUIÇÃO À TEORIA DE RELAÇÕES PÚBLICAS
*Roberto Porto Simões*

Com base em extensas pesquisas e longa revisão bibliográfica, Roberto Porto Simões parte da premissa de que a informação é a matéria-prima da atividade de Relações Públicas. Assim, ele esmiúça os vários significados de informação, salientando as correntes da cognição, da forma, da matemática etc. Obra indispensável para estudantes e pesquisadores.
REF. 10295                                    ISBN 85-323-0295-5

### PLANEJAMENTO DE RELAÇÕES PÚBLICAS NA COMUNICAÇÃO INTEGRADA
EDIÇÃO REVISTA, ATUALIZADA E AMPLIADA
*Margarida Maria Krohling Kunsch*

No mundo moderno, o planejamento desempenha papel decisivo nas organizações de todos os tipos. As organizações precisam atuar como sistemas abertos, criando novos canais de comunicação com a sociedade. Este livro mostra como o planejamento de Relações Públicas em função da comunicação integrada nas organizações pode contribuir de modo definitivo para que isso ocorra.
REF. 10263                                    ISBN 85-323-0263-7

### RELAÇÕES PÚBLICAS
PROCESSO, FUNÇÕES, TECNOLOGIA E ESTRATÉGIAS
NOVA EDIÇÃO REVISTA E ATUALIZADA
*Waldyr Gutierrez Fortes*

Este livro é composto de material didático elaborado com a finalidade de sistematizar o estudo básico de Relações Públicas. Para estudantes das diversas áreas que envolvam o ensino de Relações Públicas, bem como profissionais interessados em se atualizar.
REF. 10775                                    ISBN 85-323-0775-2

www.gruposummus.com.br